utb 6042

Eine Arbeitsgemeinschaft der Verlage

Brill | Schöningh – Fink · Paderborn
Brill | Vandenhoeck & Ruprecht · Göttingen – Böhlau · Wien · Köln
Verlag Barbara Budrich · Opladen · Toronto
facultas · Wien
Haupt Verlag · Bern
Verlag Julius Klinkhardt · Bad Heilbrunn
Mohr Siebeck · Tübingen
Narr Francke Attempto Verlag – expert verlag · Tübingen
Psychiatrie Verlag · Köln
Ernst Reinhardt Verlag · München
transcript Verlag · Bielefeld
Verlag Eugen Ulmer · Stuttgart
UVK Verlag · München
Waxmann · Münster · New York
wbv Publikation · Bielefeld
Wochenschau Verlag · Frankfurt am Main

Wolfgang Gehring
Professor für Fremdsprachendidaktik am Institut für Anglistik und Amerikanistik der Universität Oldenburg.

Wolfgang Gehring

Englischunterricht analysieren und gestalten

Eine Einführung

Verlag Julius Klinkhardt
Bad Heilbrunn • 2023

Online-Angebote oder elektronische Ausgaben zu diesem Buch
sind erhältlich unter utb.de und elibrary.utb.de

Die Deutsche Bibliothek – CIP-Einheitsaufnahme
Die Deutsche Nationalbibliothek verzeichnet diese Publikation in der Deutschen Nationalbibliografie;
detaillierte bibliografische Daten sind im Internet über http://dnb.d-nb.de abrufbar.

Satz: Kay Fretwurst, Spreeau.
Abbildung Umschlagseite 1: vegefox / adobe.
Einbandgestaltung: Agentur Siegel, Stuttgart.

Druck und Bindung: Friedrich Pustet, Regensburg.
Printed in Germany 2023.
Gedruckt auf chlorfrei gebleichtem alterungsbeständigem Papier.

utb-Band-Nr.: 6042
ISBN 978-3-8385-6042-7 digital
ISBN 978-3-8252-6042-2 print

Inhaltsverzeichnis

Vorwort

Unterrichtsplanung ist wieder wichtig geworden. Sowohl in der Forschung als auch in der Lehrkräfteausbildung interessiert man sich verstärkt dafür, wie Lehrkräfte ihren Unterricht konzipieren und durchführen. Materialien für die Unterrichtspraxis sind Konstanten im Angebot einschlägiger Verlage und auch im Internet wird schnell fündig, wer nach Unterrichtsideen oder kompletten Unterrichtsplänen sucht. Die Ursachen für die gestiegene Aufmerksamkeit sind sicherlich vielschichtig. Ein Grund kann jedoch darin bestehen, dass mittlerweile die meisten Lehramtsstudiengänge in Deutschland sich ausführlich Problemen der Unterrichtspraxis widmen. Die Studiengänge für zukünftige Lehrkräfte an Grund- Haupt- und Realschulen wurden in vielen Bundesländern bereits um ein Praxissemester erweitert. Eine stärkere Akzentuierung der unterrichtspraktischen Ausbildung ist für Studierende mit dem Berufsziel Gymnasiallehramt oder Berufsschule ebenfalls zu beobachten. Angesichts des akuten Lehrkräftemangels, der vielen Quereinsteiger:innen Möglichkeiten eröffnet, einen Lehrberuf zu ergreifen, sind weitere Lehr-/Lernmodelle mit Praxisbezügen zu erwarten. In diesem Band wird ein analytisches Modell vorgestellt.

Das Konzept des vorliegenden Buches versteht sich zum einen als Einführung in die Analyse von Unterrichtsentwürfen für das Fach Englisch. Aus den gewonnenen Erkenntnissen ergeben sich zum anderen viele Impulse für die Gestaltung bzw. Bearbeitung eigener Pläne. Entfaltet werden sie anhand zahlreicher Analysebeispiele aus verschriftlichten Stundenskripten für den Englischunterricht. Angestrebt wurde eine Verzahnung von Theorie und Praxis anhand von Planungsunterlagen. Ziel hierbei ist die Entwicklung von Kompetenzen, durchstrukturierte Unterrichtsentwürfe datenbasiert zu diskutieren und eigene Konzepte analyseorientiert zu entwerfen. Die theoretischen Anteile skizzieren wissenschaftliche Erwartungen an einen Verlaufsplan und den zugehörigen Materialien. Die analysierten Auszüge aus professionell verfassten Planungseinheiten zeigen, mit welchen Formaten theoretische Überlegungen unterrichtspraktisch realisiert werden.

Die Kapitel entfalten sich von den drei Analysefeldern Kompetenzentwicklung, Aktivierung, Vermittlungsstrategien und ihren jeweiligen Teilkategorien aus. Für jedes Analysefeld und jede Teilkategorie werden Anwendungsszenarien ermittelt. Daran schließt sich die Frage an, welche Einordnungen die Modellierungen in den vorgefundenen theoretischen Kontexten zulassen. Aufbauend auf den Erkenntnissen aus der Betrachtung der unterrichtspraktischen Sequenzen wird schließlich für jede Feldkategorie eine Prüfliste vorgestellt. Diese Prüflisten fassen Ergebnisse

zusammen und sollen bei der Strukturierung einer kriterienorientierten Analyse von Autorenentwürfen und gleichermaßen von Eigenentwürfen im Fach Englisch unterstützen. Auch bei der Entwicklung und kritischen Abwägung einzelner Planungsschritte für individuelle Lernarrangements sollen sie eine Hilfe sein.
Der in dieser Einführung vorgestellte Zugang soll demnach dazu beitragen, im Umgang mit Unterrichtsentwürfen für das Fach Englisch analytische Kompetenzen anzubahnen. Benötigt werden sie, um forschend grundlegende Strukturen, didaktische und methodische Tendenzen zu erkennen, sie kritisch zu sichten und evidenzbasiert einzuschätzen. Bedeutsam sind sie, um kritisch-reflexiv Englischunterricht zu gestalten.

Oldenburg, im Dezember 2022 Wolfgang Gehring

1 Entwicklung von Planungskompetenzen

1.1 Grundlagen

Der Alltag von Lehrkräften wird von einer Vielzahl an Aufgaben bestimmt. Das Unterrichten ist eine davon. Erziehung, Beratung, Beurteilung und Konfliktbewältigung gehören zu weiteren Herausforderungen, denen sich Lehrkräfte täglich stellen müssen: neben ihrer Verantwortung für die Lehr- und Lernprozesse, die ihnen Curricula und Bildungsstandards auferlegen und deren Anbahnung sie in Form von geplanten Unterrichtsangeboten leisten. Auch wenn in der Alltagsrealität das Didaktische und das Stoffliche wegen konfliktbehafteter Szenarien oder wegen anderer aktueller Anlässe auch einmal in den Hintergrund rückt, ändert dies nichts an der exponierten Stellung der Unterrichtsplanung und -durchführung im zweifellos komplexen Tätigkeitsprofil von Fremdsprachenlehrkräften: „Lehrerinnen und Lehrer sind Fachleute für das Lehren und Lernen", fasst ein Bildungsstandard für Lehrerbildung diesen zentralen Aktionsbereich programmatisch zusammen (KMK 2019: 3).

In der Ausbildung von Lehramtsstudierenden und später von Referendarinnen sind Unterrichtsentwürfe Genres, mit denen Planungskompetenzen entwickelt werden sollen. Im Laufe ihrer Ausbildung verfassen Studierende mehrmals Pläne, häufig werden sie im Klassenzimmer auch umgesetzt. Je nach Vorgabe der einzelnen Bundesländer sind es Orientierungspraktika, fachdidaktische Praktika, Schulpraktika oder Praxissemester, in denen definitionsgemäß die Unterrichtsplanung als Teil der akademischen Ausbildung angesiedelt ist. In der zweiten Ausbildungsphase folgt der Vorbereitungsdienst an Schulen. Die schulpraktische Ausbildung umfasst Unterricht unter Anleitung sowie selbstständigen Unterricht. Darüber hinaus gibt es Hospitationen von Stunden, den Expert:innen oder Anwärter:innen durchführen. Im Falle der Anwärterinnen und Anwärter wird eine schriftlich verfasste Planung erwartet (Redaktion NRW 2020:10).

Nicht nur für den Vorbereitungsdienst gibt es recht genaue Vorstellungen darüber, in welcher Form der Entwurf eingereicht werden soll, welche Informationen er enthalten und auf Grundlage welcher Überlegungen er entwickelt werden soll. Im Studium sind es wissenschaftliche Quellen, die hierzu Informationen beisteuern. Zum Teil basieren sie auf empirischen Daten, zum Teil auf Plausibilität. Eine weitere Quelle ergibt sich aus Kontakten mit Praktikerinnen. Sie unterrichten unterrichtsnahe Themen an der Universität oder betreuen Studierende während ihrer Praktika.

Potenziell führen professionelle Interaktionen über Unterrichtsplanungen zu Erkenntnissen darüber, wie Unterrichtsentwürfe einzuschätzen sind. Hierbei ist es gut vorstellbar, dass Diskurse in den genannten Lernumgebungen die Evaluation von Entwürfen einschließen. Häufig basieren solche Einschätzungen auf Mitschriften, die während der Umsetzung eines Plans in ein Unterrichtsgeschehen durch die teilnehmende Beobachtung erstellt werden. Grundlage der Beobachtung können Fragen zu ausgewählten Phänomenen sein, die von der betreuenden Lehrkraft zusammengestellt wurden. Alternativ liegen den Teilnehmenden Bögen mit Beobachtungsleitlinien vor (z. B. [https://www.realschulebayern.de/]).
In welcher Weise Entwurfsanalysen von Englischunterricht in den Praxisphasen durchgeführt werden, ist wenig erforscht. Die einschlägigen Publikationen konzentrieren sich darauf, Planungsprozesse modellhaft zu problematisieren und Unterrichtsplanung eher als praxisorientiertes Segment der Lehrerbildung darzustellen.
Dieser Meinung schließt sich die Kultusministerkonferenz (KMK) nicht an. In den Bildungsstandards zur Lehrerbildung stellt die KMK fest, dass die Kernaufgabe von Lehrkräften „die gezielte und nach wissenschaftlichen Erkenntnissen gestaltete Planung, Organisation und Reflexion von Lehr- und Lernprozessen sowie ihre individuelle Bewertung und systemische Evaluation" ist (KMK 2019:3). Die Unterrichtsplanung wird unter Kompetenz 1 des Kompetenzbereich Unterrichten näher ausgeführt als Fähigkeit, „unter Berücksichtigung unterschiedlicher Lernvoraussetzungen und Entwicklungsprozesse fach- und sachgerecht" zu planen (KMK 2019: 7). Fach- und sachbezogene Lernvoraussetzungen und Entwicklungsprozesse sind Inhalte des Lehramtsstudiums. Entsprechend befassen sich auch die meisten Englischdidaktiken mit diesen Phänomenen und schließen Überlegungen zur produktiven Unterrichtsplanung ein. Vorschläge, wie Unterrichtsentwürfe analysiert werden können, stehen noch am Anfang (Gehring 2021).

Planungserfahrungen	Planungskompetenzen	Planungsfelder

Die Erforschung und Reflexion vieler didaktischer Problembereiche in den letzten Jahren hat ebenfalls deutlich werden lassen, dass die Berücksichtigung der Planung und Gestaltung von Unterricht eine wichtige Ergänzung der Forschungsperspektive ist. Forschungsbereiche wie Lernaufgaben, Curriculum oder Professionsforschung, kognitive Aktivierung, Mehrsprachigkeit zeigen auch auf, wie stark sie Leistungserwartungen, Aktivierungsformate und die Rolle der Lehrkraft in fremdsprachlichen Lernprozessen hinterfragen und beeinflussen.

1.2 Unterrichtsplanung in der Ausbildungsphase

Viele Lehramtsstudierende haben sich vor und während ihres Studiums eine gewisse Vertrautheit mit den Makrostrukturen und mit einzelnen Verfahren von Unterrichtsentwürfen angeeignet, die sie in Studien selbstbewusst als solche kennzeichnen (Schocker 2001). Dies kann kaum verwundern. In ihrer eigenen Schulzeit haben sie zahllose Unterrichtsstunden als Lernende erlebt. Während ihrer Praktika als Lehramtsstudierende konnten sie alltägliche Unterrichtspraxis beobachten und als Verantwortliche für einzelne Lehrphasen erste produktive Erfahrungen mit Unterrichtsplanung und -gestaltung gesammelt. Eine ad hoc Befragung unter Masterstudierenden (1.2.1, n = 49) mit Unterrichtsfach Englisch ergab folgende Kontexte:

1.2.1 Lehr-Lernkontexte Unterrichtspraxis

- Erfahrungen mit Unterrichtsplanung
- Eigene Schulzeit
- Kontakte mit erfolgreichen oder für erfolgreich gehaltenen Unterrichtsentwürfen im Rahmen eines Praktikums
- Entwurf eigener Unterrichtseinheiten
- Mitarbeit als Lehrassistentin an ausländischer Schule
- Beobachtende Teilnahmen an Unterricht
- Forschendes Lernen und Lehrtätigkeit in der einsemestrigen Praxisphase
- Best-Practice- Input durch Mentor, Praktikumsbetreuerin, Lehrbeauftragte etc.
- Methodische Kompendien (Method Guides)
- Lehrerhandbücher, Schülerbände Englischbuch
- Unterrichtsentwürfe zur spontanen Unterrichtsversorgung (Vertretung, Feuerwehreinsatz)
- Mitarbeit in einem Nachhilfeinstitut
- Durchführung von Stützunterricht
- Individuelle methodische und/oder didaktische Präferenzen
- Beschäftigung mit didaktischen und methodischen Problemen des Zweitfachs
- Austausch in Internetforen für Lehrkräfte, Referendar:innen etc.

Die Mehrzahl der oben gelisteten Erfahrungsbereiche ist nicht in Kontexte verankert, die von Qualitätsstandards bestimmt werden. In der Minderheit sind zudem die Bereiche, in denen Lehrkonzepte durch professionelles Feedback evaluiert wurden. Lehrbereiche wie Nachhilfe, ‚Feuerwehreinsätze', Lehrassistenzen, muss man sich didaktisch-methodisch selbst erschließen. Aus Mangel an verfügbaren Modellen oder an Lehrerfahrung. Hinzu kommt, dass, aus Kapazitätsgründen, Wissenschaftlerinnen praxisorientierte Module nicht im erwünschten Maße unterrichten, sondern diese Lehre an *Best Practitioners* delegieren. Eine systematische, von Theorien geleitete Auseinandersetzung mit Planungsphänomenen und Planungsproblemen wird daher nicht immer realisiert werden können.

Gleichwohl sind es diese doch sehr verschiedenen Kontakte mit Unterricht, die Studierende für die persönliche Theorienbildung nutzen. Ihre Vorstellungen von Unterrichtsplanung und -gestaltung werden, wenn nicht maßgeblich beeinflusst, so doch davon erkennbar geprägt. Warum sollte man auch etwas abtun, was spontan einmal funktioniert hat. Was praktikabel scheint, weil es möglicherweise in einem Erfahrungssegment erfolgreich war, verleitet dazu, es als grundsätzlich hilfreich zu klassifizieren. Es ist nachvollziehbar, dass Lernende positiv auf ein funktionierendes Planungselement reagieren. Kommt es dann noch den eigenen Vorstellungen von Unterricht nahe, steht der Weg in das individuelle methodische Repertoire offen. Studierende verfügen jedoch noch über wenig „erfahrungsgesättigtes Wissen" (Paul 2010:168), Einordnungen einmaliger, selbst geplanter und verantworteter Unterrichtsvollzüge durch kritische Reflexion sind daher wenig wahrscheinlich. Dies mag sich jedoch ändern.

1.3 Lernumgebungen für Planungskompetenz

Das moderne Lehramtsstudium zeigt curricular gegenüber älteren Konzepten eine dezidiert stärkere Öffnung für Probleme der Praxis. In den meisten Bundesländern hat die Kontaktzeit mit Schule und Unterrichtsalltag während des Studiums zugenommen. Die Begegnungen und Auseinandersetzungen sind durch Konzepte des forschenden Lernens während der Praktika strukturierter und zielorientierter ausgerichtet als in der Vergangenheit. Allerdings wurde in vielen Bundesländern das Referendariat gekürzt, der Anteil eigenständigen Unterrichts steigt zu Lasten des angeleiteten Unterrichts (Schäfer 2012). Damit verringert sich die Zeit, die nach der Universität explizit für die Ausbildung angehender Lehrkräfte an den Schulen reserviert ist. Deutlich erweitert haben sich demgegenüber die Möglichkeiten für Studierende, durch individuelle Maßnahmen Unterrichtserfahrungen zu sammeln. Hierzu gehören:

- Praktikumsvorbereitung

Praxisorientierte Lehrveranstaltungen bereiten primär auf Praktika an Schulen vor. In einer kurzen Zeitspanne ist ein anspruchsvolles Pensum komplexer Planungsinhalte zu vermitteln, damit Studierende das Praktikum als gewinnbringend für ihre Professionalisierung erleben. Eine Praktikumsvorbereitung sieht vor, dass Studierende eigene Entwürfe verfassen. Zeitbedingt entstehen allerdings nur wenige Ausfertigungen, der Prozess einer Konsolidierung von effektiven Planungsstrategien kann daher nicht als abgeschlossen gelten. Auch können Studierende die erarbeiteten Einwürfe nur in Ausnahmefällen in einer authentischen Lerngruppe erproben.

- Praktikumsdurchführung

In den diversen Praktika an den Schulen selbst sind Planungsideen von Studierende in begrenztem Maße realisierbar. Wahrscheinlich ist es, dass ihnen die methodischen Schritte einschließlich entsprechender Materialien vorgegeben werden. Praktikumsbetreuende haben auch die Ziele ihres Klassenlehrplans in der Praktikumsklasse im Blick, die sie nicht durch das Testen von Lehrhypothesen ihrer Praktikanten gefährden wollen. Dies wird von Studierenden immer wieder berichtet.

- Vertretungseinsätze

Wenig zu einer nachhaltigen Planungssicherheit tragen Unterrichtskonzepte bei, die aus einer spontanen Notwendigkeit heraus entstanden sind. Treten Personalengpässe ein, kommt es häufig vor, dass Praktikantinnen Vertretungsbedarf erfüllen oder die Durchführung kleiner Lehreinheiten übernehmen (*mini lessons*). In beiden Fällen ist eine eingehende Planungsphase nicht vorgeschaltet. Man greift auf bereitgestellte Materialien zurück oder nutzt vorgefertigte Aktivitäten für Vertretungsstunden. Solche Einsätze stehen in der Praxisphase offiziell außer Frage, schulintern sind sie nicht auszuschließen. Seit einiger Zeit gibt es die Stelle einer Vertretungslehrkraft (1.3.1)

1.3.1 Vertretungslehrkraft

Sie befinden sich noch im Lehramtsstudium?
Oder Sie warten auf Ihren Platz für den Vorbereitungsdienst? Sie haben noch keine passende unbefristete Stelle an einer Schule gefunden?
Als Vertretungslehrerin oder Vertretungslehrer können Sie mit flexibler Stundenzahl für einen befristeten Zeitraum unterrichten. Präsentieren Sie sich und Ihre Kompetenzen an einer Schule. Lernen Sie die Schülerinnen bzw. die Schüler und eine Schule kennen. Bringen Sie Ihre Fähigkeiten als Vertretungslehrerin oder Vertretungslehrer ein und helfen Sie dabei, Unterrichtsausfall aufgrund von Elternzeiten, Mutterschutz, Rehabilitations- bzw. Wiedereingliederungsmaßnahmen oder dauerhaften Erkrankungen zu vermeiden.

(Niedersächsisches Kultusministerium 2018)

- Praxissemester

Relativ neu ist das Praxissemester, das in einigen Bundesländern seit dem Wintersemester 2014/15 auf Masterebene etabliert worden ist. Es bietet Studierenden nun die Gelegenheit, über einen Zeitraum von bis zu fünf Monaten Unterrichts- und Schulrealität zu erleben. Die curriculare Struktur sieht vor, Praktikantinnen über Mitschauen und Übernahme von Lehrphasen in Lehraufgaben aktiv einzubinden. Die Durchführung ausgearbeiteter Unterrichtsstunden gehört zu den weiteren Leistungserwartungen. In der Regel sollen mehrere Unterrichtsstunden eigenverantwortlich gehalten werden. Arbeitsaufträge der Kategorie forschendes Lernen sollen die wissenschaftsbasierte Reflexion von Phänomenen des Fremdsprachenunterrichts begünstigen. Mentoren und Lehrkräfte begleiten durch qualitative Rückmeldungen die aktiven Praxisbegegnungen (1.3.2).

1.3.2 Praxisblock Grund-Haupt-/Realschule	
• 18 Unterrichtswochen • Hospitationen • selbstgestalteter Unterricht ausführliche Unterrichtssequenzen	• außerunterrichtliche Aktivitäten • Unterrichtsbesuche (DIZ 2018)

- Lehrassistenz

Im Laufe ihres Studiums nehmen manche Studierende eine Fremdsprachenassistenz im Ausland wahr. Dort haben sie Gelegenheit, Unterricht zu planen und durchzuführen. Allerdings können sie aufgrund enger Zeitfenster und einer relativ hohen Lehrbelastung eine fundierte Konzeption von Unterrichtseinheiten nur selten durchführen. Regelmäßiges professionelles Feedback von erfahrenen Lehrkräften bleibt die Ausnahme. *Assistent Teachers* haben keine Mentorinnen, die ihren Unterricht betreuen oder zumindest phasenweise begleiten, beobachten und auswerten. Assistenzkräfte sind definitionsgemäß eingesetzt, um Lehrplanelemente umzusetzen, für die eine Lehrkraft an der Gastgeberschule verantwortlich ist (1.3.3).

1.3.3 Lehrassistenz
Die Aufgaben der FSA sind vielseitig: 1. Sie führen Übungen zur Sprache und Landeskunde durch. 2. Sie proben mit den Schülerinnen und Schülern Rollenspiele oder mündliche Prüfungssituationen. 3. Sie üben Konversation in Kleingruppen. 4. Sie stellen Übungs- und Anschauungsmaterial zusammen. Darüber hinaus sind extracurriculare Aktivitäten möglich, z. B. Theater-AG, Lesezirkel, Sprechstunde, Deutsch-Club. [https://www.kmk-pad.org/programme/fremdsprachenassistenzkraefte.html]

Einen wesentlichen Teil ihres Deputats verwenden Lehrassistenten darauf, sprachliche Übungen für kleinere Neigungsgruppen durchzuführen. Unterrichtsgegenstand ist ihre Erstsprache (PAD 2015). Trotz des Mangels an Planungsaufgaben im engeren Sinne können wohl Erfahrungen gesammelt, Sicherheiten angebahnt und ein Bewusstsein für die Gestaltung von Lernprozessen entwickelt werden. Zugute kommt Studierenden fachdidaktisches Wissen und Können, das sie sich vor der Assistenz erarbeitet haben.

- Fachdidaktik

Die Fachdidaktik leistet aus Sicht der Kultusministerkonferenz ihren Beitrag zur Anbahnung von Grundlagen zur „Vermittlung mehr unterrichtspraktisch definierter Kompetenzen", indem sie „erste reflektierte Erfahrungen in der kompetenzorientierten Planung und Durchführung von Unterricht" anstößt. Die wesentlichen Ausformungen sollen im Vorbereitungsdienst erfolgen (KMK 2014:3; 35). Die wissenschaftliche Betreuung in den neu eingerichteten Praxissemestern sowie in den Kurzzeit-Praktika auf der Masterebene obliegt ebenfalls den Fachdidaktiken, sodass sich der Vermittlungsanteil erweitert hat. Eine generell pointierte Ausrichtung des Lehramtsstudiums auf die Unterrichtspraxis ist damit nicht verbunden. Dies gilt als ein Grund für die hohe Abbrecherquote in den betreffenden Studiengängen (Munzinger 2020:20).
Fest verankert im Repertoire unterrichtspraktischer Grundlagenvermittlung von Bildungswissenschaften und Fachdidaktiken ist der ausführliche Stundenentwurf bzw. Langentwurf (Esslinger-Hinz/Wigbers u. a. 2013; Gehring 2021). Detaillierte verschriftlichte Unterrichtsplänen gehören zu den Leistungserwartungen vor allem in Veranstaltungen, die auf Schulpraktika vorbereiten bzw. sie begleiten.

- Referendariat

Auf ihrem Weg zur Professionalisierung durchlaufen Masterabsolventen für ein Lehramt das obligatorische Referendariat, wo sie an eine fachspezifische Planungskompetenz herangeführt werden.

1.3.4 Vorbereitungsdienst

- In zwei bis drei Einführungssitzungen entwickeln sie [Lehrkräfte im Vorbereitungsdienst W. G.] Beobachtungskriterien für Englischunterricht und analysieren Unterrichtsprozesse zielgerecht
- lernen sie grundlegende Qualitätskriterien gelungenen Englischunterrichts kennen …
- lernen Planungsstrukturen von Englischunterricht … kennen und erproben sie im eigenen Unterricht
- lernen grundlegende fachspezifische Rahmenbedingungen der Unterrichtsplanung und -durchführung …
- lernen den Aufbau und die Elemente von Unterrichtslehrwerken kennen und funktional zu nutzen

(Studienseminar Oldenburg 2015)

Planungsbezogene Aspekte werden, wie der Ausschnitt 1.3.4 aus dem Curriculum einer Seminarschule für Gymnasien zeigt, handlungspragmatisch thematisiert. In dieser zweiten Ausbildungsphase für den Lehrerberuf entstehen weitere Lang- und Kurzentwürfe. Zu ihnen kommt es im Rahmen des eigenverantwortlichen Unterrichts, wo verlangt wird, die didaktischen und methodischen Umsetzungen der Lernziele zu dokumentieren. Manche dieser Konzepte werden einer benoteten Evaluation unterzogen, einem Bewertungsverfahren unterliegen sie alle. Nach Abschluss des Referendariats folgt als dritte Bildungsphase eine Art individualisierte Professionalisierung. Fachwissen und Gestaltungskompetenz werden rekonstruiert, geprägt wird sie neben den subjektiven Lehrerfahrungen von Fortbildungsbereitschaft und selbst initiierten Qualitätsinitiativen. Eine externe Evaluation findet in dieser Phase nur noch selten statt, obligatorische Teilnahmen an Fortbildungsveranstaltungen bestehen kaum.

1.4 Elemente der Unterrichtsplanung

In der schulpraktischen Ausbildung arbeiten die Teilnehmenden einige Unterrichtskonzepte aus, die von der Seminarleitung evaluiert und auch bewertet wird. Unterschieden werden die Textsorten Lang- und Kurzentwurf. Ein ausführlicher Unterrichtsentwurf gibt Auskunft und liefert Begründungen über eine Reihe von Vorüberlegungen. Unabhängig vom Kontext der Praxisbegegnung und dem Fach selbst umfasst er in aller Regel die folgenden Teilaspekte (Meyer 2005: 232)

1. Ziel und Thema der Stunde
2. Lernausgangsbedingungen
3. Stellung der Stunde in der Unterrichtssequenz
4. Sachanalyse
5. Didaktische Analyse
6. Methodische Analyse
7. Kompetenzerwartungen
8. Geplanter Verlauf
9. Materialien

Die Vorüberlegungen 1-6 führen zu einem Ablaufplan, der den aktuellen, beobachtbaren Verlauf der Unit dokumentiert. Oftmals werden diese Aspekte erst nach der Erarbeitung des Entwurfs (8,9,7) zu Papier gebracht. Auf Grundlage des Ablaufplans sollen sich Diskussion und Evaluation von geplanten Lehr- und Lernprozessen effizient gestalten lassen, eine Beratung zielführend durchführbar sein (Hass 2012). Tatsächlich lassen sich durch die eingehende Auseinandersetzung mit unterrichtsrelevanten Parametern und ihre Auslegung für die beabsichtigte Unterrichtsstunde eine ganze Reihe an Vorteilen finden, die bei einer intuitiven, spontanen

Vorgehensweise nicht zu erwarten sind. Eine systematische, strukturierte, abwägende Erarbeitung ausführlicher, an didaktischen Strukturmodellen orientierter Unterrichtskonzepte setzt Konstruktionsprozesse für alle relevanten Einflussbereiche auf eine Unterrichtseinheit in Gang, z. B.:

- Analyse sachlich-inhaltlicher Aspekte
- Recherche und Prüfung des Machbaren
- Vergegenwärtigung der Ziele und Erwartungen an Lernende
- Vergegenwärtigung der Stellung in der mittel- und langfristigen Planung
- Reflexion der Entwicklungsmöglichkeiten des Lernprozesses
- Reflexion der Einflussbereiche und Lerndispositionen
- Abwägen der Interventionen
- Festlegen der Verlaufsstruktur zur Sicherung der Intentionen
- Reflexion didaktischer, methodischer und pädagogischer Konsequenzen im Hinblick auf die Individuallage der vorgefundenen Lerngruppe
- Reflexion der methodischen Struktur in Bezug auf didaktische Theorien.
- Verfügbarkeit eines begründeten, lerngruppengerechten Handlungsplans
- Schülerorientierte Inputkonstruktion
- Passung von Inhalten und Verfahren, von sprachlicher und inhaltlicher Anforderung
- Antizipation von Lerngeschehnissen
- Kritische Distanz zu methodischen Einzelfalllösung
- Überprüfbarkeit der Lernziele und Leistungserwartungen

Der wissenschaftliche Bezugsrahmen für eine ausführliche Planung hat sich im Fach Englisch in den vergangenen Jahrzehnten kaum verändert. Wie in anderen Fächern basiert er auf allgemeindidaktischen Modellen der 1960er und 1970er Jahre (vgl. Surkamp 2017:362ff).

An exponierter Stelle verortet ist das Bildungstheoretische Modell von Wolfgang Klafki, in dem es darum geht, vermittels verschiedener Operationen die gegenwärtige, zukünftige, die exemplarische Bedeutung des Lernstoffs für die Schüler:innen zu identifizieren (Klafki 1963: 150ff) Eine Ergänzung oder Ausweitung des Analysespektrums hat die lerntheoretische Didaktik erbracht. Das sogenannte Berliner Modell wurde in den 1960ger Jahren von Paul Heimann explizit für die Verwendung in der Lehrerausbildung entwickelt. Es sollte eine theoretische Basis für Unterrichtsbegegnungen sein, mit denen sich Studierende während ihrer schulpraktischer Studienphasen befassen (Gassmann 2011:136f). Das sogenannte Hamburger Modell der lerntheoretischen Didaktik von Schulz beschreibt Bedingungs- und Entscheidungsfelder für die konkrete Planung einer Unterrichtsstunde. Sie sollen zur Reflexion und Analyse der Lernumgebung auf der einen Seite anregen. Zum anderen sollen sie dazu anleiten, die Implikationen zu bedenken, die sich aus den Lernbedingungen und den stofflichen Entscheidungen für den Lernprozess ergeben.

1.4.1 Grundfragen der Unterrichtsplanung

Ziele *Warum?*	Methode *Wie?*	Inhalte *Was?*	Medien *Womit?*

Sowohl in Publikationen für das Praktikum als auch in den einschlägigen Fachdidaktiken werden die Analyse der Bedingungsfelder (Individuallage der Lernenden, Klassensituation etc.) und der Entscheidungsfelder (Leistungserwartungen, Methodik etc.,) als grundlegend für die Planung eines ausführlichen Unterrichtsmodells hervorgehoben. Englischdidaktische Erwartungen stehen im Einklang mit jenen der Bezugswissenschaften im Hinblick darauf, wie das „Warum, Was, Warum, Womit, des Unterrichts" zu erfassen ist. Folgende Analysebereiche kennzeichnen das Strukturmodell. Sie werden in verschiedenen Konstellationen, Zusammenfassungen als zentrale Felder der Vorerwägungen genannt:

- Bedingungsanalyse

Sie befasst sich mit den vorgefundenen Lehr- und Lernbedingungen einer Klassengemeinschaft. Aspekte, die in die Analyse der Situation einfließen betreffen die Lernvoraussetzungen der Schüler:innen, ihre Stärken und Schwächen, Phänomene ihres Arbeitsverhaltens. Es sollten auch Aussagen über kommunikative Routinen getroffen werden. Die Nutzung der Niveaustufen des Gemeinsamen Europäischen Referenzrahmens (GER) ermöglicht eine grobe Einordnung des Leistungsvermögens. Ein wichtiges Kriterium der Analyse betrifft die Arbeitsbedingungen an der Schule. Nicht zuletzt ist die Verfügbarkeit von Räumlichkeiten, Medien und Materialien mitentscheidend für eine erfolgversprechende Individualisierung von Lernprozessen

- Sachanalyse

Sie klärt fachliche Aspekte und Probleme des Unterrichtsinhalts. Für Belange des Englischunterrichts wird man sie zweckmäßigerweise sprachbezogen, textbezogen und inhaltsbezogen fokussieren. Je nachdem, welche Zielsetzungen mit der Unterrichtsstunde verbunden sind, konzentriert man sich in der Sachanalyse auf formale und funktionale Aspekte neuer Redemittel, Sprechakte, diskursiven Elementen. Auf der Textebene diskutiert man linguistische, oder pragmatische Textmerkmale in Bezug auf ihre Hürden für den Verstehensprozess. Inhaltliche Probleme betreffen Fragen des Genres, der Textauslegung und kulturellen Einordnung (Gehring 2021:32ff)

- Didaktische Analyse

Sie dient dazu, Stundenthema und -Inhalt zu begründen. Es werden die Bezüge zum Lehrplan hergestellt, die Bedeutung der Einheit für die Lernenden geklärt und die vorgenommene Fokussierung, Reduktion und Elementarisierung erläutert. Das didaktische Entscheidungsfeld ist auch der Ort, um die Auswahl der Lerntatigkeiten zu begründen, unter Verweis auf die oben genannten Parameter Lehrplan, Sequenz, Fokus, Lernende.

- Methodische Analyse

Es zielt auf die überzeugende Erläuterung aller Entscheidungen, welche die Organisation der Lernprozesse betreffen. Unter Abwägung potenzieller Alternativen werden Entscheidungen für die übernommene Verlaufsstruktur, die geplanten Lehr- und Lernformen, Aktivierungsformate, Differenzierungsmaßnahmen, Medieneinsätze begründet.

- Kompetenzerwartungen

Sie verdeutlichen die angestrebten Ergebnisse des geplanten Lernszenarios. Unterschieden werden kognitive, affektive, psychomotorische, instrumentelle Lernerträge, die als Kompetenzen bzw. Teilkompetenzen formuliert werden. Auch eine Operationalisierung anhand von Lernzielen ist noch üblich.

- Verlaufsplanung

Sie besteht aus einem tabellarischen Planungsraster für den Stundenverlauf. Notiert sind Phasierung und Sequenzierung der Lernprozesse. Auch zentrale Entwurfselemente, die bei der Umsetzung eines Verlaufsplans mündlich realisiert werden, sind im Verlaufsplan schriftlich festgehalten. Man findet darüber hinaus die konkret formulierten Aufgabenstellungen und Übungsanweisungen als Implementierung der Leistungserwartungen. Hinzu kommen Maßnahmen zur Differenzierung und Individualisierung, zur Veranschaulichung, Ergebnissicherung, zur Vernetzung und Transferierung des Stoffes. Hierbei handelt es sich um die Vermittlungsstrategien, die den Plan schülerorientiert, sachorientiert und handlungsorientiert choreographieren sollen. Als Anhang sind einem Unterrichtsentwurf alle Arbeitsmaterialien (z. B. Links) didaktische Hilfen (z. B. Tafelanschriebe, Support) und mediale Bausteine (z. B. Clips) beigefügt.
Die genannten Reflexionsbereiche können aufzeigen, in welche Lehr- und Lernkontexte der Entwurf eingebunden ist. Die Überlegungen, die einem Verlaufsplan vorausgingen, lassen sich im Detail rekonstruieren. Sie sind überprüfbar und damit geeignet für Reflexions- und Feedbackprozesse gleichermaßen. Perspektivisch weist Unterrichtsplanung über die Einzelstunde hinaus. Der Entwurf eines Unterrichtsplans repräsentiert nur eine Lernphase in einer Sequenz, die als Ganzes aufbauend, nachbereitend und vertiefend ist. Für eine betreuende Evaluation ist der Stundenentwurf im Gesamtzusammenhang vorausgehender und nachfolgender Planungseinheiten zu betrachten.
Der schriftliche Entwurf ist auch erfahrenen Lehrkräften von Nutzen, die ihre Intentionen und Realisierungsformen kritisch reflektieren und didaktische Konsequenzen hieraus ziehen möchten. Allerdings hat diese Entwurfsvariante nicht den Umfang einer ausführlichen Vorbereitung. In aller Regel arbeiten erfahrene Lehrkräfte mit Kurzentwürfen, die Erwartungen und Verlauf skizzieren, oftmals nur

Letzteres. Die markanten Bestandteile von Kurzentwürfen sind Artikulation, stoffliche Entwicklung und die Arbeitsmaterialien. An das Genre Kurzentwurf werden sowohl Studierende als auch Referendarinnen herangeführt.

In den Studienseminaren für das Fach Englisch werden die in den diversen wissenschaftsorientierten Modellen genannten Entscheidungsfelder oftmals in abgeänderter Form verwendet.

- In der Darstellung der Lernausgangsbedingungen finden sich Informationen zur Lerngruppe und ihren Lernvoraussetzungen, ihrem Vorwissen etc.
- In der Sachanalyse erwartet man vor allem Aussagen zur Schwerpunktsetzung, zur Komplexität des Stoffes und seiner didaktischen Reduktion. Eine wissenschaftliche Betrachtung wird ausdrücklich nicht eingefordert, theoretische Bezüge sollten jedoch hergestellt werden, z. B. ein Verweis auf Spracherwerbstheorien im Kontext einer Stunde zur mündlichen Sprechproduktion.
- Die didaktische Analyse ist auch eine Heranführung an offizielle Verlautbarungen z. B. des Europäischen Referenzrahmen, der Bildungsstandards oder des Curriculums eines Bundeslandes.
- Die methodische Analyse, die Aktivierungsformate, Kooperationsformen, instruktive Einschübe etc. erläutern soll, mündet in eine tabellarische Darstellung von Verlauf, Aktivitäten und vermittlungsbasierten Entscheidungen.

1.4.2 Entscheidungsfelder der Unterrichtsplanung

Entscheidungsfelder		Ergebnis
Lernvoraussetzungen	→	Unterrichtsentwurf
Sachanalyse	→	
Didaktische Analyse	→	
Methodische Analyse	→	

2 Erwartungen an die Unterrichtsplanung

2.1 Grundlagen

Unterrichtsanalysen finden in vielen Phasen des Lehrerseins statt. Grob unterteilen lassen sich die Praxisphase an der Universität, die Ausbildungsphase im Referendariat und die verschiedenen dienstlichen Anlässe, in denen es zu Beurteilungen von Lehrkräften im Schuldienst kommt. Bei der Unterrichtsplanung in Ausbildungskontexten wird auf wissenschaftliche Strukturmodelle verwiesen. Sie halten für die Entwicklung eines Plans Kriterien vor, die Reflexionsbereiche für einen Unterrichtsentwurf beschreiben. Auf diese Weise unterstützen sie ein systematisches Vorgehen bei der Planung auf der Grundlage wissenschaftlich gesicherter Informationen für Gestaltung des Unterrichts verfügen (Terhart 2019: 156). In Ausbildungsseminaren werden Unterrichtsentwürfe verfasst, damit die Teilnehmenden Planungskompetenzen entwickeln. Diese werden in regelmäßigen Abständen evaluiert.

Ein bestimmter Aufbau wird beim Entwurf erwartet (vgl. Kap. 1). Als Quellen werden Lehrplan, Lernerbiografien, Klassenakt und eigene Schülerbeobachtungen herangezogen. Die Überlegungen sollen Gründe für Themenwahl und Stundenziel einbeziehen, die curriculare Verankerung der Leistungserwartungen darstellen und Entscheidungen für die methodische Transformation und für die Aufgabenstellungen im Plan erläutern. Normalerweise werden Unterrichtsentwürfe von ihren Verfassern im Klassenzimmer umgesetzt, wo sich die Praxistauglichkeit eines Entwurfs für eine Lerngruppe zeigt.

Die KMK-Bildungsstandards für die Lehrerbildung enthalten auch Erwartungen zur Berufsausübung und zur Berufsauffassung (KMK 2019). Sie unterteilen sich in die vier pädagogischen Kompetenzbereiche Unterrichten, Erziehen, Beurteilen und Innovieren. Der didaktische Bereich ist explizit ausgenommen (Reiber 2007). Für eine englischdidaktische Entwurfsanalyse ist der pädagogische Kompetenzbereich Unterrichten mit seinen Teilbereichen Unterrichtsplanung, Schülermotivierung, Lernunterstützung und Förderung von selbstbestimmtem Lernen und Arbeiten dennoch hilfreich. Denn es handelt sich dabei um Erwartungen, die auch an einen Unterrichtsentwurf im Fach Englisch gerichtet werden. Die Bildungsstandards enthalten Vorstellungen für einen schülergemäßen, sachgemäßen und handlungsorientierten Unterrichtsplan. In Form von Beobachtungslinien geben sie Anhaltspunkte für die Unterrichtsevaluation.

Beobachtungsimpulse	Qualitätsmerkmale	Aufgabenkonstruktion

2.2 Beobachtungsimpulse

Beobachtungsimpulse halten Anhaltspunkte für Prüfende in Lehrerbildung und Schulaufsicht vor. Zusammengestellt wurden sie mit dem Ziel, eine vergleichbare Bewertung von Unterricht durch Beobachtung zu ermöglichen. Die Impulse oder Fragen sollen dazu verhelfen, die erwünschten Handlungsweisen klar zu identifizieren, zu analysieren und zu evaluieren. Inwieweit das Verfahren valide, reliabel und objektiv ist, soll hier nicht diskutiert werden.
Wer das Beispiel aus Schleswig-Holstein in 2.2.1 umsetzt, das hier als exemplarisches Leitlinienbündel eines Bundeslandes verwendet wird, muss sich mit einer Reihe komplexer Phänomene beschäftigen. Und zwar während des Unterrichtsverlaufs. Eine Sachanalyse ist angezeigt, um die sachliche und fachliche Korrektheit einzuschätzen. Die Nutzenden sind zudem gefordert, einzelne Kernbereiche der Unterrichtsplanung und der Unterrichtsgestaltung zu begutachten, die in den Strukturmodellen als didaktische und methodische Analyse sowie als Analyse der Lernbedingungen ausgewiesen sind. Zusätzlich stehen Persönlichkeitsmerkmale der agierenden Lehrperson im Fokus. Inwieweit in einem synchronen Evaluierungsverfahren der schriftliche Entwurf Beachtung erfährt, lässt sich nicht feststellen. In Evaluationssituationen liegt den Prüfenden ein Unterrichtsentwurf zur Prüfungsstunde jedoch in aller Regel vor.
Das Schaubild 2.2.1 unten deutet an, dass Beobachtungsimpulse nach Art des Beispiels nicht nur eine Nähe zu den Entscheidungsfeldern des wissenschaftlichen Strukturmodells aufweisen. Orientiert sind sie vor allem an den KMK-Standards, die eine sach- und fachgerechte sowie eine didaktisch wie methodisch schülergerechte Modellierung der Lernsituationen in einer Unterrichtsstunde als Erwartungen festlegen.

2.2.1 Beobachtungsimpulse		
Leitfragen (IQSH; Lehrerausbildung Schleswig- Holstein 2019)	**KMK-Standards Lehrerbildung 2019**	**Wissenschaftliches Strukturmodell**
– Hat die Lehrkraft im Vorbereitungsdienst sachlich und – fachlich korrekt unterrichtet?	Lehrkräfte planen Unterricht ... fach- und sachgerecht und führen ihn sachlich und fachlich korrekt durch (K1).	Sachanalyse (SAA) Methodische Analyse (MEA)
– Hat die Lehrkraft im Vorbereitungsdienst die Selbstständigkeit der Lernenden unter anderem durch schüleraktivierende Unterrichtsformen gefördert?	Lehrkräfte unterstützen durch die Gestaltung von Lernsituationen das Lernen von Schülerinnen und Schülern (K2).	Lernausgangsbedingungen (LAB) MEA
– Hat die Lehrkraft im Vorbereitungsdienst die unterschiedlichen Voraussetzungen und Kompetenzen der Lernenden berücksichtigt?	K2	LAB Didaktische Analyse (DIA)
– Hat die Lehrkraft im Vorbereitungsdienst den Unterricht sinnvoll strukturiert und flexibel auf sich verändernde Situationen reagiert?	K1	MEA Lehrerpersönlichkeit (LPK)
– Hat die Lehrkraft im Vorbereitungsdienst präzise und verständlich formuliert?	K2	LAB MEA (LPK)
– Ist die Lehrkraft im Vorbereitungsdienst mit den Lernenden respektvoll und wertschätzend umgegangen?	Lehrkräfte ... tragen zu einem wertschätzenden Umgang bei (K5).	LAB (LPK)
– Ist die Lehrkraft im Vorbereitungsdienst überzeugend und als Vorbild aufgetreten?		(LPK)
– Konnte die Lehrkraft im Vorbereitungsdienst ihr didaktisches Konzept und dessen Realisierung angemessen reflektieren? (IQSH 2019: 30)	Lehrkräfte verstehen ihren Beruf als ständige Lernaufgabe und entwickeln ihre Kompetenzen weiter (K1, K10). (KMK 2019: 7f.)	LAB DIA MEA (LPK)

Die IQSH-Analysestruktur führt zu Daten über Unterrichtsverlauf und Lehrverhalten. Gering ausgeprägt und erläutert sind Schlüsselbegriffe, darunter „Unterrichtsformen", „sinnvolle Strukturierung" oder „didaktisches Konzept". Im Vergleich zu den Beobachtungssegmenten „Lehrkompetenz" und „Lehrerpersönlichkeit" hat die Analyse des Entwurfs wenig Bedeutung. Planung und Durchführung werden als eine Einheit zusammenfassend bewertet. Nur wenige Planungsphänomene finden explizit Erwähnung (Strukturierung, Selbsttätigkeit, Veranschaulichung, Klarheit). Auf Grund ihres offenen Charakters lässt der Leitfragenkatalog Raum für intuitive Auslegungen. Auf erläuternde Hinweise zu Erwartungen und Konkretisierungen in den einzelnen Beobachtungssegmenten wurde verzichtet.

2.3 Qualitätsmerkmale

Dezidiert an den Kriterien guten Unterrichts orientiert sind Beobachtungsbögen, die in *Lesson Studies* in der Lehrerfortbildung zum Einsatz kommen. *Lesson Studies* sind kooperativ organisierte Abläufe von Phasen des Planens, Unterrichtens und Analysierens. Ein Team plant eine Unterrichtseinheit, die ein Teammitglied danach umsetzt, während die anderen die sichtbaren Strategien und Techniken des Unterrichts und der Klassenführung beobachten. Nach der Analyse setzt ein anderes Mitglied in einer anderen Klasse den überarbeiteten Entwurf um, wieder analytisch begleitet und evaluiert vom Team. Ein weiterer Durchlauf kann folgen (Weber/Soukup-Altrichter/Posch 2020: 7ff).
Die Kriterien beispielweise des ISB-Bogens für die Unterrichtsbeobachtung in 2.3.1 scheinen für Intentionen der *Lesson Studies* geeignet. Sie kommen einem analytischen Zugang nicht zuletzt auch dadurch entgegen, dass zu einer Erwartung (z. B. U1) mehrere Einzelaspekte aufgeführt sind, die die zugehörige Erwartung jeweils konkretisieren. Diese Ausschärfungen, die kooperativ erweitert werden können, stehen im Einklang mit den empirisch ermittelten Kriterien guten Unterrichts (vgl. Terhart 2019:207).

2.3.1 Beobachtungsbogen für *Lesson Studies*

ISB-Bogen für die Unterrichtsbeobachtung	Einzelaspekte	Einzelaspekte	Einzelaspekte	Kriterien guten Unterrichtens
U1 Effizienz der Lernzeitnutzung	Der Unterricht verläuft ohne Leerlaufphasen/Störungen	Der Unterricht verläuft ohne Störungen	Die Schüler sind nur mit Unterrichtsaktivitäten beschäftigt.	Hoher Anteil echter Lernzeit, Störungen antizipierend vermeiden

2.3.1 Beobachtungsbogen für *Lesson Studies*

U2 Effizienz der Verhaltensregulierung	Das Verhalten wird durch Regeln gesteuert.	In bestimmten Situationen greifen Routinen.	Es gibt klassenspezifische Rituale.	Lernförderliches Klima
U3 Strukturiertheit der Darstellung	Der Unterricht macht die Lernziele erkennbar.	Der Unterricht wird durch Strukturierungshilfen geordnet	Der Unterricht stellt Verknüpfungen zwischen Lerninhalten her.	Strukturiertheit Methodenvielfalt Transparente Leistungserwartungen
U4 Klarheit der Darstellung	Die im Unterricht verwendeten Begriffe sind verständlich	Die zentralen Lerninhalte sind nachvollziehbar veranschaulicht	Das Dargestellte ist deutlich wahrnehmbar	Inhaltliche Klarheit
U5 Individuelle Unterstützung	Die Lehrkraft informiert sich über den Lernstand der einzelnen Schüler	Die Zuwendung der Lehrkraft erfolgt Lernstandsspezifisch	Die Aufgabenstellung erfolgt lernstandsspezifisch.	Individuelles Fördern Kognitive Aktivierung Angemessene Aufgaben
U6 Förderung selbstgesteuerten Lernens	Die Schüler erhalten Gelegenheiten, Strategien zur Organisation des Lernprozesses zu erwerben.	Die Schüler erhalten Gelegenheiten, sich Strategien anzueignen, mit denen Wissen nachhaltig erworben werden kann.	Die Schüler erhalten Gelegenheiten, Strategien der Informationsbeschaffung zu erwerben.	Kognitive Aktivierung
U7 Förderung der Lernmotivation	Die Schüler haben Möglichkeiten der Selbstbestimmung.	Die Schüler haben Möglichkeiten, ihre eigenen Kompetenzen zu erleben.	Die Schüler haben Möglichkeiten, die subjektive Bedeutsamkeit von Lerninhalten zu erleben.	Vielfältige Motivierung
U8 Sicherung des Lernerfolgs	Der Unterricht enthält einen hohen Anteil an Übungsphasen.	Die Schüler erhalten klare Rückmeldung über ihre Fehler bzw. gelungenen Ansätze.	Die Schüler wenden das Gelernte in verschiedenen Situationen an.	Konsolidierung Sicherung Üben Rückmeldungen

2.3.1 Beobachtungsbogen für *Lesson Studies*				
U9 Förderung überfachlicher Kompetenzen	Der Unterricht enthält Lernarrangements, in denen Kompetenzen der Selbstwahrnehmung erworben werden können.	Der Unterricht enthält Lernarrangements, in denen soziale Kompetenzen erworben werden können.	Der Unterricht enthält Lernarrangements, in denen methodische Kompetenzen erworben werden können	Förderung selbstständigen Lernens
Lernförderlichkeit des Unterrichtsklimas (U10)	Die Lehrkraft geht wertschätzend mit den Schülern um.	Die Schüler gehen wertschätzend miteinander um.	Die Schüler gehen wertschätzend mit der Lehrkraft um.	Lernförderliches Klima

(ISB o. J.; Terhart 2019: 207)

Lernzeitnutzung (U1), Verhaltensregulierung (U2) und Unterrichtsklima (U10) betreffen vor allem das *Classroom Management*. In einem Entwurf treten sie nicht planvoll auf und werden hier daher vernachlässigt. Die Segmente U3 bis U9 verweisen auf Planungsaspekte, die für den Unterrichtsverlauf und für die Verschriftlichung eines Unterrichtsplans gleichermaßen relevant scheinen.

2.4 Gute Arbeitsaufträge

Im Unterricht ist die Aktivierung der Lernenden ein zentrales Anliegen. Zusammen mit Aufforderungen und Handlungsvorgaben sind Fragen wichtige Konstruktionselemente in Lernaufgaben, Impulsen oder Phasen direkter Vermittlung. Zu Fragen kommt es auch während einer Lehrer-Schülerinteraktion oder anderer Formen des kommunikativen Austauschs in einer Lernumgebung. Als Bündel treten Fragen in Aufgaben auf, in einem Entwurf kann auch eine einzelne Frage didaktisch angezeigt sein. Beispielsweise wird während der Initiationsphase eines Entwurfs auf diese Weise Vorwissen aktiviert. Vor einer Erarbeitung geben Fragen die Arbeitsschwerpunkte vor, an eine Erarbeitung schließen sich Fragen zur Überprüfung und Sicherung der Ergebnisse an.
Das Spektrum an Fragen entfaltet sich im Unterrichtsgespräch (UG). Wegen seiner gering ausgeprägten Vorhersehbarkeit entzieht es sich dem Planungsprozess weitgehend. Kennzeichnend für die Gesprächsform UG sind Rück- und Zwischenfragen zur Wiederholung, Sicherung oder Weiterführung einer Thematik. Der lehrerzentrierte Diskurs bietet Schülermeinungen Raum, hat jedoch eine klare Zielvorstellung.

Im Englischunterricht haben fragegeleitete Phasen die Funktion, Inhalte zu aktivieren. Sie werden zudem eingeplant, um Lernende kommunikativ zu aktivieren, z. B. um sprachliches Inventar zu reaktivieren, Redemittel zu trainieren oder Sprachfunktionen auszuführen. Das Inventar an Fragen, das Lernende zur inhaltlich-sprachlichen Rekonstruktion auffordert, die Aufmerksamkeit der Schüler:innen auf noch unentdeckte Elemente lenkt, die sie zum Überlegen ermuntert, bedarf der Planung. Dies gilt ebenso für Fragen, die gestellt werden, um den Unterricht zu strukturieren, Wissensbestände zu sichern oder zu überprüfen. Zu spontanen Fragen veranlassen Missverständnisse, Fehldeutungen oder Schülerhypothesen, die geklärt und weitergeführt werden sollen.

Lipowsky/Hess unterscheiden *Lower-Order* Fragen von *Higher-Order* Fragen. Zur ersten Kategorie zählen sie Fragen, die Lernende beantworten, indem sie ihr Wissen abrufen oder neu Gelerntes reproduzieren. *Higher-Order* Fragen hingegen können Lernende beantworten, wenn sie kognitiv aktiviert werden, indem sie etwas anwenden, analysieren, vergleichen, verknüpfen oder bewerten (Lipowsky/Hess 2019:90). Im Englischunterricht stellen wegen der Erwartungen an kommunikative Kompetenzen beide Fragekategorien kognitive Anforderungen.

2.4.1 Arbeitsaufträge

Kognitive Anforderung	**Beispiel**
Wissen	1. In class, collect ideas: What could be the goals of an expedition? (Heinz/Hempel 2017: 17)
Verstehen	2. What information do you find most interesting? Name your top three and give reasons for your choices. (Bastkowski 2015:12)
Anwenden	On the basis of your arguments, you and your partner decide whether or not you think Amazon Prime Air is a good innovation … Write an article for your English school magazine in which you present Amazon Prime Air and say what you think about it (Stöferle 2017: 32)
Analysieren	How do you explain the fact that poppies have become a commemorative symbol? (Vogt 2019:43)
Gestalten	What could a modern Royal Family look like? Make suggestions and discuss in class (Steinbach 2018b:17)
Bewerten	4. Do you think the expedition was a success? Discuss in class. (Heinz/Hempel 2017: 17)

Fragen treten in Übungen und in Lernaufgaben auf. In Übungen werden Fragen gestellt, zu denen es eine eindeutige Lösung geht. Denn die Aktivität besteht darin, bestimmte Strukturen zu verwenden oder Informationen aus einem Text zu benennen. Es soll also eine ausgewählte sprachliche Tätigkeit trainiert werden: die Durchführung einer Sprachfunktion, die Verwendung eines Wortfeldes oder eines Patterns, die Anwendung einer Rezeptionsstrategie. In Lernaufgaben sollen Fragen die Lernenden zu einer Lösungsplanung führen, die zu einem Resultat führt. Dieser Outcome kann unterschiedlich ausfallen. Rod Ellis macht in seiner Definition des Genre Lernaufgabe in 2.4.2 auf weitere Kennzeichen aufmerksam:

2.4.2 Definition einer *Task*
A task: 1. 'is a workplan' 2. 'involves a primary focus on meaning' 3. has 'participants choose the linguistic and non-linguistic resources needed to complete [it]' 4. 'involves real-world processes of language use' 5. 'can involve any of the four language skills' 6. 'engages cognitive processes' 7. 'has a clearly defined communicative outcome' (Ellis 2003: 9,10)

Eine Aufgabe (*Task*) nach Ellis hat einen unmittelbaren Bezug zur Lebenswelt der Lernenden. Die Schüler:innen sollen sich das Problem vorstellen können, welches die Aufgabe thematisiert. Die *Task* ist komplex oder insofern offen, als die Suche nach der Lösung potenziell alle verfügbaren Fähigkeiten und Wissensbestände aktiviert. Deshalb sind individuelle Lösungen möglich (Hallet 2013). Allerdings sind Lösungsoptionen nicht als Plädoyer für offene Aufgaben zu verstehen. Zumindest für die ersten Lernjahre sind Aufgaben oft geschlossen und auf ein linguistisches Phänomen fokussiert, damit konkrete sprachliche Intentionen zielführend angebahnt werden können. In einfachen Aufgaben oder *focused tasks* geht es darum, eine ausgewählte Fähigkeit zu trainieren, ohne den Charakter einer *Task* zu verwässern (2.4.3):

2.4.3 Anforderungen in Lernaufgaben	
Einfache Lernaufgabe	1. Write a poem about the tiger… A speech poem. Line 1: Write down an article and a noun. Line 2: Write down an adjective, a conjunction, and another adjective. Line 3: … (Matz 2013:18)
Komplexe Lernaufgabe	Step 1: Analyse an advertisement. In the following, you are going to analyze an advertisement. You will then use your results to create your own ad. (Hesse 2014: 31)

In der Unterrichtsqualitätsforschung ist die kognitive Aktivierung mit der Unterrichtführung und der konstruktiven Lernunterstützung eine von drei Dimension lernwirksamen Unterrichts (Helmke 2021). Angebahnt wird kognitive Aktivierung durch herausfordernde Lernaufgaben. Die kognitiven Dimensionen von Lernaufgaben des Englischunterrichts lassen sich frei nach Maier (2010) unter anderem anhand der Kriterien Anspruch, Vielschichtigkeit und Offenheit näher beschreiben:

- Anspruch
In weniger anspruchsvollen Aufgaben liegen alle Informationen vor, zusätzliches Wissen muss für die Problemlösung nicht generiert werden. Dies ist auch dann der Fall, wenn eine Wisseneinheit sich aus mehreren Teilen zusammensetzt (z. B. *look and describe*). Kognitiv anspruchsvoller sind Aufgaben, bei denen unterschiedliche Aspekte eines Problems zu berücksichtigen sind. Lernende müssen dann für die Problemlösung verschiedene Wissensbestände aktivieren, linguistisches Wissen, Recherchewissen, Quellenwissen, Definitionswissen, konzeptuelles Wissen.

- Vielschichtigkeit
Herausfordernder als Imitation und Reproduktion sind Aufgaben, die von Lernenden die Anwendung von Lernstoff verlangen. Für die Bearbeitung bedeutet dies eine Anwendung des verfügbaren Könnens. Diesbezügliche Aufgabenstellungen unterscheiden sich von jenen, in denen die Aneignung erfolgte. Bei einem Transfer soll das Können in neuen, unbekannten Situationen erprobt werden. Problemlösendes Denken wird in Aufgaben eingefordert, die kreative Lösungen erwarten. Auf metakognitives Wissen beziehen sich evaluative, beurteilende Aktivitäten.

- Offenheit
Aufgaben mit mehreren Lösungsoptionen sind divergent, während es in konvergenten Aktivitäten nur eine richtige Lösung gibt. Offene Aufgaben sind vor diesem Hintergrund herausfordernd, da Lernende überlegen müssen, für welche der Optionen sie sich entscheiden.

2.5 Unterrichtsprinzipien

Unterrichtsprinzipen sind grundlegende Vorgehensweisen bei der Konstruktion von Entwürfen. Betrachtet werden sie aus zwei Perspektiven. Nach Wiater können Unterrichtsprinzipien fundierend oder regulierend sein. Fundierende Prinzipien sind „Grundsätze, die für das Unterrichten wesentlich sind“, sie gelten als handlungsleitend für die Unterrichtsplanung und -gestaltung (Wiater 2011: 87). Fundierende Prinzipien ergeben sich aus den Qualitätsstandards guten Unterrichts. Wer einen Entwurf konzipiert, ist gehalten, sie auch zu berücksichtigen. Fundierend sind solche Planungsprozesse, weil sie zu einem Unterrichtsentwurf führen sollen, der schülerorientiert, sachorientiert und handlungsorientiert gestaltet ist. Das erweiterte Konzept von fundierenden Prinzipien schließt Zielgemäßheit und Erfolgssicherung mit ein (Kiel 2013). Unterrichtsentwürfe, die nach fundierenden Prinzipien gestaltet sind, bedienen eine Reihe von grundlegenden Erwartungen und Ansprüchen. Zusammenfassend lassen sie sich wie folgt beschreiben (Wiater 2011; Kiel 2013: Klippel 2016; Zierer/Wenke 2019):

- Schülerorientierung

Die Unterrichtsplanung berücksichtigt Lern- und Entwicklungsstand der Schüler:innen, indem sie Stoffe verständlich darbietet, ein breites Spektrum an Aktivierungsangeboten vorhält und die Lernenden zu eigenständigem Lernen anregt.

- Sachorientierung

Die stofflichen Inhalte des Unterrichts werden in der Planung zwar didaktisch aufbereitet. Die sachliche Korrektheit darf hiervon nicht beeinträchtigt sein. Das intendierte Anspruchsniveau der Inhalte soll aufrechterhalten bleiben, um der Sache gerecht zu werden.

- Handlungsorientierung

Ein handlungsorientierter Unterrichtsplan bietet Lernenden Möglichkeiten, den Lernstoff anzuwenden. Handlungsorientiert ist ein Unterrichtsplan, der Schüler:innen zur Selbsttätigkeit mit dem Lernstoff anregt, sie erkunden, ausprobieren, Annahmen formulieren und testen lässt.

- Zielgemäßheit

Die Intentionen eines Unterrichtsentwurfs sind als Ziele oder als Leistungserwartungen formuliert. Im Plan selbst werden sie operationalisiert, damit Lernende die Erwartungen auch erfüllen können.

- Erfolgssicherung

Ein Unterrichtsplan hält in der Regel Phasen vor, in denen überprüft wird, welche Ziele erreicht wurden. Es gehört zur Erfolgssicherung, neues, rekonstruiertes und vernetztes Wissen und Können zu sichern.

Im Englischunterricht wurden in der Vergangenheit Methoden eingesetzt, die nicht im Einklang mit fundierenden Prinzipien der Unterrichtsgestaltung stehen. Die Grammatik-Übersetzungsmethode hatte kein Konzept für die Modellierung des Unterrichts nach Bedürfnissen und Interessen der Lernenden. Die grammatischen Lerninhalte wurden lehrerzentriert und ohne Anwendungsbezug vermittelt, kommunikative Funktionen waren nicht erkennbar. Wenig sachorientiert in kommunikativer Hinsicht waren Übungsphasen gestaltet, denen authentizitätsnahe Handlungsfelder fehlten. Die Fokussierung auf einer kognitiven Auseinandersetzung mit Regeln der englischen Sprache und ihrer intensiven Übung ignorierte eine funktionale Sprachverwendung.

Regulierende Prinzipien sind neben der Strukturierung die Aktivierung, Übung, Veranschaulichung und Motivierung (Zierer 2018). In einem Entwurf werden sie nicht zwingend vorausgesetzt. Ein Projekt ist weniger strukturiert als die Einführungsstunde eines grammatischen Schwerpunkts. Manche Autor:innen verzichten auf eine explizite Motivierungsphase, andere halten Veranschaulichungen für nicht erforderlich. Das Prinzip der Aktivierung tritt in einem aufgabenbasierten Plan markant in Erscheinung. In einem Konzept, das neues Wissen über ein fragend-entwickelndes Unterrichtsgespräch zwischen Lehrkraft und Schüler:innen vermittelt, spielt es aufgrund des instruktiven Designs eine untergeordnete Rolle. Entscheidungen für oder gegen die Berücksichtigung regulierender Planungsprinzipien sind demnach vom jeweiligen didaktischen Gesamtkontext eines Entwurfs abhängig. Unterrichtspläne, in denen die Verständlichkeit ein prinzipielles Gestaltungsmerkmal darstellt, achten normalerweise darauf, dass Lernende den englischen Input dekodieren können, er *comprehensible* ist. Deshalb werden Beispiele, Wiederholungen, Reformulierungen, Annotationen im Plan integriert. Demgegenüber ist Verständlichkeit kein zentrales Kriterium, wenn Lernende Dekodierungsstrategien und Nachschlagetechniken trainieren sollen. Unterrichtspläne, denen es auf individualisierte Lernangebote ankommt, sind oftmals so gestaltet, dass Lehrkräfte einzelne Schüler:innen beim Lernen begleiten und beraten können. Wenn es gilt, Hypothesenbildungen, den Strategieeinsatz, die Auswertung von Ressourcen etc. unter realen Bedingungen zu üben, sind Lernende aufgefordert, individualisierte Lernphasen ohne Unterstützung der Lehrkraft zu bewältigen. Unterrichtspläne, die Sprachproduktionen auslösen möchten, lassen Lernende selbständig Inhalte in der Zielsprache mitteilen, diskutieren, sie präsentieren oder evaluieren. Interaktiv werden Lernende auch durch Impulsgebung oder durch Moderationstechniken, in kooperativen oder individualisierten Phasen, unterstützt durch vorgehaltene Redemittel und Informationen. Das Heranführen an neue mündliche Genres muss nicht immer in ausführliche Präsentationen und Evaluationen präsentiert und evaluiert werden. Komplexe Lösungen bedürfen nicht immer einer ausführlichen sprachlichen Darstellung Zur Förderung von Plurilingualität kann Einsprachigkeit flexibel gehandhabt werden. Unterrichtspläne mit hohen Anteilen an herausfordernder Aktivierung enthalten auch kognitive Barrieren. Um zu einer Lösung zu gelangen, müssen Lernende sie überwinden. Eine auf kognitive Aktivierung ausgerichtete Entwurfsplanung kann die Erklärung dafür sein, dass Versprachlichungshilfen, Arbeitspläne, inhaltliche Unterstützungsangebote fehlen. Grundsätzlich zu erwarten sind sie in Entwürfen für heterogene Lerngruppen.

Tatsächlich sagt das Auftreten eines fundierenden oder eines regulierenden Prinzips noch wenig aus über die Gesamtkonzeption eines Entwurfsarrangement. Durch Analyse erhält man Daten zu den Funktionen, die ein Prinzip im Gesamtplan unterstützt oder gegebenenfalls einschränkt.

Entsprechend basiert eine Entwurfsanalyse auf der systematischen Betrachtung der entwurfsbezogenen Analysefelder Kompetenzentwicklung, Aktivierung und Vermittlungsstrategien in einem Unterrichtsplan. Hierzu werden Daten qualitativ ermittelt, ausgewertet und eingeordnet. Im Schaubild 2.5.1 sind die wichtigsten Parameter einer Unterrichtsanalyse dargestellt. Die traditionellen Bedingungs- und Entscheidungsfelder wurden darin zusammengeführt.

2.5.1 Analysemodell

<table>
<tr><td rowspan="3">Lernvoraus-
sezungen
Didaktische
Überlegungen
Methodische
Überlegungen
Entwurf
Materialien</td><td>→</td><td>Kompetenzen</td><td>Entwicklung
Orientierung
Vorwissen</td><td rowspan="3">→</td><td rowspan="3">Elizitation
Elaboration
Evaluation</td></tr>
<tr><td>→</td><td>Aktivierung</td><td>Anforderungen
Design
Diskurs</td></tr>
<tr><td>→</td><td>Vermittlungsstrategien</td><td>Setting
Veranschaulichung
Ergebnissicherung</td></tr>
</table>

3 Entwurfsanalyse

3.1 Grundlagen

Auf der Basis der oben skizzierten Perspektiven auf Aspekte des Unterrichts wird ein Modell vorgestellt, das fremdsprachliche Lernprozessstrukturen in Unterrichtsentwürfen systematisch zu erfassen versucht. Ein Unterrichtsentwurf wird als Handlungsskript für ein Unterrichtsszenarium in einer Lerngruppe geplant und in tabellarischen Plänen erfasst. Üblich ist eine phasenbasierte Aufteilung, die Funktionen und Abläufe der Phasen werden durch Kurzkommentare im tabellarischen Unterrichtsplan von den Autor:innen erläutert. Zu einem Unterrichtsentwurf bzw. -plan gehören Arbeitsaufträge, die als Materialien für die Lernenden didaktisch aufbereitet sind. In den traditionellen Analysekonzepten der Pädagogik sind Aspekte einer analytischen Unterrichtsplanung im didaktischen bzw. im methodischen Bedingungsfeld verortet.

Für die Analyse eines Unterrichtsplans gibt es verschiedene didaktische Anlässe. In einem akademischen Rahmen sind Unterrichtspläne Genres, mit denen man sich forschend befasst. Es geht dann nicht darum, ob ein Plan eintönig oder abwechslungsreich, methodenfixiert oder multimodal erscheint. Ziel ist es, die konzeptuellen Linien eines Unterrichtsplans zu identifizieren. Auf diesen Daten aufbauend gelangt man zu einer evidenzbasierten Einschätzung.

Während einer aktiven Planungsphase für explizit unterrichtliche Zwecke ist ein analytisches Voranschreiten erwägenswert, um auf der Mikroebene der Unterrichtsvorbereitung die konzeptuellen Linien der verschiedenen Planungsebenen in einen Gleichklang zu überführen. Zum einen kann dies dadurch geschehen, dass Planautor:innen anhand von Einzelkriterien ihren Entwurf konzipieren. Zum anderen eignen sich die Kriterien, um damit den Erstentwurf einer Stundenplanungseinheit zu prüfen und nachfolgend zu überarbeiten.

Konzeptuelle Linien sind alle im Plan benannten Implementierungen der intendierten Kompetenzen, die Impulse, Aktivierungs- und Kooperationsformen. Dazu gehören die methodischen Entscheidungen in einem Plan, der Einsatz und die Nutzung von Medien, die Formen der Dokumentation von Zwischenergebnissen etc. Es kommt allerdings vor, dass Kompetenzerwartungen, die in einem Plan methodisch artikuliert werden, nicht im Kompetenzbündel Erwähnung finden. In der Pädagogik spricht man in diesem Zusammenhang von den Sichtstrukturen.

Konzeptuelle Linien eines Unterrichtsplans werden darüber hinaus bestimmt von den Planungsprinzipien, die zur Entscheidung für die bestimmenden Formate in den Sichtstrukturen des Unterrichtsplans geführt haben. Planautor:innen haben aufgrund ihrer akademischen Ausbildung und mehr noch ihrer Berufserfahrung recht genaue Vorstellungen darüber, wie eine Fremdsprache aus ihrer Sicht in der Schule unterrichtet werden sollte. Hinzu kommen Überzeugungen darüber, wie ein Unterrichtsplan allgemeindidaktisch und pädagogisch ausgestaltet werden sollte. In der Pädagogik spricht man in diesem Zusammenhang von den Tiefenstrukturen. Unter Tiefenstrukturen zu fassen sind zudem die Prozesse, die durch Formate der Sichtstrukturen potenziell angelegt werden. Die Effekte, die von der Arbeit in Sozialformen ausgehen, die Formen der kognitiven Aktivierung, die Aufgaben initiieren, die Einschätzung einer geplanten direkten Instruktion in einer bestimmten Planphase, all das sind Fragen, mit denen man sich bei der Untersuchung der Tiefenstrukturen beschäftigt (3.1.1).

3.1.1 Parameter einer Unterrichtsplanung

Sichtstrukturen	Tiefenstrukturen
Lehrverhalten Aktivierungsformate Rhythmisierung Arbeitsformate etc.	Kognitive Aktivierung Kommunikative Aktivierung Kooperative Aktivierung Anspruch des Lernumfeldes etc.

In planungsbezogenen Phasen sind Akteure aufgerufen, Lehr- und Lernprozesse bewusst und systematisch zu organisieren. Dabei gibt es viele Teilaspekte zu beachten. Das vorliegende analytische Modell hält, wie erwähnt, zentrale Parameter vor, die während der Planung einer Unterrichtseinheit für das Fach Englisch bedacht werden können. Nach einer Planungsphase können die Kriterien zur Überprüfung der modellierten Prozesse genutzt werden. Damit sollen die Kriterien als Orientierungslinien für die Erarbeitung dienen und gleichermaßen als Bezugsrahmen für die Überarbeitung von Unterrichtsentwürfen vorhalten (3.1.2)

3.1.2 Planungsleitlinien

Analyse von Unterrichtsentwürfen

- orientiert sich an Planungsfeldern
- beschreibt jedes Feld anhand seiner Teilkriterien
- dient der Ausdifferenzierung zentraler Bestandteile von Unterrichtsplänen für das Fach Englisch
- ermöglicht die kritische Entwicklung, Betrachtung und Überprüfung von fremdsprachlichen Unterrichtsplänen
- benennt und beschreibt zentrale Planungselemente fremdsprachlicher Unterrichtsentwürfe

Als Kategorien der Unterrichtsplanung im Fach Englisch sollen im Folgenden drei Planungsfelder im Mittelpunkt stehen. Einzugehen sein wird auf die Felder Kompetenzen, Aktivierung und Vermittlungsstrategien.

Kompetenzen	Aktivierung	Vermittlungsstrategien

3.2 Analysefeld Kompetenzen

Das erste Feld, die Kompetenzen, umfasst die Betrachtung der Leistungserwartungen in einem Plan. Das Interesse richtet sich hierbei nicht auf die Sinnhaftigkeit der Auswahl und die Anordnung von Fähigkeiten. Die Analyse befasst sich mit den Anforderungen, die von den intendierten Fähigkeiten ausgehen. Von Belang ist also, ob die Kompetenzentwicklung für den Entwurf integrativ oder fokussiert konzipiert ist. Eine integrative Kompetenzentwicklung ruft mehrere Fähigkeiten auf, die fokussierte Variante richtet sich auf die Anbahnung einer ausgewählten Fertigkeit oder Fähigkeit.
Einfluss auf einen Plan nehmen die Formate der methodischen Implementierung von Fähigkeiten. Diesbezüglich gilt es, zwischen einer prozess- und einer produktorientierten Implementierung zu unterscheiden. Prozessorientiert sind Lernarrangements, die im Plan eine didaktisch-methodische Strukturierung aufweisen. Produktorientiert gehen Pläne vor, die sich auf die Darbietung einer definierten Leistungserwartungen, d. h. eines Lernprodukts, konzentrieren. Die Begriffe prozess- bzw. produktorientiert werden demnach nicht verwendet, wie es im pädagogischen Diskurs üblich ist. Prozessorientierung aus pädagogischer Perspektive meint die „Beschaffenheit und Bewertung des Unterrichts", demnach seine Qualitätsmerkmale (Helmke 2021:24; Trautwein/Sliwka/Dehmel 2018). In einem Unterrichtsplan lassen sich diese nicht erschöpfend ermitteln. Weder die Umsetzung im Klassenzimmer noch die vom Plan initiierten Handlungen seiner Akteure können einbezogen werden können. Auch Aussagen zur Produktorientierung, die in der pädagogischen Forschung auf die Wirkungen von Unterricht abhebt, auf die Lernzuwächse von Schüler:innen, sind durch die Analyse von Unterrichtsplänen nicht zu leisten. Die Daten, die sich in Entwurfsanalysen zur Qualität der Pläne ermitteln lassen, beziehen sich auf das Segment, das ein Unterrichtsgeschehen choreografiert.
Die Bedeutung des Vorwissens wurde in den letzten Jahren von Expertinnen immer wieder hervorgehoben (De Jong/Ferguson-Hessler 1996; Stern 2003; Stern/Schalk/Schuhmacher 2016). In vielen Unterrichtseinheiten wird die Aktivierung des Vorwissens, das Anknüpfen an diese Wissensbestände vor allem in der Ein-

leitungsphase vorgenommen. Demgegenüber ist in einer Analyse zu klären, wie Vorwissen in den nachfolgenden kognitiven, kooperativen oder kreativen Phasen Berücksichtigung findet. Grundsätzlich können es Autor:innen voraussetzen, bewusst machen oder durch Stützangebote rekonstruieren lassen. Die Heterogenität heutiger Lerngruppen verlangt bezüglich ihrer Vorwissensbestände entsprechende Sensibilität bei der Planung.

Profil	Design	Diskurs

3.3 Analysefeld Aktivierung

Das zweite Feld einer Entwurfsanalyse ist die Aktivierung. Ihr Anforderungscharakter kann reproduktiv oder produktiv sein (Mayer 2010). In fremdsprachlichen Lernkontexten spielen reproduktive Aktivierungsformate eine Rolle, wenn es darum geht, Redemittel, Kommunikationsroutinen oder einzelne Fähigkeiten zu trainieren. In den entsprechend geplanten Szenarien kommt es zu monologischen und dialogischen Sprachhandlungen der Lernenden. Sie interagieren dabei mit Mitlernenden oder mit Texten. Die Szenarien können einen starken Übungscharakter annehmen oder problemorientiert sein. Phasierungsmodelle setzen sich entsprechend nicht nur aus reproduktiven Phasen zusammen, sondern halten darüber hinaus Anwendungs- und Transferphasen vor. Diese sind kognitiv stärker herausfordernd als Sprachverwendungen, die mit ausgewählten und oftmals bereits thematisierten Elementen der systemischen Kompetenz zu bewältigen sind (Gehring 2021). Eine gute kognitive Aktivierung gilt als Qualitätsmerkmal des Unterrichts (Heymann 2015). Hinweise auf das Level der kognitiven Aktivierung liefern die Analyseaspekte Profil, Design und Diskurs.

Das Profil eines Unterrichtsplans wird durch die Anforderungen bestimmt, die es an die Lernenden richtet. Erkennbar sind Anforderungsprofile anhand der Operatoren in den Aufgabenstellungen. Operatoren beschreiben in einzelnen Verben die kognitiven und kommunikativen Leistungen, die es im Rahmen eines Arbeitsauftrags auszuführen gilt. Neben den eingeforderten Tätigkeiten der Lernenden beschreibt das Profil die Anforderungsebenen eines Unterrichtsplans. Als ein Merkmal der Aktivierung können diese zwischen den Polen Reproduktion und Produktion angesiedelt sein und Tendenzen in Richtung des einen oder des anderen Pols aufweisen.

Ein Design beschreibt im vorliegenden Modell die Anordnung der Aktivierungsphasen und die Bestandteile der einzelnen Aufgabenstellungen. Es geht diesbezüglich um die Strukturen und Schrittfolgen, die Lernenden vorgegeben werden. Da-

bei kann eine bestimmte Ausrichtung transparent werden, die für die Einordnung des Arrangements wichtig ist. Hierbei sind Aufgaben- und Übungsorientierung markante Eckpfeiler, innerhalb derer ein Design verortet werden kann. Die analytische Betrachtung richtet sich zudem auf das erwartete Produkt, z. B. das erwartete Textgenre, im Hinblick auf die Quellen, die Lernenden zur Verfügung stehen, um das Anforderungsprofil zu bewältigen. Sind diesbezügliche Hilfen und Erläuterungen klar und umfassend, kann ein positiver Effekt auf die Lösungsfindung vermutet werden. Weniger detaillierte Angaben führen zu einer größeren Offenheit. Gegebenenfalls müssen Lernende genauer überlegen, mehr Vorwissen aktivieren, um Lösungsmöglichkeiten abzuwägen.
Der Diskursbegriff befasst sich mit den kommunikativen Ebenen in einem Plan. Bereits bei Aufgabenstellungen mit nur einer Lösung gibt es verschiedene Optionen der Versprachlichung. Jedoch macht es in Bezug auf die kognitive Herausforderung einen Unterschied, ob Sprachhandlungen mündlich oder schriftlich zu leisten sind, ob sie mit oder ohne sprachliche Unterstützungsangebote oder Registererwartungen ausgeführt werden sollen. Einfluss auf die Komplexität der Entwurfsdiskurse nehmen Arbeitsformen für die Lösungsplanung. Sie können kollaborativ, kooperativ oder individuell ausgestaltet sein. Nicht in allen Diskursanlässen haben Lernende Zugriff auf sprachliche, inhaltliche oder methodische Unterstützungsangebote. Für manche Lernende sind dies Barrieren. Bildungssprachliche oder fachsprachliche Erwartungen an die Sprachprodukte sind weitere Bereiche in Diskursanlässen, die Komplexität erzeugen. Nicht zuletzt besteht zwischen der erwarteten Anzahl der Wörter bzw. Textlänge und dem Anforderungscharakter einer Diskursaktivität ein Zusammenhang.

Setting	Veranschaulichung	Konsolidierung

3.4 Analysefeld Vermittlungsstrategien

Vermittlungsstrategien in Unterrichtsplänen sind alle Umsetzungen bewusster Pläne zur Durchführung von Lernaktivitäten im Klassenraum. Vermittlungsstrategien dienen dazu, Lernende darin zu unterstützen, die in den Kompetenzen niedergelegten Erwartungen zu erfüllen. Hierzu bedarf es eines lerngünstigen Aktionsraums, zu dem Vermittlungsstrategien beitragen. In einem Unterrichtsplan artikulieren sich Vermittlungsstrategien in Form der methodischen Konstrukte, die das Lehr-Lernarrangement gestalten, die Formen der Veranschaulichung und der Konsolidierung.

Das Setting gibt die Interaktionsformate und damit die Rollen der Akteure in den jeweiligen Abläufen und Aktivitäten vor. Es modelliert die Bereiche des Lernprozesses in einem Unterrichtsplan, in denen Lehrkraft, Schüler:innen im Unterrichtsentwurf sich positionieren. Die aus der pädagogischen Forschung bekannten Settings können instruktive, kooperative oder individualisierende Pläne hervorbringen (Gudjons 2011; Meyer 1995). Mischformen sind eher die Regel als die Ausnahme. Ein instruktives Setting setzt auf eine starke Lenkung des Lernprozesses durch die Lehrkraft. Lernende sind Rezipientinnen und erschließen sich Leistungserwartungen reproduktiv. In der Literatur wird das instruktive Setting wegen der Dominanz der Lehrperson auch als lehrerzentriert bezeichnet. Die Möglichkeiten der Lernenden an der aktiven Mitgestaltung des Unterrichts sind auch dadurch begrenzt, dass alle wesentlichen Verlaufskomponenten durch Planung bereits festgelegt sind. Ein kooperatives Setting setzt das aktive Mitgestalten in Form gemeinsamer Lerntätigkeiten der Schüler:innen in Gruppen oder mit Partnern um. Ein Lernteam erhält hierzu arbeitsgleiche oder arbeitsteilige Arbeitsaufträge, die sie zu den Lernergebnissen führen. Die Lehrkraft übernimmt in einem kooperativen Setting primär Beratungsaufgaben bei der Lösungsfindung. Ein individualisiertes Setting ist dergestalt differenziert, dass Schüler:innen gemäß ihrer Lernausgangsbedingungen arbeiten können. Die Arbeitsaufträge sind qualitativ und quantitativ an das Leistungsvermögen angepasst. Dies bedeutet, dass sich ein Unterrichtsentwurf in einem individualisierenden Setting aus verschiedenen, leistungsbezogenen Teillernplänen zusammensetzt (Lipowsky/Lotz 2015; Eisenmann 2018).

Allen drei Settings gemein ist ihr Bedarf an einer systematischen Planung, unterschiedlich sind die Rollen der Lehrkraft in den einzelnen Szenarien. Ein instruktives Setting kann neben den Lern- und Arbeitsmaterialien kleinschrittig formulierte Impulse, Fragen oder Anweisungen durch die Lehrperson enthalten. Die sinnstiftende Konzeptualisierung von Arbeitsaufträgen ist in kooperativen Settings notwendig, weil den Lernenden die Lösungsplanung und -darbietung obliegt. Individualisierende Settings sind das Ergebnis vielfältiger lernpsychologischer, didaktischer und methodischer Erwägungen.

Die Veranschaulichung ist eine Vermittlungsstrategie, die in enger Verbindung mit der Darbietung und Sicherung von Inhalten in einem Unterrichtsplan steht. Sie wirkt sich bei der Gestaltung des Input der Lehrkraft aus, bei der Vermittlung von Informationen in Aufgabestellungen und Materialien. Folgt man den Prämissen eines guten Unterrichts, sollten inhaltliche Klarheit, Kohärenz der Strukturierung, Angemessenheit der Aufgabenstellung oder der Leistungserwartungen selbstverständlich sein (Terhart 2009: 188). In all diesen Bereichen müssen Maßnahmen zur Veranschaulichung in Erwägung gezogen werden, wobei Anforderungsprofil oder Lernniveau eine Rolle spielen. Grundsätzlich nehmen Strategien zur Veranschaulichung Einfluss auf die Verstehensqualität der Aufgabenstellungen, Impulse, Instruktionen etc. Durch verbale, visuelle und kontextuelle Techniken lassen sich die Dekodierungsbedingungen gestalten (Weiß 2018).

Konsolidierung ist ein Verfahren zur Festigung von Lerninhalten oder Kompetenzen. Aus der Lernpsychologie ist bekannt, dass das Wiederholen von Lernergebnissen behaltenswirksam ist. In fremdsprachlichen Unterrichtsplanen mit linguistischen Schwerpunkten wird das Wiederholen noch häufig durch Reihenübungen mit audiolingualen Formaten wie z. B. *fill-in, completion, addition*, etc. initiiert. In einem modernen kommunikativen Unterricht haben sich aufgabenbezogene Konzepte durchgesetzt, die binnenstrukturell Festigungsprozesse anbahnen, z. B. durch ansteigende Progressionsphasen in der Plan- und Aufgabenstruktur. Sie können dazu führen, dass bestimmte Redemittel oder Inhalte in verschiedenen Kontexten eingesetzt und damit kognitiv aktivierend trainiert werden. Auch das Feedback ist eine Strategie zur Sicherung von neuem Wissen. Beispielsweise erhalten Schüler:innen eine Rückmeldung zu sprachlichen und inhaltlichen Hypothesen, auf die eine aktive Auseinandersetzung folgt.

3.5 Planungsprinzipien

In der Schulpädagogik werden unter dem Begriff der Unterrichtsprinzipien grundlegende Vorgehensweisen diskutiert, die in der Fremdsprachendidaktik ebenfalls für bedeutsam gehalten werden (Klippel 2016: 318). Wiater geht von fundierenden oder regulierenden Unterrichtsprinzipien aus. Fundierende Prinzipien sind die wesentlichen Eckpfeiler, gewissermaßen die handlungsleitenden Linien für die Unterrichtsplanung und -gestaltung (Wiater 2011:87). Fundierende Prinzipien ergeben sich aus den Qualitätsstandards guten Unterrichts.

In Unterrichtsentwürfen sollten fundierende Prinzipien stets berücksichtigt werden, da sie auf die Qualitätsmerkmale Schülerorientierung, Sachorientierung und Handlungsorientierung abheben. In manchen Konzepten treten Zielgemäßheit und Erfolgssicherung hinzu. Sie lassen sich folgendermaßen zusammenfassen (Wiater 2011, Kiel 2013, Klippel 2016, Zierer/Wenke 2019):

- Eine schülerorientierte Unterrichtsplanung berücksichtigt Lern- und Entwicklungsstand der Schüler:innen, indem sie Stoffe verständlich darbietet, ein breites Spektrum an Aktivierungsangeboten vorhält und die Lernenden zu eigenständigem Lernen anregt.
- Eine sachorientierte Unterrichtsplanung basiert auf recherchierten, korrekten Informationen. Dem Anspruch, der von Inhalten ausgeht, wird sie gerecht.
- Ein handlungsorientierter Unterrichtsplan bietet Möglichkeiten zur Anwendung der Lerninhalte und Lernersprache. Handlungsorientiert sind Pläne, die Lernende zur Selbsttätigkeit mit dem Lernstoff und der Lernersprache anregen. Zudem ermöglichen sie Schüler:innen, zu erkunden, auszuprobieren, Annahmen zu formulieren, zu testen und mitzuteilen.

- Zielgemäß sind Unterrichtpläne, die Intentionen als Erwartungen oder als Kompetenzen formuliert und im Plan operationalisiert haben. Eine auf Zielgemäßheit gerichtete Planung führt zu Ergebnissen. Schüler:innen zeigen, dass sie die Ergebnisse erreicht haben, indem sie das erwartete Können durch bestimmte Handlungen in angegebenen Situationen unter Beweis stellen. Beispielsweise verfassen sie für ein Poster zu Sehenswürdigkeiten Londons, die sie in ihrer Gruppe auswählen, kurze Informationstexte.
- Erfolgssicherung ist in Plänen gewährleistet, die Phasen vorhalten, in denen überprüft wird, in welcher Weise die Lernenden Ziele und Kompetenzen erreicht haben. Zur Erfolgssicherung gehört zudem die Möglichkeit für Lernende, neues, rekonstruiertes und vernetztes Wissen und Können zu festigen.

Die Englischdidaktik kennt Methoden, die nicht immer mit fundierenden Prinzipien der Unterrichtsgestaltung korrespondieren. So hat die Grammatik-Übersetzungsmethode kein Konzept für die Modellierung des Unterrichts nach den Bedürfnissen und Interessen der Lernenden. Die grammatischen Lerninhalte werden lehrerzentriert und ohne Anwendungsbezug vermittelt, kommunikativen Funktionen werden nicht vermittelt. Wenig sachgerecht sind Übungsphasen gestaltet, wenn sie auf authentizitätsnahe Handlungsfelder verzichten. Eine Zielsetzung, die sich in der Habitualisierung und kognitiven Durchdringung einer Regel erschöpft, geht nicht handlungsorientiert vor. Eine Erfolgssicherung ist weder durch Herleitung einer Regel noch durch eine massierte Umwälzung einer Sprachfunktion in enggefassten Übungen allein zu leisten.

Regulierende Prinzipien müssen nicht in allen Plänen realisiert werden. Es kommt auf Leistungserwartung und Lernkontext an, ob Autor:innen Unterrichtsprinzipien wie die Strukturierung, Aktivierung, Übung, Veranschaulichung oder Motivierung beachten oder vernachlässigen (vgl. Zierer/Wernke 2019: 443).

Planungsprinzipien in fremdsprachlichen Unterrichtsentwürfen setzen akzentuiert fundierende und regulierende Grundsätze um, wobei die Grenzen eher fließend sind. Manche Autor:innen verzichten aus situativen Erwägungen auf eine explizite Erfolgssicherung, andere auf eine ausführliche Darstellung der Kompetenzen. Das Prinzip der Handlungsorientierung tritt in einem Plan als Selbsttätigkeit in Erscheinung, die von einer komplexen Aufgabe ausgeht, in einem anderen als Umsetzung einer *Find-someone-who*-Aktivität. Wird neues Wissen über ein fragend-entwickelndes Unterrichtsgespräch vermittelt, ist Handlungsorientierung weniger stark ausgeprägt wie bei der kooperativen Bearbeitung einer Lernaufgabe. Wird in einem Entwurf auf Verständlichkeit Wert gelegt, achten Autor:innen darauf, dass Lernende den englischen Input problemlos dekodieren können, z. B. durch Verwendung einfacher Redemittel. Sie veranschaulichen durch Beispiele, Wiederholungen, Reformulierungen in den Redeanteilen der Lehrkraft und in den Aufgabenstellungen. Nur einschränkend werden Autor:innen auf sprachliche Verständlichkeit achten, wenn es Ziel ist, dass Lernende die *Top-down*-Verarbeitung oder das Inferieren trainieren. Kommt es in einem Unterrichtsplan auf individualisierte Lernangebote an, können Entwurfsphasen so gestaltet werden, dass Lehrpersonen einzelne Schüler:innen beim Lernen begleiten und beraten können. Wenn es gilt, Hypothesenbilden, Selbsttätigkeit, Strategieeinsatz, Wissensaktivierung oder die Auswertung von Ressourcen unter realen Bedingungen zu erproben, sind Lernphasen ohne Unterstützung der Lehrkraft zielführend. Autor:innen, die Sprachproduktionen als zentrale Handlungen des Fremdsprachenunterrichts betrachten, werden dafür sorgen, dass Lernende selbständig etwas mitteilen, sie diskutieren, informieren.

Die Möglichkeit, ein Planungselement einem fundierenden oder einem regulierenden Prinzip zuzuordnen, sagt noch wenig über grundlegende Annahmen zur Unterrichtsplanung im Fach Englisch aus. Für eine Einschätzung wichtig ist zu klären, ob das Auftreten eines Gestaltungsgrundsatzes einmalig oder wiederkehrend ist. Beide Varianten, die partielle oder die durchgängige Berücksichtigung von Verfahren, Techniken und Strategien beeinflussen im Übrigen weitere Parameter eines Analysefeldes. So wirkt sich Veranschaulichung z. B. auf die Qualität von Differenzierungsmaßnahmen aus. Des Weiteren können bei Umsetzung eines Kriteriums eines Analysefeldes andere Felder betroffen sein, im Beispiel etwa das Segment Anforderungsbereiche. Für das vorliegende Modell der Entwurfsanalyse werden Prinzipien daher nicht vorausgesetzt. Nach der Analyse bietet es sich an, markante Planungsprinzipien zusammenfassend zu würdigen.

4 Kompetenzorientierung

4.1 Grundlagen

Planvolles Unterrichten setzt voraus, dass sich Lehrpersonen über die Intentionen einer Unterrichtsstunde im Klaren sind. Dies schließt offene Formen nicht aus, deren Verlauf und Ergebnisse nicht im Detail vorhersehbar sind. Und auch die Tatsache, dass eine Lerngemeinschaft divers ist, wird durch planvolles Unterrichten nicht ignoriert. Im Gegenteil führen Diversität und Heterogenität dazu, dass die Planung sich individueller, gezielter gestaltet.

Bei welchem Planungsschritt konkrete Überlegungen zu den sprachlichen Handlungen angestellt werden, zu denen man die Lernenden befähigen will, ist von einer Reihe an Faktoren abhängig. Manche Planungsschritte dienen dazu, eine Handlung erst anzubahnen, die im Zusammenspiel mit anderen zum angestrebten Leistungsergebnis führt. Bei manchen Handlungen müssen Lehrpersonen voraussetzen, dass sie beherrscht werden, damit das Neue erworben werden kann. Zu prüfen ist in diesem Falle, mit welcher Form an Vertrautheit zu rechnen ist. Die im Blick stehenden Fähigkeiten weisen verschiedene Anforderungen auf. Kognitiv sind sie, wenn Überlegungen angestellt werden müssen, Probleme gelöst, zielorientierte Interaktionen geführt werden sollen. Auf affektive Fähigkeiten sind Lernprozesse angewiesen, die von der Bereitschaft profitieren, sich mit einem Phänomen auseinanderzusetzen. Instrumentelle bzw. psychomotorische Fähigkeiten beziehen alle methodischen und strategischen Kompetenzen mit ein, die den Lösungsprozess begleiten.

Nach Abschluss der Planungen steht einer abgeschlossenen Unterrichtseinheit daher nicht nur eine, sondern eine Liste an Erwartungen voran, zusammengestellt von der Lehrperson bzw. Planautorin. Am Ende der betreffenden Unterrichtseinheit sollen Lernende diese Erwartungen erfüllen können, und zwar inhaltlich wie sprachlich.

In Lehrplänen und in deren Folge in Unterrichtsplänen wurden Erwartungen in vielfältiger Weise dargestellt. Im Folgenden hierzu eine kurze historische Übersicht.

Lernziel	Fähigkeit	Kompetenz

Im Englischunterricht geht es gemeinhin darum, Schüler:innen zur Kommunikationsfähigkeit zu befähigen. Dazu gab es verschiedene Ansichten. In den 1960er Jahren verstanden die Lehrplanentwickler darunter die Vermittlung der Grundfä-

higkeiten (*four skills*). Die Schüler:innen sollten hören, lesen, schreiben und sprechen: in einem formalen Sinne. Sie waren gehalten, Informationen wiederzugeben, nach Aufforderung Sätze zu produzieren, die einer grammatischen Zielsetzung zugeordnet waren. Möglichst fehlerfrei. Die meisten Texte im Lehrbuch waren nach grammatischen Strukturen aufgebaut. Jede Unit war von Patterns dominiert, der Inhalt war sekundär, er sollte das sprachliche Training der Strukturen einbetten. Unerheblich blieben Kontext oder kommunikative Intentionen. Die Absichten einer Englischstunde wurden, ähnlich wie im Lehrbuch, in kleinschrittig verfassten Zielen formuliert, z. *B. to be + noun; present continous, defining, contact clauses* etc. Darstellungen in Lehrplänen der 1980er und 1990er Jahre gingen dazu über, Lernziele funktional zu beschreiben. Sie stellten dar, was mit einem Pattern mitgeteilt werden kann, z. B. *describing actions: I'm reading*. Zum Teil wurden zusätzlich noch strukturelle Bezeichnungen eingesetzt (z. B. *present continuous*). Die Strukturierung eines Lehrgangs nach linguistischen Inhalten bliebt zunächst erhalten.
Neu an der funktionalen Darstellung war, dass Sprachfunktionen die kommunikative Kraft verdeutlichten, die eine Sprachstruktur aufweist. Die Schüler:innen lernten, welche sprachliche Handlung sie mit einem Redemittel in einer authentischen Verwendungssituation durchführen können.

4.1.1 Vergleich strukturelle und funktionale Lernziele

Strukturelle LZ	Funktionale LZ
To be + noun	Introductions; asking personal information
Present continuous	Describing actions; stating destinations/

Heute versteht man unter Kommunikationsfähigkeit ganz allgemein ein spezifisches Können, das Menschen zum erfolgreichen Sprachhandeln in einem bestimmten Anforderungskontext befähigt. Können wird heute als Kompetenz aufgefasst. Der Kompetenzbegriff findet in allen Wissenschaftsbereichen Anwendung, die traditionell zu den Bezugswissenschaften der Englischdidaktik zählen. In der Sprachwissenschaft bezeichnete Noam Chomsky die Fähigkeit des Menschen als Kompetenz, Sprachen zu erwerben. Die Pädagogik definiert Kompetenzen mit Weinert als kognitive Fähigkeiten und Fertigkeiten, „um bestimmte Probleme zu lösen" (Weinert 2014: 27). Für die Kognitionspsychologie ist kompetent, wer Fähigkeiten und Wissen zu einem Inhaltsgebiet anwenden kann (Ziegler/Stern/Neubauer 2012: 15). In der Fremdsprachendidaktik werden Kompetenzen als Fähigkeiten gesehen, die zum kommunikativen Handeln und zum Diskurs befähigen. Damit verbunden ist die Erwartung, dass Lernende kommunikative „Anforderungssituationen"

(Hallet 2011: 30) verschiedener Komplexitätsebenen und Niveaustufen bewältigen können.

Alle definitorischen Annäherungen betonen das Können. In vielen kompetenzorientierten Lehrplänen werden zusätzlich lexikalische, grammatische und phonologische Mittel aufgelistet, die für die Umsetzung einer kommunikativen Fähigkeit benötigt werden. Bei den Kompetenzbeschreibungen selbst finden sich viele Überschneidungen mit funktionalen Darstellungen (vgl. 4.1.2). Dies überrascht nicht, in beiden Varianten geht es darum zu erläutern, was Lernende mit einer Fremdsprache Sprache tun sollen, welche sprachlichen Handlungen sie ausführen sollen.

4.1.2 Funktional	Kompetenzorientiert
Sich oder andere Personen vorstellen	Die Schüler:innen stellen sich oder andere Personen vor

4.2 Kommunikative Kompetenzen

Überprüfbare Erwartungen, die am Ende eines Bildungsgangs erfüllt werden sollen, z. B. mit dem Haupt- oder Realschulabschluss, formulierte die Kulturministerkonferenz. Seit 2004/2005 sind sie als KMK-Bildungsstandards in Kraft. Für die erste Fremdsprache und für Bildungsabschlüsse beschreiben sie kommunikative und interkulturelle Kompetenzen. An weiteren Fähigkeiten nennt die Kultusministerkonferenz methodische Kompetenzen.

Kommunikative Kompetenzen sind im engeren Sinne Ausdruck sprachlicher Fertigkeiten und Fähigkeiten (Handeln und Fähigkeiten, Diskurs). Fertigkeiten sind alle sprachlichen Mittel, die zum diskursiven Handeln benötigt werden, von der Lexik und Syntax über Ausspracheroutinen bis zu Regeln der Rechtschreibung und Interpunktion (Hecht/Waas 1995). Fähigkeiten ermöglichen das Lesen, Hören, das Sprechen, das Schreiben in der Fremdsprache, eingeschlossen ist die Fähigkeit zur Sprachmittlung.

grammatisch	diskursiv	soziolinguistisch	methodisch

Im weiteren Sinne schließen kommunikative Fähigkeiten soziokulturelle und strategische Kompetenz mit ein. Kompetente Sprachverwender:innen kommunizieren nicht nur so, wie es linguistisch und den Regeln der Grammatik nach korrekt ist. Sie sind sich auch der soziokulturellen Regeln bewusst, die in einer kommunikativen Situation wahrscheinlich erwartet werden und handeln entsprechend.

Auf die Bedeutung der Angemessenheit des Sprachgebrauchs hatte erstmalig Del Hymes (1972) in seinem Kompetenzmodell hingewiesen. Er machte deutlich, dass zum linguistischen Können bekannt sein müsse, was in der Spreche üblich und machbar sei. Johnson gibt ein Beispiel für Äußerungen, die grammatisch möglich sind (*possible*), wegen ihrer schwierigen Konstruktion jedoch nicht so formuliert werden würden (*feasible*): The mouse the dog the man the woman married beat chased ate had a white tail (Johnson 2018: 56). Kommunikative Kompetenz liege vor, wenn die Redeabsichten im Einklang stehen mit den sozialen Erwartungen der betreffenden Situation, so Hymes.
Die bis heute einflussreiche Definition von Canale/Swain von Kommunikativer Kompetenz basiert auf vier Teilkompetenzen. Die erste nennen sie grammatische Kompetenz. Heute spricht man lieber von linguistischer Kompetenz, weil hierunter alle sprachlichen Mittel gefasst sind, die für Interaktionen benötigt werden. Angemessenheit bei der Sprachverwendung ist Kernaspekt der soziolinguistischen bzw. soziokulturellen Kompetenz, der zweiten Teilfähigkeit kommunikativer Kompetenzen. Als dritte verweisen Canale/Swain auf die strategische Kompetenz und damit auf die Fähigkeit, Kommunikationsstrategien adäquat einzusetzen (z. B. das Paraphrasieren). Canale erweitert das Modell 1983 um die Kategorie Diskurskompetenz. Diese ist bei allen Sprachverwenderinnen vorhanden, die zu kohäsiven und kohärenten Redebeiträgen imstande sind und daher die Sprache pragmatisch einsetzen. Sie können dann Sätze grammatisch miteinander verbinden, z. B. durch Referenz (*John is 16. He is a student*), durch Konjunktionen (*and, in addition*) etc. Des Weiteren sind erfolgreiche Sprachverwendende in der Lage, Äußerungen zu formulieren, die für Gesprächspartner kontextuell und inhaltlich sinnstiftend sind (4.2.1).

4.2.1 Communicative Competence

Del Hymes 1972	Canale/Swain (1980), Canale (1983)
A person who acquires communicative competence acquires both knowledge and ability for language use with respect to	Components of Communicative Competence
1. whether (and to what degree) something is formally possible;	1. Grammatical competence: Knowledge of lexical items and rules of morphology, syntax, sentence grammar, semantics, and phonology
2. whether (and to what degree) something is feasible in virtue of the means of implementation available;	2. Discourse competence: Ability … to have to connect sentences in stretches of discourse [e. g., conversation] and to form a meaningful whole out of series utterances

4.2.1 Communicative Competence	
Del Hymes 1972	Canale/Swain (1980), Canale (1983)
3. whether (and to what degree) something is appropriate (adequate, happy, successful) in relation to a context in which it is used and evaluated;	3. Sociolinguistic competence: Knowledge of the sociocultural rules
4. whether (and to what degree) something is in fact done, actually performed, and what its doing entails.	4. Strategic competence: The competence underlying our ability to make repairs, to cope with imperfect knowledge and to sustain communication through paraphrase … repetition …

Der Gemeinsame europäische Referenzrahmen, an den sich Lehrplangestaltende für Fremdsprachen innerhalb und außerhalb Deutschlands orientieren, beschreibt linguistische, soziolinguistische und pragmatische Kompetenzen (4.2.2). Sie werden für verschiedene Niveaustufen in Form von Skalen und Deskriptoren (*can-do descriptors*) dargestellt.

4.2.2 Communicative Language Competences	
1. Linguistic competences:	Lexical, grammatical, semantic, phonological competences,
2. Sociolinguistic competences:	Skill required to deal with the social dimension of language use.
3. Pragmatic competences:	Skills required to use language to perform communicative functions
(Council of Europe 2018: 130ff)	

4.3 Interkulturelle und transkulturelle Kompetenzen

Während soziolinguistische Kompetenzen die Fähigkeiten für einen umsichtigen und kultursensiblen Umgang mit Sprache benennen, beziehen sich interkulturelle Kompetenz auf Einsichten und Haltungen. Selbst wer kompetent und angemessen kommuniziert, kann sich unangemessen im vorgefundenen soziolinguistischen Kontext verhalten. Interaktionen in der Fremdsprache finden normalerweise zwischen Menschen statt, die aus verschiedenen Kulturen stammen. Ohne Sensibilität und Offenheit für kulturelle Spezifika sind Missverständnisse wahrscheinlicher, kulturelle Kollisionen nicht ausgeschlossen. Ein Unterricht, der deutlich macht, dass kulturelle Erfahrungen Einfluss auf den Kontext einer Interaktion nehmen, und diese Erfahrungen gegebenenfalls Irritationen und Unverständnis bei Interak-

tionspartnern auszulösen vermögen, bahnt ein Bewusstsein für kulturelle Zusammenhänge bei der Kommunikation an. Die Anbahnung interkultureller Kompetenzen kann für potenzielle Konflikte dieser Art sensibilisieren und dazu beitragen, dass sich neben der Bereitschaft zu angemessenem Sprachgebrauch Dispositionen wie Offenheit, Toleranz, Interesse am Fremden ausprägen.
Kommunikative und interkulturelle Kompetenzen sind eng miteinander verbunden, insofern sind Empathie, Toleranz und Offenheit Haltungen, die zur Kommunikationsfähigkeit gehören, wie im Modell von Michael Byram (1997/2009) deutlich wird. Entsprechend sind interkulturell kompetente Lernende in der Lage,

- Wissen über das Eigene und das Fremde zur Orientierung einzusetzen,
- Wahrnehmungen zu interpretieren, in Beziehung zu setzen, abzuwägen, einzuordnen oder auszuhandeln
- sich kulturelles Wissen zu erschließen und es zu vertiefen,
- Offenheit, Unvoreingenommenheit gegenüber Neuem, Ungewohntem zu zeigen.

Interkulturelle Kompetenzen spiegeln Grundwerte einer demokratischen Gesellschaft wider. Haltungen und Einstellungen entwickeln sich nicht allein durch Faktenwissen, sie können jedoch durch Wissen gefördert werden.
Seit einiger Zeit wird im fachdidaktischen Diskurs häufiger von transkultureller Kompetenz gesprochen. Konzepte transkulturellen Lernens betonen die Gemeinsamkeiten, die verschiedene Kulturen bzw. ihre Vertreterinnen miteinander teilen. Eine Kultur fassen sie nicht mehr nur als nationale Einheit aus, etwa als britische oder als deutsche Kultur. Vielmehr wird zu vermitteln versucht, dass Gemeinsamkeiten nicht an nationalen Grenzen enden. In der Tat sind damit nicht nur globale Themen wie Klimawandel, Energiewende, Digitalisierung gemeint, die Menschen in vielen Kulturen betreffen und ihren Alltag beeinflussen. Auch viele Werte und Haltungen, Auffassungen und Vorstellungen, Präferenzen, Routinen und Praktiken sind nicht nur in einer bestimmten Nation akzeptierte Leitlinien des sozialen Miteinander. Beispielweise werden bestimmte Formen von Essenskultur, Unterhaltungskultur, Fortbewegungskultur oder politische Kultur von vielen Menschen in unterschiedlichen Staaten in ähnlicher Weise gepflegt. Demgegenüber können sie kulturellen Sichtweisen nachgehen, die im eigenen Umfeld kaum auftreten. Schließlich ist es gang und gäbe, dass Menschen in einem kulturellen Kontext Gemeinsamkeiten entdecken, die sie in anderen nicht mehr wiederfinden. Das Konzept der Multikollektivität entwickelt diesen Gedanken weiter.
Lernenden sollte transparent werden, dass es innerhalb der eigenen Kultur viele Teilkulturen gibt, die von der Mehrheit der Bevölkerung nicht wahrgenommen werden, z. B. Vereinigungen oder Vereine für Brauchtumspflege, Hobby, Sport, Spezialinteressen. Selbst die Sprachverwendung im Land kann so speziell werden, dass sie sich einer Mehrheit nicht ohne Weiteres erschließt, z. B. die Sprache der

Mechatronikerinnen, Ärzte oder mancher Jugendgruppen. Diese Phänomene rücken in Konzepten transkulturellen Lernens und Multikollektivität in den Vordergrund. 4.3.1 macht deutlich, dass das Individuum mit einer Reihe von Teilkulturen oder Kollektiven verbunden ist und viele Mitgliedschaften eingeht, die sich von Person zu Person unterscheiden können.

4.3.1 Collectives	
You may be a member of: (Iken 2021)	• Cultural heritage • Languages you speak • The countries you know a lot about • Age • Professional status • Membership of a sports club • Love for classical music • The study course you chose • The cultural elements you have adopted • Personal background

Damit Lernende kulturelle Kompetenzen entwickeln und erweitern können, benötigen sie auch Strategien und Techniken der Informationsaufnahme und -auswertung. Zu methodischen Vorgehensweisen bei kulturellen Lernprozessen zählen die Konfrontation mit Inhalten, ihre Kontrastierung und Reflexion. Die Wahrnehmung, Einordnung und Evaluation von Phänomenen durch Beobachtung sind weitere gängige Verfahren kulturellen kommunikativen Lernens (Corbitt 2010, Gehring 2021).

4.4 Methodische Kompetenzen

Zu methodischen Fähigkeiten zählen alle Kompetenzen, die bei der Rezeption und Produktion von Texten bewusst, d. h. planvoll, eingesetzt werden. Im Falle von rezeptiven Aktivitäten sind dies Strategien für das Hör- und Leseverstehen.
Zu den produktiven methodischen Kompetenzen gehören Kommunikationsstrategien und Lernstrategien. Präsentationstechniken werden ebenfalls hierzu gezählt (KMK 2004, 15). Darüber hinaus benötigen Lernende aus Sicht der KMK-Fähigkeiten, wie sie ihren sprachlich-interkulturellen Wissenserwerb strategisch angehen und fortführen können. Sie müssen wissen, welche Techniken ihnen dabei helfen, welche Quellen ihnen zur Verfügung stehen und wie sie diese Quellen ausschöpfen. Nach 4.4.1 umfassen Methodenkompetenzen demnach auch alle Fähigkeiten, die Schüler:nnen für ein selbstgesteuertes Lernen dienlich sind.

4.4.1 Methodenkompetenzen	
Kompetenzen im Zusammenhang mit	Beispiel
• Rezeption (Hören/Lesen) • Produktion (Sprechen, Schreiben) • Informationsverarbeitung • Bearbeiten • Vermittlung • Wissensaneignung	• Hypothesenbildung, Inferieren, Ziele setzen • Genre wählen, Anrede, Register wählen • Strukturieren, editieren, Stichwörter notieren • Textstellen markieren, Randnotizen • Recherchieren, präsentieren, visualisieren • Quellennutzung, Kooperation, Lernplanung

Zusammenfassung aus: Lehrpläne Klasse 8/9, Niedersachsen, NRW.

GeR/CV	Niveaustufen	Kann-Beschreibung

Die Blaupause aktueller Lehrpläne in Deutschland ist der Gemeinsame europäische Referenzrahmen für Sprachen (GeR, englisch CEFR). Die erste, im Auftrag des Europarates verfasste Version wurde 2001 veröffentlicht. 2018 folgte der überarbeitete und aktualisierte Begleitband *Companion Volume with New Descriptors* (CV). Mit dem CEFR liegt ein Werk vor, das es ermöglicht, das Können von Lernenden für alle Sprachen in Europa einheitlicher zu bestimmen. Auf den CEFR des Europarates beziehen sich die Bildungsstandards der Kultusministerkonferenz, die wiederum für die Gestaltung der Lehrpläne in den jeweiligen Bundesländern maßgeblich sind. In welcher Weise die Inhalte des CEFR und die darauf bezogenen Standards der KMK im Einzelnen in einem Curriculum ausformuliert sind, wird in den einzelnen Bundesländern unterschiedlich gehandhabt. Allen Curricula gemeinsam ist jedoch die Kompetenzorientierung sowie die Formen ihrer Beschreibung

Der CEFR basiert auf Deskriptoren (*can-do descriptors*) für das Lernen, Lehren und Überprüfen von Sprachen. Sie beschreiben die verschiedenen Ebenen von Kompetenzen in der Fremdsprache. Sechs Niveaustufen sind dargestellt, die anhand von Kann-Beschreibungen erläutert werden. Die Kompetenzen werden durch Skalen näher erläutert.

Der 2018 veröffentlichte Begleitband CV zum CEFR enthält einige Neuerungen. Viele der benannten Skalen wurden erweitert. Zudem ergänzte man Skalen zur Mediation und Phonologie, zum Umgang mit Literatur und es wurden verschiedene Stufen von Kompetenzen in der Online-Interaktion aufgenommen. Neu sind Skalen zur Gebärdensprache (Council of Europe 2018, North/Piccardo 2018). An der grundsätzlichen Darstellung einer Kompetenzdarstellung in Form von Niveaustufen und Skalen hat sich nichts verändert.

Jede der sechs Niveaustufen (A1-C2) beschreibt, was Lernende auf der betreffenden Stufe an sprachlichen Leistungen zeigen können. Beginnende Lernende etwa, die A1 erreicht haben, verfügen über elementares Können. Die Niveaustufe C2 beschreibt das Können von Sprachverwenderinnen, die in jedweder Hinsicht kompetent in der Sprache sind. Sie verfügen über Können, das sehr nahe an muttersprachlichen Fähigkeiten liegt. Jede Niveaustufe wird durch eine Kann-Beschreibung in einer Globalskala (4.4.2) zusammenfassend dargestellt, z. B. *overall spoken production* (A2).

4.4.2 Globalskala
Beispiel *overall spoken production* (A2): Can give a simple description or presentation of people, living or working conditions, daily routines. likes/dislikes etc. as a short series of simple phrases and sentences linked into a list

Es folgen Detailskalen (4.4.3), die, differenziert nach Anwendungsbereichen, die betreffende Kompetenz näher beschrieben, z. B. *describing experience* (*in spoken production*).

4.4.3 Detailskalen	
Beispiel *spoken production: sustained monologue*:	
Describing experience	Can explain what he/she likes or dislikes about something. Can use simple descriptive language to make brief statements about and compare objects and possessions …
Giving information	Can give simple directions from place to place, using basic expressions such as 'turn right' and 'go straight' along with sequential connectors such as 'first,' 'then,' and 'next.'
Putting a case	Can present his/her opinion in simple terms, provided listeners are patient … (CV 2018: 69ff)

Skalen gibt es für kommunikative und für qualitative Kompetenzen. Es wird zum einen dargestellt, was Lernende z. B. der Niveaustufe A2 mündlich oder schriftlich, rezeptiv oder produktiv können sollen. Zum anderen bietet der CEFR/CV Deskriptoren zur Beurteilung und Einschätzung einer Leistung an.

Qualitative Skalen (4.4.4) beschreiben Erwartungen an die Performanz, also an die Sprachverwendung. Sie dienen dazu, Aussagen darüber zu ermöglichen, wie gut eine Sprachverwendung gelungen ist, wie flexibel mit der Sprache umgegangen wird, wie facettenreich Wortschatz und Idiomatik sind etc. Zur Beurteilung von Aspekten der Sprachverwendung liefert der CEFR/CV neben *range* (Spektrum), *accuracy* (Korrektheit), *fluency* (Flüssigkeit), *interaction* (Interaction), *coherence* (Kohärenz) und *phonology* (Aussprache) für jede Niveaustufe (CV 2018: 171f).

4.4.4 Qualitative Merkmale
Beispiel *range* (Spektrum). Elementare Sprachverwendung Sprechen, Schreiben, A1/A2:
Has a very basic repertoire of words and simple phrases related to personal details and particular concrete situations. (CV 2018:175)
Can write simple isolated phrases and sentences. Longer texts contain expressions and show coherence problems which make the text very hard or impossible to understand. (CV 2018:175)

Ebenfalls ausführlich in Skalen dargestellt sind Vermittlungskompetenzen (4.4.5). Sie umfassen Fähigkeiten zur Sprachmittlung und zur Informationsvermittlung und schließen darüber hinaus Moderationskompetenzen, Kompetenzen der Gesprächsführung und aktiven Gesprächsteilnahme ein.

4.4.5 Moderationskompetenzen	
Beispiel *delicate situations and disagreement*, Elementare Sprachverwendung A1/A2:	
A2	Can recognize when speakers disagree or when difficulties occur in interaction and adapt memorized simple phrases to seek compromise and agreement.
A1	Can recognize when speakers disagree or when someone has a problem and can use memorized simple words and phrases (e. g. "I understand" "Are you okay?" to indicate sympathy. (CV 2018: 125)

Die Auszüge aus dem CV weisen darauf hin, dass Kompetenzen nicht an bestimmte Inhalte gebunden sind. Es sind grundsätzliche Fähigkeiten, die bei ganz unterschiedlichen Inhalten und Anforderungen Anwendung finden. In manchen Lehrplänen sind Inhalte und Kompetenzen daher getrennt aufgeführt, 4.4.6 nennt nach der Beschreibung einer Kompetenz weitere Bereiche.

4.4.6 Ausschärfungen			
Kompetenz	Operator	Inhaltsbereich	Genre
Eigene Gedanken strukturiert und gut verständlich äußern	Diskutieren	Aktuelle Themen Jugendkultur Umwelt etc.	Diskussion, Debatte, Referat
Kürzere literarische Texte erschließen	Analysieren	Literatur	short stories, radio plays etc.
Eigene Lebensformen reflektieren	Erläutern	Jugendkultur Mediennutzung	(ISB Bayern, Klasse 9)

4.5 Kompetenzorientierung in Unterrichtsplänen

Alle gültigen Lehrpläne in der Bundesrepublik sind am Gemeinsamen europäischen Referenzrahmen und an den Standards der Kultusministerkonferenz (KMK) ausgerichtet und je nach Bundesland mehr oder weniger genau ausformuliert. Die Kultusminister veröffentlichten hierzu Bildungsstandards für die erste Fremdsprache (Englisch/Französisch) für den Mittleren Schulabschluss (2003), die Bildungsstandards für die erste Fremdsprache (Englisch/Französisch) für den Hauptschulabschluss (2004) und Bildungsstandards für die fortgeführte Fremdsprache (Englisch/Französisch) für die Allgemeine Hochschulreife (2012).
Nach diesen Vorgaben entstanden in den einzelnen Bundesländern Lehrpläne, die funktional-kommunikative und methodische Kompetenzen für bestimmte Lernniveaus auf allen Fähigkeitsebenen darstellen, z. B. für Klassen 5-6, für B1, oder wie im Kasten unten (4.5.1), für das Niveau Hochschulreife (ohne Text- und Medienkompetenz, Sprachbewusstheit, Sprachlernkompetenz):

4.5.1 Lernniveau Hochschulreife	
Funktional-kommunikative Kompetenzen: • Hör-/Hörsehverstehen (z. B. Hauptaussagen entnehmen) • Leseverstehen (Rezeptionsstrategien wie z. B. skimming, scanning anwenden) • Schreiben (z. B. diskontinuierliche Vorlagen umschreiben)) • Sprechen (z. B. Gesprächskonventionen angemessen anwenden) • Sprachmittlung (z. B. Informationen in der jeweils anderen Sprache wiedergeben) • Verfügen über sprachliche Mittel und kommunikative Strategien (z. B. einen gefestigten erweiterten Wortschatz nutzen)	Interkulturell kommunikative Kompetenzen: • Verstehen (z. B. kulturelle Prägungen von Sprache) • Handeln (z. B. alltagskulturelles Orientierungswissen anwenden • Wissen (z. B. soziokulturell, strategisch) • Einstellungen (z. B. sprachlich-inhaltliche Risiken eingehen wollen) • Bewusstheit (z. B. Eigenkonzepte hinterfragen, Widersprüche aushalten) (KMK 2012: 15ff)

Interkulturelle Kompetenzen sind in aller Regeln nicht für einzelne Lernniveaus detailliert ausgewiesen. Dies hängt damit zusammen, dass sich im Sinne einer Progression Einstellungen wie Toleranz, Offenheit oder Empathie nicht stringent in überprüfbare Teilfähigkeiten darstellen lassen. Fähigkeiten, wie sie im Umgang mit Texten gezeigt werden sollen, beziehen sich gleichermaßen auf expositorische und auf literarische Texte (4.5.2).

4.5.2 Text- und Medienkompetenz

Die Schülerinnen und Schüler können
- sprachlich und inhaltlich komplexe, literarische und nicht-literarische Texte verstehen und strukturiert zusammenfassen
- mithilfe sprachlichen, inhaltlichen sowie textsortenspezifischen und ggf. stilistisch-rhetorischen Wissens literarische und nicht-literarische Texte aufgabenbezogen analysieren, deuten und die gewonnenen Aussagen am Text belegen.

(Grundlegendes Niveau, Auszug, KMK 2012: 20)

Unabhängig von spezifischen curricularen Akzentuierungen impliziert die Kompetenzorientierung der Leistungserwartungen in Curricula eine Veränderung auf der Planungsebene von Unterricht. Tatsächlich ist es eine Funktion von Unterrichtsplänen, die in Curricula benannten Lernergebnisse anzubahnen. Sie sollen zu einem kompetenzorientierten Unterricht verhelfen, der „bewusst und geplant die Förderung der in den Bildungsstandards formulierten Kompetenzen zum Gegenstand hat", so Helmke (2009:234).

Bei der Planung einer kompetenzorientierten Unterrichtseinheit ist zu bedenken, dass die Vermittlung einer Sprache mehr sein muss als die in der Vergangenheit vorgenommene Akzentuierung der *four skills*. In dieser Hinsicht eindeutig sind die Vorgaben der Kultusministerkonferenz. In den Ausführungen zu den Bildungsstandards für die erste Fremdsprache bestimmen sie als Aufgaben „einen erhöhten Anwendungsbezug, die Ausrichtung auf interkulturelle Handlungsfähigkeit ebenso wie die Notwendigkeit des Aufbaus einer umfassenden Methodenkompetenz" (KMK 2004: 6).

Die medialen Veränderungen und Entwicklungen haben deutlich werden lassen, dass der Zusammenhang von Sprache und visuellen bzw. audiovisuellen Genres stärker didaktisch zu berücksichtigen ist. Wurden visuelle Informationen in der Vergangenheit vornehmlich dazu verwendet, um Texte und Unitseiten aufzulockern, Inhaltskerne zu visualisieren, sind sie heute mehr und mehr expliziter Bezugspunkt der Fähigkeitsschulung. In aktuellen Lehrplänen wird das Sehverstehen in Kombination mit dem Hören als Hör-Sehverstehen für die einzelnen Lernerstufen durch Deskriptoren näher ausdifferenziert.

Methodische Kompetenzen beschreiben rezeptive oder produktive Fähigkeiten unter strategischen Gesichtspunkten, z. B. Texterschließungsstrategien (*skimming, scanning*), Kommunikationsstrategien (z. B. *taking the floor*). Vereinzelt gibt es Hinweise zur Anbahnung digitaler Kompetenzen.

Personale Kompetenzen gewinnen an Bedeutung, werden aber meist nicht eigens ausgewiesen. In den gängigen Modellen für fremdsprachliches Lernen sind sie den methodischen Kompetenzen als Strategien zugewiesen. Sie sollen dazu beitragen, die individuelle Sprachverwendung der Lernenden zu fördern. Diesbezügliche didaktische Akzentuierungen finden sich in Anbahnungsprozessen. Die Fähigkeit zur Empathie und zur Relativierung eigener Standpunkte, zentrale Erwartungen an die interkulturelle Kompetenz, werden jedoch individuell verarbeitet. Personalen Kompetenzen zuzuordnen sind schließlich Fähigkeiten, die Schüler:innen bei der Organisation von Lernprozessen unterstützen. Sie sind Voraussetzung dafür, dass sie ihr eigenes Lernen einschätzen können, es kritisch begleiten und an die jeweiligen Erfordernisse anpassen können.

4.5.3 Bereiche der Kompetenzentwicklung

Systemische Kompetenzen	Kommunikative Kompetenzen	Interkulturelle Kompetenzen	Methodenkompetenzen	Personale Kompetenzen
Verfügbarkeit von Lexik, Syntax, Aussprache, Intonation, Orthografie	Fähigkeiten zur Sprachrezeption und Sprachproduktion	Perspektivenkoordination Kulturelle Bewusstheit Wahrnehmungsbereitschaft	Rezeptionsstrategien Produktionsstrategien Umgang mit Medien	Lernorganisation Selbsteinschätzung Offenheit

Vermittlungsschwerpunkte in einer kompetenzorientierten Unterrichtseinheit können stärker auf die Konsolidierung oder auf die Weiterentwicklung von rezeptiven und produktiven Fähigkeiten gerichtet sein. Sie können auch den Erwerb, die Sicherung oder Anwendung von Elementen der systemischen Kompetenzen zum Ziel haben, die für die Entwicklung der rezeptiven und produktiven Fähigkeiten grundlegend sind. Zu inhaltlichen und strategischen oder affektiven Akzentuierungen wie z. B. interkulturelles, soziales Lernen, ästhetisches Lernen kommt es innerhalb dieses Rahmens.

Leistungserwartungen sind in Unterrichtsentwürfen vor dem Verlaufsplan aufgeführt. Es handelt sich um Deskriptoren, die die geplanten Ergebnisse beschreiben. Demnach all das, was man in der Unterrichtseinheit erreichen will. In einem Unterrichtsentwurf werden normalerweise die Fähigkeiten als Leistungserwartungen aufgeführt, die in der Planung implizit oder durch entsprechende Aktivierungsimpulse explizit aufgerufen werden. Daher ordnen Unterrichtsplaner den übergeordneten Kompetenzen in aller Regel die geplanten Zwischenstufen bei, die zur Umsetzung der erwarteten Kompetenzen hinführen. 4.5.4 ist ein Beispiel für dieses Verfahren.

4.5.4 Didaktische Stufung	
(A) Leistungserwartung (angestrebte Kompetenzen) Die Schülerinnen und Schüler [SuS WG] können aus einfachen Texten grundlegende Informationen (z. B. Namen, Daten, Orte …) finden und benennen (scanning)	(B) Zwischenstufen (Teilkompetenzen) • SuS können globale Textinformationen identifizieren und markieren • SuS können globale Textinformationen zuordnen • SuS können Textinformationen benennen • SuS können Textinformationen schriftlich festhalten
vgl. NKM 2008: 6	NKM 2008: 6

4.6 Zusammenfassung

Die Bestimmung und Festlegung der angestrebten bzw. erwarteten Kompetenzen gehört zum Kernbereich von Planungsprozessen. Wer Unterricht plant, muss sich noch vor methodischen Entscheidungen Gedanken darüber machen, welche Teilkompetenzen in der Unterrichtseinheit angebahnt werden sollen. So können punktgenaue Aktivitäten zu den angestrebten Kompetenzen entwickelt werden (4.6.1). Genau geprüft werden sollte, welche der mit Aktivitäten verbundenen Leistungserwartungen nicht offenzulegen sind. Demgegenüber gibt es in der Planungspraxis Kompetenzen, die vorausgesetzt werden können, weil man davon ausgehen kann, dass sie zum Vorwissen der Lernenden gehören.

4.6.1 Planungsleitlinien	
Kompetenzorientierte Unterrichtspläne	• Lernende können bei Lernaufgaben ihr aktuell verfügbares Wissen einsetzen • Lernaktivitäten sind so konzipiert, dass sie Lernende mit unterschiedlichen Leistungsprofilen durchführen können • Lernaktivitäten geben Gelegenheit, die Lernsprache mitteilungsbezogen und diskursorientiert einzusetzen. • Lernende haben Zugriff auf sprachliche, stoffliche und strategische Hilfen, die sie bei der Problemlösung unterstützen • Versprachlichungskontexte sind primär funktional ausgerichtet • Arbeitskonstellationen, die Lernenden kollaborative und kooperative Formen der Zusammenarbeit ermöglichen • Angebote an Lernende, das Erreichte vorzustellen und der Lerngemeinschaft zu erläutern • Angebote an Lernende, begründete Meinungen zu Präsentiertem zu artikulieren • Lernarrangements, die eine ganzheitliche Kompetenzförderung anbahnen

5 Kompetenzentwicklung

5.1 Grundlagen

Die Bestimmung der Leistungserwartungen und ihre methodischen Umsetzungen in der Verlaufsskizze nimmt eine zentrale Stellung im Planungsprozess sein. Diese Planungsphase beginnt, nachdem Autor:innen sich für Unterrichtziel und -inhalte entschieden haben. Gemeinhin basiert ein Unterrichtsplan auf Leistungserwartungen, die methodisch strukturiert umgesetzt werden. Einfluss dabei nehmen die Wissensbestände, die bei den Lernenden als verfügbar vorausgesetzt werden können. Diese Komponenten bestimmen die Konzeption der Kompetenzentwicklung. Grundsätzlich können Planerwartungen stärker akzentuierte Lernergebnisse definieren oder einen integrativen Lernprozess modellieren.
Erwartungen in einem Plan sind die Kompetenzen, die Lernende zeigen sollen. Sie finden sich als Darstellung und Auflistung von Kompetenzen vor einem Entwurf. Nicht immer sind jedoch alle Kompetenzen in einem Horizont auch aufgeführt, die Lernende zur Bewältigung der Aktivitäten und zur Lösung der Anforderungen einsetzen müssen. Das Gesamtbild erhält man erst dadurch, dass auch die Aktivitäten ermittelt werden, die unerwähnte Leistungserwartungen im Plan repräsentieren (5.1.1).

5.1.1 Planerwartungen					
Planerwartungen	Systemische (sprachliche Mittel) Kognitive Kommunikativ-funktionale Interkulturelle Methodische	Leistungs-erwartungen	→	Aufgaben Impulse Fragen Anweisungen Übungen Produkte Outcome	SuS (können) … [Operator(en)]

Die heutigen Erkenntnisse über Spracherwerb als einen individuellen Prozess bringen es mit sich, Erwartungen offen zu formulieren. Konkret meint dies beispielsweise, dass solche Unterrichtsstunden tendenziell in den Hintergrund rücken, die von einer instruktiv durchgeführten Einführung und Konsolidierung eines sprachlichen oder landeskundlichen Stoffes bestimmt werden und hierauf fokussieren. Die kommunikative Bewältigung einer Alltagssituation wird heute ebenfalls nicht mehr allein dadurch angebahnt, dass Lernende vornehmlich mit vorgegebenem linguistischem Inventar

sprachhandeln, zu dessen Verwendung sie der Plan befähigen soll (vgl. Hecht/Waas 1995). Um der Lernerindividualität gerecht zu werden, fließen ihre Lösungshypothesen in den Lernprozess mit ein. In einem kompetenzorientierten Unterrichtsplan werden gerade auf der sprachlichen Ebene vielfältige Lösungen akzeptiert. Inhaltlich sind Lernprodukte in verschiedenen Ausführungen zu erwarten, ohne dass dies zu Einschränkungen in Bezug auf Qualität und Leistungserwartung führen muss.
In den gängigen Unterrichtsphasierungen gibt es neben Varianten des Dreiphasenmodells (Initiation/Hauptteil/Schlussteil) zwei Modelle, mit denen sich ein integrativer und gleichermaßen ein akzentuierender Ansatz aufgabenorientiert realisieren lässt. Der integrative *task based approach* phasiert die Problematisierung, den Lösungsfindungsprozess, die Präsentation sowie die Evaluation der erzielten Ergebnisse. Sprachliche Schwerpunkte sind nicht zentral, im Anschluss an die Outputkonstruktion ist eine Arbeit mit und an Redemitteln denkbar. Der Ansatz des *task supported language learning* überführt die während der Initiation und der Erarbeitung vorgenommene Akzentuierung auf einen Anwendungskontext, bei dem das Neue eine Verbindung mit vorhandenem Wissen und Können eingehen kann, um zu einer Lösung zu gelangen. Die Aktivitäten der Anwendungsphase sind nahe an einer Aufgabenkonstruktion, die im methodischen Konzept den Wechsel von der gelenkten zur freieren Sprachverwendung markiert (Gehring 2021). Es ist jedoch nicht allein vom Methodenkonzept abhängig, ob Kompetenzen in Plänen integrativ oder akzentuiert entfaltet werden.

Mehrdimensional/integriert	Eindimensional/akzentuiert

Der erste Aspekt einer Entwurfsanalyse auf Kompetenzebene bezieht sich darauf, in welchen Erwartungskontexten Kompetenzen aufgerufen werden. Unterschieden wird hierbei zwischen integrativen und akzentuierten Lernarrangements.

5.2 Integrative Arrangements

In integrativen Entwürfen steht ein Problem im Vordergrund. Eine Grundvoraussetzung eines solchermaßen angelegten Unterrichtsplans ist die Aktivierung verschiedener Fähigkeiten. Dies wird durch Lernaufgaben erreicht, die solche komplexen Lösungsansätze initiieren. Lernende, die sich mit der Lösung eines Problems auseinandersetzen, sind gefordert, ihre verfügbaren kommunikativen, strategischen und kulturellen Fähigkeiten einzusetzen und ein Spektrum an Werkzeugen vorzuhalten, das ineinandergreift.
Nach dem Lesen, z. B. einer Werbeanzeige, folgen Fragen nach den Inhalten, nach gestalterischen Bestandteilen, auffälligen sprachlichen Elementen etc. Darüber tau-

schen sich Lernende im Plenum oder in Gruppen aus, bevor sie eine Präsentation hierzu erarbeiten und vorstellen. Ähnlich integrativ in Bezug auf Kompetenzen sind Aktivitäten, die im hier gewählten inhaltlichen Kontext beispielsweise das Verfassen einer Kritik, die Entwicklung einer alternativen Anzeige, den Transfer der Werbeintention auf ein anderes Genre, den diachronen oder synchronen Vergleich von Werbeanzeigen mit ähnlichen Intentionen einfordern (5.2.1).
Integrative Unterrichtspläne sind nicht auf das Üben oder Vertiefen einer ausgewählten Fähigkeit, eines Wortfeldes etc. ausgerichtet. Im Sinne der gelisteten Erwartungen sind sie „mehrdimensional“ (Hallet 2011).

5.2.1 Integratives Arrangement
Die Schüler sollen die Mittel, mit denen Werbung arbeitet, erkennen und einsetzen können … … in der Gruppe … verhandeln … diskutieren und … Ergebnisse vorstellen. … die Bildbeschreibung und -analyse [trainieren], … sich mit informeller Sprache bzw. Jugendsprache [beschäftigen … bei der Erarbeitung von Slogans die Verwendung von Imperativen [trainieren]. (Hesse 2014:30)

Die Leistungserwartungen in 5.2.1 benennen analytische, diskursive, kommunikative und grammatische Fähigkeiten und sind in dieser Hinsicht integrativ konzeptualisiert. In welcher Weise Ergebnisse versprachlicht werden, ist im Detail nicht vorhersehbar.

5.2.2 Leistungserwartungen	Fähigkeiten
… spekulieren die Sportart Zorbing. … machen sich Notizen zu einem Hörtext und vergleichen sie. … erarbeiten sich Extremsportarten anhand von *flash cards.* … fassen mündlich zusammen und stellen Rückfragen. … trainieren die *conditionals.* … tauschen im Tandem Wissenswertes über die Sportarten aus. … stellen Sportarten im Plenum vor. (Kist 2014)	Sprechen Schreiben/ Methodenkompetenz Hörverstehen Leseverstehen Sprachliche Mittel

In 5.2.2. und 5.2.3 wurden die von den Autor:innen gelisteten Leistungserwartungen mit den Operatoren ihrer Unterrichtsentwürfe in Einklang gebracht. In 5.2.2, für eine Lerngruppe auf B1-Niveau, ergibt sich eine komplexe Fähigkeitsstruktur, obwohl bestimmte sprachliche Mittel erwartet bzw. trainiert werden sollen (Sportarten, *conditionals*). Das verstehende Hören wird durch *note making* und *comparing* operationalisiert. Das Erarbeiten der Informationen anhand von *flash cards* aktiviert Lese- und Versprachlichungsprozesse. Der Austausch kann erfolgen, wenn die betreffenden Informationen ermittelt werden konnten. Zum Präsentieren gehören methodische und produktive Kompetenzen.

5.2.3 Leistungserwartungen	Operatoren
• betrachten und beschreiben das Gemälde *Sunday Afternoon on the Island of La Grande Jatte* (1998) von James Rizzi genau	Erkennen
• interpretieren das Gesehene.	Erläutern
• malen ein eigenes Kunstwerk und diskutieren mögliche Abweichungen,	Non-verbal darstellen
• versetzen sich in die Lage einer der dargestellten Personen hinein und schreiben Tagebucheintrag,	Perspektivwechsel Genre verfassen
• verwenden Redemittel zur Bildbeschreibung (wie z. B. *on the left, in the foreground/centre, there is/are* etc.) und Personenbeschreibung sowie zu Freizeitaktivitäten,	Chunks einsetzen
• verwenden die Zeitformen *simple present, present progressive* und *simple past.* (Grigoriadou/Tsouni 2014:10)	Grammatische Formen verwenden

5.2.3 kann zeigen, dass komplexe Leistungen bereits auf der Niveaustufe A1/A2 operationalisierbar sind. Zum einen sehen die Leistungserwartungen vor, eine Reihe konkret benannter sprachlicher Mittel zu verwenden, darunter solche zur Bildbeschreibung. Zum anderen sind offene Operatoren wie das Beschreiben und das Erläutern Teil des Aktivierungskonzepts. Zusätzlich implementieren die Autor:innen die interkulturelle Erwartung der Perspektivenkoordination.

Im Fremdsprachenunterricht wird schon lange eine Form von Kompetenzorientierung vertreten, die auf Mehrdimensionalität bei der Sprachverwendung beruht (5.2.4). Das Modell von Canale/Swain aus den 1980er Jahren beschreibt kommunikative Kompetenz als integratives Zusammenspiel von systemischem Können, Diskurskompetenz, soziolinguistischer und strategischer Kompetenz. Alle diese Fähigkeiten werden benötigt, sobald man kommuniziert (1980). Wer demzufolge sprachlich handelt, zeigt grammatische, lexikalische, phonologische Fertigkeiten (*grammatical competence*). Sprachbenutzer haben ihre Äußerung strukturiert und verständlich versprachlicht (*discourse competence*) und sich auch für ein bestimmtes Register entschieden (*sociolinguistic competence*). Lernende setzen Kommunikationsstrategien ein (*strategic competence*), sie formulieren Erwiderungen, lesen etwas nach, um es später in einem Beitrag einzusetzen (*strategic*). Möglicherweise haben Lernende ihren Beitrag durch *note taking*, Nachschlagen oder Recherche vorbereitet (*strategic*). Wiederum ist ein Bündel an Einzelfertigkeiten wirksam, das in eine integrative Kompetenzorientierung mündet.

5.2.4 Planungsleitlinien	
Integrative Arrangements	• Kein Übungsschwerpunkt auf sprachliche Mittel • Ergebnisse sind sprachlich und inhaltlich offen • Aufgaben aktivieren ein Bündel an Fähigkeiten • Verschiedene Operatoren unterschiedlichen Anspruchs werden aufgerufen

5.3 Akzentuierte Arrangements

Deutlich akzentuierte Unterrichtspläne sind die Regel, solange die Lehrmethodik primär darauf ausgelegt ist, einzelne Fähigkeiten anzubahnen, zu trainieren und anwenden zu lassen. In den 1990er Jahren sorgte das klassische PPP-Phasierungsmodell in solchen Fällen für den strukturellen Rahmen einer Vorgehensweise, die das Neue vorstellt, erarbeiten oder festigen lässt. In einer dritten Phase sollte das Gelernte dann angewandt werden. Die Planung auf der Grundlage akzentuierter Erwartungen sind häufig in Lehrbuchunits des beginnenden Englischunterrichts anzutreffen. Lernende sollen sich dann mit den Redemitteln oder einer ausgewählten Fähigkeit der Unit konsolidierend beschäftigen.

Auch in einem Unterrichtplan nach aufgabennahen Phasierungsmodellen (Initiation, Er-/Bearbeitung, Präsentation, Evaluation) treten in den ersten Lernjahren verstärkt akzentuierende Erwartungen in Erscheinung. Durch eine indirekte und direkte sprachliche Unterstützung oder durch Feedbacktechniken (z. B. *recast*) wird so der Lösungsprozess didaktisiert. Damit sollen sprachliche Hürden vermieden werden (Ellis 2004:172). Darüber hinaus wird die Aktivierung von Fähigkeiten begrenzt. Nur solche sind betroffen, die zu den vorgesehenen Lernergebnissen beitragen. Für Unterrichtspläne mit diesem didaktischen Profil sind diese Ergebnisse vorhersehbar. Das gezielte Anbahnen kann sich auf Verwendungskompetenz bei ausgewählten Redemitteln beziehen, auf eine methodische oder kommunikative Fähigkeit.

Insofern ist 5.2.3 ein Beispiel nicht nur für eine integrative, sondern auch für eine akzentuierte Leistungserwartung. Die Autor:innen setzen voraus, dass grammatische Fertigkeiten der systemischen Kompetenz bei den Lernenden vorhanden sind (Zeitformen, Phrasen). Damit sind zentrale Merkmale einer akzentuierten Leistungserwartung erfüllt. Nur die Verwendung bestimmter linguistischer Konstruktionen führt zur vorgesehenen Aufgabenlösung.

Im Gegensatz zu einer Übung, die sich darin erschöpft, Kontext und Aktivierungsmuster für das Trainieren eines ausgewählten sprachlichen Schwerpunktes bereitzustellen, wird in akzentuierten Lernaufgaben ein Lernergebnis erreicht, d. h. ein Outcome (in 5.2.3 Tagebucheintrag, Bild). Das zweite Merkmal, in dem sich eine fokussierte Übung von einer akzentuierten Lernaufgabe unterscheidet, ist die intentionale Ebene. In einer Übung spielen inhaltliche Aspekte keine Rolle, in der Aufgabe mit einer akzentuierten Leistungserwartung dagegen gilt mit Ellis das gleiche wie in den Varianten mit integrativen Leistungserwartungen: „There must be a primary concern for message content" (Ellis 2003:140).

Formal-funktionale Akzentuierungen führen zu verschiedenen Schwerpunkten innerhalb des Spektrums kommunikativer Kompetenzen. Dies zeigt sich unter anderem beim Vergleich der angestrebten Kompetenzen bzw. Leistungserwartungen mit ihren methodischen Ausführungen, d. h. ihren Konkretisierungen (5.3.1).

5.3.1 Leistungserwartung	Konkretisierung
Redemittel zur Bildbeschreibung (wie z. B. *on the left, in the foreground/centre, there is/are* etc.) und Personenbeschreibung sowie zu Freizeitaktivitäten werden geübt …	Describe the people, what the people are doing … [Bild Georges Seurat: A Sunday Afternoon on the Island of La Grande Jatte, W. G.]. Describe the painting. Use the phrases in the foreground, in the centre, in the background, etc. to build sentences [+ language help WG]. Describe the time of day, the season, the colours, the animals … Show your picture to the partner and describe it. (Grigoriadou/Tsouni 2014:11-12)

5.3.1 initiiert zunächst eine funktionale Handlungssituation, die Lernende zur Anwendung von Vokabeln und Phrasen zur Beschreibung anhält. Die sprachlichen Mittel auf der Mikrofokussierung werden zur Verfügung gestellt, jedoch nicht eingeführt. Auch eine Erläuterung durch direkte Instruktion oder durch Darbietung von Anwendungsbeispielen erfolgt nicht. In der PPP-Variante gehören diese didaktischen Schritte zur Grundausstattung. Eine Akzentuierung auf der funktionalen Ebene erfolgt durch die mehrfache, progressionsgestufte Implementierung des Operators *describe*. Von diesem Operator gehen die zentralen Handlungsaufforderungen aus. Zudem sind sie auf verschiedenen Komplexitätsstufen angesiedelt und ansteigend angeordnet: *Describe detail* beschränkt sich auf einen figürlichen Bildausschnitt, für *describe painting using phrases* wird der Blick auf das gesamte Bild gelenkt, *describe your painting* ist eine individuelle Umsetzung des Operators im Kontext des eigenen Opus.

5.3.2 Leistungserwartungen	Konkretisierung
Die Schüler werden anhand eines Filmes mit Zeit-, Handlungs- und logischen Strukturen konfrontiert und üben sich darin, sie intentions- und situationsangemessen zu benutzen, in diesem Fall vor allem Satzstellung und die Anwendung der Zeitformen der Gegenwart. (Draeger 2017:15)	1. Watch the film. 2. Work with a partner. One of you makes notes about George, the other about Mark. 3. Exchange your notes. Watch the film again. Compare your partner's notes with the film. Add your own notes in a different colour. Optional: An dieser Stelle können anhand der Notizen der Schüler die Zeiten miteinander kontrastiert werden. …1. Choose one of the scenes. Watch the film again and try to remember the text. 2. Act out the scene with your partner. You can add your own ideas if you like.

5.3.2 erwartet von den Lernenden die Verwendung expliziter grammatischer Formen, der Autor macht die Lernenden jedoch auf diese grammatische Fokussierung in der Aufgabenstellung nicht aufmerksam. Eine aktive Bewusstmachung ist in

5.3.2 als Option markiert, ein aktiver *focus on form* ist nicht erkennbar. 5.3.2 setzt auf eine mittelbare, optionale Akzentuierung: „Zeiten [können] miteinander kontrastiert werden“, der *language focus* wird in der Hauptphase gesetzt (*make notes*). Es ist der im Film präsentierte sprachliche Input, der dazu veranlasst, die erwarteten Äußerungen in den intendierten grammatischen Formen zu reproduzieren (Satzstellung, Zeitformen). Die Nutzung der benannten Strukturen besteht im Wesentlichen darin, Inhalte reproduktiv wiederzugeben und zu notieren. Zu einer kognitiven Auseinandersetzung kommt es nicht.

5.3.3 Leistungserwartungen	Konkretisierung
Die Schülerinnen und Schüler erfassen die Hauptaussagen und deren unterstützende, sprachliche und/oder inhaltliche Einzelinformationen, analysieren und deuten die Texte aufgabenbezogen.	Read the article(s), … listen to the story. Summarize the most important information … Concentrate on the following aspects: a) Who are the people the article is about? b) What do they worry about and why? c) Can you think of arguments against their point of view? (Wenzel 2018: 31)

5.3.3 ist ein Beispiel für eine inhaltliche Akzentuierung. Als Kompetenz erwartet wird das Zusammenfassen von einigen Hauptaussagen. In der Umsetzung geben Fragen vor, was genau die Schüler:innen als Hauptaussagen aufgreifen sollen. Individuelle Rechercheinteressen erhalten keinen Raum. Die Akzentuierung der Aufgabe durch Vorauswahl initiiert als Leseprozess vor allem *skimming*. Bereits bei 5.3.1 zeigt sich dieser auf wenige Fakten gerichtete Akzent. Kunsthistorische (Pointillismus), biographische oder bildanalytische Aspekte werden ausgeblendet.

5.3.4 Leistungserwartungen	Konkretisierung
Die Schülerinnen und Schüler …können Hauptaussagen der Textmaterialien [Informationen zu den Tieren der Serengeti auch Details zu deren Gefährdung] allein sowie in Partnerarbeit lesen und verstehen Sie erweitern ihre kommunikative Kompetenz im Bereich Sprechen anhand der Materialien zur Fauna der Serengeti durch die Präsentation der Rechercheergebnisse in der Gruppe oder im Plenum sowie im Rahmen einer Diskussion, in welcher sie eigene Standpunkte begründen.	Read the text about lions [elephants, leopards, black rhinoceros]. 2. Look up unfamiliar words and check their meanings with your partner. 3. With your partner, check online for more pictures of lions and their cubs, and for further information you can use in a presentation. 4. In your group, prepare a presentation about lions. Explain to your class why you think it is important to protect this animal. (Schustereder 2020:11)

In 5.3.4 setzen die Lernenden selbst die inhaltlichen Akzente. Die kommunikativen Handlungen sind vermittels der Operatoren *prepare presentation* und *explain* festgelegt. Ihre Implementierung hat einen offenen Charakter, die konkret formulierten Erwartungen richten sich an die methodische Abfolge und an das Endprodukt (*presentation*). Präzisierungen sind gering ausgeprägt (*check online … for further information; prepare presentation*). Mehrdimensionalität kommt in der Aufgabenbeschreibung mittelbar zum Ausdruck. Rezeptive Fähigkeiten werden für die Onlinerecherche benötigt. Die Lernenden sollen Informationen sichten, auswählen und die vorhandenen Informationen produktiv ergänzen. Weitere produktive Tätigkeiten umfassen eine schriftliche Aufarbeitung der Informationen, worauf sich eine Präsentation und eine metakognitive Betrachtung anschließen soll. Welche Dimensionen genau hierbei angedacht sind oder welche methodischen Fähigkeiten in Frage kommen, bleibt offen.

5.3.5 Leistungserwartungen	Konkretisierung
In einer *information gap activity* arbeiten die Schüler dann mit den vorgestellten *flash cards* im Tandem und tauschen Wissenswertes über die Sportarten aus, wobei ein Schüler die Rolle des Interviewers, der andere die des Interviewenden übernimmt.	1. Work with a partner. Partner A reads the information on his or her flash card. 2. Partner A gives Partner B a short summary of the facts on his or her flash card. 3. Partner B asks questions with the help of the keywords on his or her cue card. 4. Be prepared to present the information to the class. 5. Discuss with your partner whether you would like to try this sport. (Kist 2014: 19)

5.3.5 weist sich als gemischte Akzentuierung aus, die Leistungserwartungen sind um methodische Informationen erweitert. Deren Beitrag zur Bestimmung der Leistungserwartungen ist gering. Die erwähnten methodischen Formate *information gap, flash card activity, pair work*, lassen sich auf vielerlei Weise realisieren, zur Präzisierung der damit intendierten Kompetenzen tragen sie wenig bei. Dennoch ist in 5.3.5 die Aufgabenstellung inhaltlich individuell von Lernenden interpretierbar. Der *workplan* äußert sich nicht nur zur methodischen Orchestrierung des Arbeitsablaufs. Erläuterungen zu inhaltlichen Erwartungen sind Teil der Aufgabenstellung (*summarize facts, ask questions, discuss …*)

Aus den bisher betrachteten Planexzerpten geht hervor, dass Akzentuierungen in kompetenzorientierten Entwürfen nicht ungewöhnlich, ja beinahe die Regel sind (vgl. auch 5.3.8). Eine konsequent umgesetzte integrative Struktur, die auf Akzentuierungen verzichtet, nimmt sich didaktisch so weit zurück, dass nur noch die Struktur der Lernaufgabe rudimentär modelliert wird. Insbesondere die Beispiele 5.3.1 und 5.3.3-5.3.5 machen deutlich, dass sich Akzentuierungen und mehrdimensionale Kompetenzentwicklung nicht ausschließen. Im Vergleich zu PPP-Modellen üben sich Autor:innen bei ihren Akzentuierungen in didaktischer Zurückhaltung. Häufig weisen sie die Adressaten ihres Konzepts darauf hin, dass die Aufgabenstruktur Impulse für eine akzentuierte Kompetenzschulung beinhaltet. Ausgewiesene Übungsphasen oder Erläuterungen fehlen. Diese Strategie folgt im Kern dem Ansatz von Ellis. Bei akzentuierten Aufgabenstellungen gelte: "The learners are not informed about the linguistic focus and therefore treat the task in the same way as they would an unfocused task" (Ellis 2003:141). Eine akzentuierte Kompetenzorientierung scheint den Mangel an „kognitiven, sprachlich-diskursiven und interaktionalen Prozessen" zu verringern, wie er für die ersten Lernjahren festgestellt wird (Rohde 2016: 38).

5.3.6 Leistungserwartungen	Konkretisierung
Die Lernenden können • de[m] Sachtext ... wesentliche Informationen entnehmen, welche für die eigene Produkterstellung genutzt werden (Leseverstehenskompetenz), • den Sachtext global verstehen und diesem wesentliche Informationen entnehmen, welche für die eigene Produkterstellung genutzt werden (Leseverstehenskompetenz).	• ... Read the text and create an informational product on manatees for the WWF website, which describes the animal in all important aspects. Be ready to present your results to the class. Informational product ideas: Create a poster/an infographic. Develop a quiz (e.g., single-choice questions). Write a story or draw a comic (e.g., from the life of Matthew the manatee). Create an interview with a manatee. Create a podcast or film. (Oldendörp/Woltin 2021: 10/1)

5.3.6 steht für eine Vorgehensweise, die den Fokus in der Planung auf eine Kompetenz legt und weitere Kompetenzen als Vorwissen umfassend voraussetzt. Sprachhandelnde Erwartungen und genrebezogene Aspekte der „Produkterstellung" sind in der Kompetenzdarstellung nicht differenziert aufgeführt.
In den zitierten Beispielen aus Lernaufgaben tritt das Präsentieren oder Mitteilen von Ergebnissen auch als akzentuierte Erwartung markant in Erscheinung, wie die Beispiele in 5.3.7 zeigen.

5.3.7 Präsentationsaufgaben
Show your picture to the partner and describe it. (Grigoriadou/Tsouni 2014:11-12) Summarize the most important information. (Wenzel 2018: 31) In your group, prepare a presentation about lions. (Schustereder 2020:11) Be prepared to present the information to the class. (Kist 2014: 19) Be ready to present your results to the class. (Oldendörp/Woltin 2021: 10/1)

Weitgehend unabhängig von Niveaustufen legen die Autor:innen Wert darauf, dass Lernende sich darin trainieren, Informationen in der Fremdsprache darzubieten. Jedoch liefern sie nicht durchgängig Hinweise zur didaktischen Modellierung der Präsentationskompetenzen. Die Curricula führen sie als methodische Fähigkeiten und -techniken auf, die Erwartungen an eine sachkundige Mediennutzung einschließen. Konkret aufgeführt sind Präsentationskompetenzen in Lehrplänen im Zusammenhang mit der Beschreibung von kommunikativen Leistungserwartungen des Sprechens und Schreibens. Im CEFR/Companion sind „*description*" und „*presentation*" in *Can-do-* Deskriptoren ab Niveau A1 enthalten (2018: 68). Man kann daher davon ausgehen, dass das Darbieten von Informationen in einem kompetenzorientierten Englischunterricht eine wichtige Leistungserwartung darstellt, die vermittelt werden muss.

5.3.8 Planungsleitlinien

Akzentuierte Arrangements

- Sprachliche Komplexität ist minimiert
- Einzelne sprachliche Mittel werden durch Übung konsolidiert
- Inhaltliche Aspekte werden systematisch akzentuiert
- Keine analytische Betrachtung inhaltlich- kultureller Aspekte

5.4 Prüfliste

Alle Beispiele sind in ihren Leistungserwartungen auf Ergebnisse ausgerichtet, die durch die Bearbeitung von Lernaufgaben erreicht werden. Hierzu trägt möglicherweise bei, dass die derzeit gültigen, kompetenzorientierten Lehrpläne Lehrkräften viel Handlungsspielraum einräumen. Lehrplankompetenzen erweisen sich als offen für individuelle, an den Lernausgangsbedingungen einer Lerngemeinschaft orientierte Konkretisierungen. Dies schließt Differenzierungsmaßnahmen mit ein. Im Einzelnen bedeutet Offenheit, dass Kompetenzformulierungen auf verschiedene Art und Weise umgesetzt werden können. Beispielsweise sagt, wie der Niedersächsischen Lehrplan für das Fach Englisch der Klassen 5-10 (2015) es ausdrückt, die Erwartung, dass am Ende des 6. Schuljahres sich „Schülerinnen und Schüler auf einfache Art verständigen" können, nichts über spezifische Redemittel aus, die sie dabei benutzen sollen. Gleichzeitig wird kommuniziert, dass diese Kompetenz mit unterschiedlichem linguistischem Inventar gezeigt werden kann. Wie beschaffen es sein kann oder soll, regeln die Autor:innen anhand der Konkretisierungen ihrer Planerwartungen für die adressierte Lerngruppe.
Unterrichtspläne, zumal solche, die in Ausbildungskontexten entstehen, fassen den Kompetenzbegriff deutlich enger als Lehrpläne, die das überprüfbare kommunikative Handeln nach einem gegebenen Lernzeitraum beschreiben. Üblicherweise werden in Entwürfen Kompetenzen aus Lehrplänen in Teilkompetenzen aufgelistet (Esslinger-Hinz/Wigbers 2013:33). In der tabellarischen Darstellung sind sie manchmal eingepflegt und den hierauf bezogenen methodischen Realisationen zugeordnet. So wird deutlich, wie der Lernprozess sich auf der Mikroebene methodisch darstellt.

5.4.1 Beispiel
Impuls: Later on you are going to give a one-minute talk on your favourite New York sight, but before that we are going to watch a video about the sights in New York to find more information. (Shatwell 2020:16) Do you like nature? Do you have a garden where you live? We will talk about nature and beautiful gardening ideas today. Our tasks for today: – Let's do some brainstorming and review your vocabulary about nature and gardening! We will write a picture dictation called "A beautiful garden". (Hammer 2016:11)

In 5.4.1 wird gezeigt, wie sich Transparenz der Leistungserwartungen erreichen lässt. Zwar spricht nichts dagegen, zu Stundenbeginn Vermutungen zum Stundenthema anstellen zu lassen, um Neugierde und Interesse bei den Schüler:innen zu wecken. Vor der Erarbeitung oder der Bearbeitung von Aufgaben und damit auf einer frühen Stufe des Unterrichtsverlaufs sollten, wie in 5.4.1 skizziert, Kontext, Inhalte des Lernszenario und die Leistungserwartungen bekannt sein. Lernende können so Vorwissen aktivieren, Hypothesen formulieren und erste Reflexionsprozesse angehen. Qualitätsvoller Unterricht zeigt sich, so Meyer, in der Offenlegung der Ziele und Erwartungen (Meyer zit. nach Schied 2012: 69).

5.4.2 Elizitation	
Aspekt Kompetenzen	**Konkretisierung**
1. … beschreiben integrative kommunikative Erwartungen an die Lernenden.	Die Schülerinnen und Schüler erfassen die Hauptaussagen und deren unterstützende, sprachliche und/oder inhaltliche Einzelinformationen analysieren und deuten die Texte aufgabenbezogen.
2. … werden integrativ angebahnt.	Read the text and create an informational product on manatees for the WWF website, which describes the animal in all important aspects. Be ready to present your results to the class.
3. … werden als Erwartungen an Lernende kommuniziert.	We will talk about nature and beautiful gardening ideas today.
4. … umfassen die Verwendung ausgewählter sprachlicher Mittel.	Describe the painting. Use the phrases in the foreground, in the centre, in the background, etc. to build sentences.
5. … umfassen inhaltliche Ergebnisse.	Work with a partner. Partner A reads the information on his or her flash card. 2. Partner A gives Partner B a short summary of the facts on his or her flash card.

5.4.2 Elizitation	
Aspekt Kompetenzen	**Konkretisierung**
6. … umfassen methodische Erwartungen.	Look up unfamiliar words and check their meanings with your partner.
7. … sind outputorientiert.	You are going to give a one-minute talk on your favourite New York sight.
8. … sind für verschiedene Lernerniveaus ausgelegt.	2. In your group, prepare a presentation about lions.

6 Produkt- und Prozessorientierung

6.1 Grundlagen

Nicht alle Autorinnen oder Autoren geben in ihren Plänen für eine oder mehrere Unterrichtsstunden Auskunft darüber, anhand welcher Schritte und Abfolgen, d. h. anhand welcher didaktischen Zwischenstufen, Kompetenzen angebahnt bzw. konkretisiert werden können. Die Unterschiede ergeben sich durch die Gewichtung, die den erwarteten Beständen des Vorwissens zugewiesen wird. Wer davon ausgeht oder erwartet, dass alle Lernenden in der Lage sind, das für den intendierten Outcome eines Plans benötigte Wissen und Können vorzuhalten, wird wenige oder keine Aktivitäten planen, die Lernende auf das Produkt, d. h. den Outcome, vorbereiten oder sie zur Lösung hinführen. Es werden in solchen Fällen Pläne entstehen, die primär auf das Produkt und seine Elemente gerichtet sind. Damit erreicht man ein höheres Maß an kognitiver Aktivierung, individuelle Lernbedingungen werden dagegen kaum berücksichtigt. Diese nehmen Autor:innen in den Blick, die vor der Schlussphase, in der ein Produkt gemeinhin präsentiert wird, Arbeits- und Entwicklungsphasen für die Lernenden konzipieren, die zum Produkt, zum Outcome, schrittweise hinführen.

Produktorientierung	Prozessorientierung

6.2 Produktorientierung

Produktorientierung wird als Aktivierungsform verstanden, die ohne didaktische Intervention Lernenden das erwartete Ergebnis vorstellt. In einem Projekt entwerfen die Lernenden gemeinsam einen Lösungsplan, gehen demnach selbstorganisierend und selbstbestimmt vor, um das gesteckte Ziel durch eine sinnvolle Planung zu erreichen bzw. das Produkt zu errichten (Gudjons 2014:83). Weitgehend bei ihnen liegt die Gestaltung des Lern- bzw. Lösungsprozesses, ohne dass die Lehrkraft sich gänzlich zurückzieht.

In Unterrichtsplänen lassen sich erfahrungsgemäß drei Varianten an Produktorientierung identifizieren. Zum einen ist dies in Entwürfen mit einem Schwerpunkt auf sprachliche Mittel der Fall (Breidbach 2016). Das Produkt ist hierbei die Anwendung eines Redemittels, einer Fähigkeit, die Produktorientierung besteht darin, dass ein ausgewähltes sprachliches Element trainiert und ggf. angewendet wird. In solch sprachbasierten Unterrichtsplänen ist der erwartete Output meist konvergent, nur eine Lösung ist korrekt (vgl. Hecht/Waas 1995, v. Ziegesar 1998). Autor:innen möchten bei Lernenden vor allem den Umgang mit Sprachelementen, d. h. mit linguistischen Items, anbahnen und routinisieren. Hierzu wählen sie Redemittel aus (Wortschatz, Patterns, Dialogsequenzen etc.), für die sie für verschiedene Phasen ihres Plans Übungs- und Verwendungskontexte konstruieren, die in eine Art Anwendung münden (vgl. z. B. Hecht/Waas 1995, Mindt 1995). Geht es darum, eine Fähigkeit als Produkt zu zeigen, wird z. B. der Hör- bzw. Leseprozess häufig in Form von enggesteuerten Aktivitäten (*fill in, right/wrong-statements*) operationalisiert. In modernen Unterrichtsentwürfen äußert sich Produktorientierung auf vielschichtige Weise, die Anwendungsfähigkeit konsolidierter sprachlicher Mittel zu zeigen, ist nur noch eine von mehreren Produktvarianten.

6.2.1 Beispiel

Write a poem about the tiger. You can work alone, in pairs or in small groups.
You can use these poem structures to help you: …
Line 1: Write down an article and a noun.
Line 2: Write down an adjective, a conjunction and another adjective.
Line 3: Write down a verb, a conjunction and another verb.
Line 4: Write down an adjective.
Line 5: Write down a noun or pronoun.

(Matz 2013:18)

6.2.1 bindet als erste Variante einer Produktorientierung eine akzentuierte Tätigkeit in ein Genre ein, hier ein Gedichtformat. Die grammatischen Bezeichnungen werden vorab nicht thematisiert, ein gemeinsamer Probedurchlauf oder eine explizite Betrachtung von Beispielen sind ebenfalls nicht geplant. Das Fachvokabular wird genutzt, um das Produkt begrifflich zu präzisieren. Es entsteht, wenn bestimmte Wortarten eingesetzt werden. Dabei wird davon ausgegangen, dass alle Lernende den Fachwortschatz verstehen. Variationen innerhalb einer Wortart sind möglich.

6.2.2 Beispiel

1. Choose one of the following topics for your presentation. Discuss any questions you have or any changes you would like to make with your teacher …
2. Choose one of the following presentation forms: …
3. In your groups, prepare your presentation.
4. Organize an exhibition and present your results.
5. Discuss in class and/or with the visitors to the exhibition:

What can I do to help stop inequality?

(Steinbach 2018a: 31)

6.2.2 ist einem Projektentwurf in der Fremdsprache entnommen, der zweiten Variante einer Produktorientierung. Hierbei werden das Produkt und eine methodische Schrittfolge vorgegeben, die auf notwendige Teilhandlungen verweist. Die inhaltlichen oder genre-bezogenen Aspekte zu entwickeln, liegt bei den Lernenden. Der Arbeitsprozess wird weder durch Impulse noch durch Angabe von Zwischenschritten etc. für die Lerngemeinschaft didaktisch modelliert. Beratungsangebote durch die Lehrkraft müssen nach Textlage proaktiv eingefordert werden. Offen bleibt in der Projektskizze 6.2.2, wie Nutzerinnen des Entwurfs individuellen Wissensdefiziten didaktisch oder methodisch begegnen können. Den Lernenden wird ein hohes Maß an Autonomie zuerkannt.

6.2.3 Beispiel

Informational product on manatees

… Read the text and create an informational product on manatees for the WWF website, which describes the animal in all important aspects. Be ready to present your results to the class. Informational product ideas: Create a poster/an infographic.

- Develop a quiz (e. g., single-choice questions).
- Write a story or draw a comic (e. g., from the life of Matthew the manatee).
- Create an interview with a manatee.
- Create a podcast or film.

(Oldendörp/Woltin 2021: 10/1)

Eine dritte Variante von Produktorientierung bezieht sich wie in 6.2.3 auf ein Genre, das als Ergebnis nicht näher bezeichneter Teilhandlungen entstehen soll: „Read the text and create a product." (Oldendörp/Woltin 2021: 10/1). Eine Unterrichtseinheit strebt immer Ergebnisse an. Lernende sollen etwas anwenden, etwas kommentieren, notieren oder bewerten. Sie lesen mit dem Ziel des Informationsgewinns, schauen Filme, um Aussagen zu Handlungselementen zu formulieren etc. Eine genre-bezogenen Produktorientierung wie in 6.2.3 geht davon aus, dass genretypische Merkmale bekannt sind. Oder keine Rolle spielen.

Eine vierte Variante einer Produktorientierung in Aufgabenkonzepten ergibt sich aus dem Strukturierungsbedarf von Abläufen wie jenen in 6.2.3. *Read, create, present* sind Operatoren, die Impulse dafür liefern, wie die Produktentwicklung choreografiert werden kann. Operatoren für die Erarbeitung des Produkts fehlen. Lernende sind gehalten, ihren Arbeitsplan selbsttätig zusammenzustellen.

Eine fünfte Variante tritt vornehmlich in Testaufgaben auf. Sie verlangt von den Lernenden, sowohl inhaltliche wie auch organisatorische Lösungspläne zu entwerfen, deren Ergebnisse Teil der Leistungserwartungen sind. Für Lernaufgaben bietet sich diese Form der Produktorientierung an, wenn ein hohes Herausforderungsprofil intendiert ist. In welchem Maße damit Lernzuwächse erreicht werden, ist nicht absehbar.

6.2.4 Planungsleitlinien

Produkt-orienteierung	
	• Produkt ist Rahmen für akzentuierte Handlungen • Planung ist auf das Ergebnis gerichtet • Produkt (Genre) wird definiert, erläutert • Methodische Interventionen sind selten • Die Lösungsplanung liegt weitgehend bei den Lernenden

6.3 Prozessorientierung

Prozessorientierung liegt vor, wenn die Erarbeitung eines Lernprodukts durch Arbeitsschritte vorentlastet wird und durch Operatoren unterschiedlicher Anforderungsprofile choreographiert wird. Prozessorientierung artikuliert sich folglich in Form einer didaktischen Modellierung der Lernvorgänge, bei der Gestaltung von Unterricht ebenso wie der Durchführung von Leistungsbeurteilungen (Kiel 2018: 83). In prozessorientierten Unterrichtsplänen individualisieren Autor:innen ihre Zielsetzungen. Sie individualisieren Arbeitsaufträge, machen auf Lernstrategien aufmerksam, oftmals halten sie Unterstützungsangebote vor. Mit Maßnahmen dieser Art werden Lernverfahren ausdifferenziert, damit möglichst alle Schüler:innen das Lernarrangement bewältigen können.

Vor diesem Hintergrund ist Prozessorientierung ein zentraler Aspekt der Unterrichtsplanung. Prozessorientierung betrifft alle Maßnahmen, die dazu beitragen, dass der Weg zu einem Ergebnis didaktisch und methodisch heterogen ausgestaltet ist. Das Lernprodukt ist in solchen Fällen nicht nur angegeben. Im Sinne eines Lösungsverfahrens wird es methodisch ausbuchstabiert. Ein Englischunterricht, der Schüler:innen über ihre „bevorzugten Wahrnehmungskanäle und Lernstile" erreichen möchte, macht es nötig, so Surkamp, „Arbeitsweisen und Methoden des Unterrichtes vielfältig zu variieren" (2017: 46).

6.3.1 Beispiel

… Look at the pictures and choose five things… Circle them.
3. Discuss your choices with a partner. Agree on five things.
4. Write down the five things you and your partner want to take with you.
5. Make a list of the things you have chosen. What is the most important thing? What comes after that?
6. Say why you need the things you chose. Write sentences in your exercise book.
Use the following phrases …
(Reinke/Hartmann 2017:11)

In 6.3.1 strukturieren Operatoren den Prozess, das Anforderungsprofil der Lernaufgabe besteht aus reproduktiven Tätigkeiten. Sie sind als enggefasste Teilschritte wahrnehmbar, die eine Progression modellieren: *circle, agree on, write, answer wh-questions*. Versprachlichungshilfen sind verfügbar, wenn Begründungen und damit produktive Einlassungen formuliert werden sollen (*use the following phrases*).

6.3.2 Beispiel

Choose one situation from the novel Boy2Girl and create a freeze frame. There is no speaking during a freeze frame. You need to focus on your physical position, body language and facial expression. Ask yourself:
– Where and how should I stand?
– What do I want the others to think?
– What facial expression should I have?
– Where should I stand in relation to the other group members?
– Are there any alternatives? (Volaric 2015:18)

6.3.2 konstruiert einen Lernprozess dadurch, dass Lernende Leitfragen für die Ausgestaltung des intendierten Genres erhalten (where …, what …). Die so realisierte Strukturierung rückt alle Aspekte ins Bewusstsein, die bei der Aufgabenbearbeitung zu beachten sind. Die Lernenden müssen die Aspekte nicht selbst zusammenstellen, sie können sich auf die Lösung konzentrieren.

6.3.3 Beispiel

Tasks:

1. Watch the scene carefully and pay attention to the characters (behaviour, outward appearance, facial expressions) (GROUP 1),
   the setting (furniture, atmosphere) (GROUP 2),
   the music (style, volume, how it is integrated into the 'story') (GROUP 3),
   the products (what products are shown, how they are presented) (GROUP 4).
2. Write your results in the table below. (Rücker 2012:37)

6.3.3 setzt eine kleinschrittige Strukturierung des Lernprozesses durch Reduktion der Analyseaspekte auf eine Vorauswahl inhaltlicher Fragen um. Bei ihrer Recherche sollen sich Lernende zunächst auf *characters, setting, music, products* konzentrieren. Die geplante Kollaboration (*groups*)verstärkt den Prozesscharakter, zumal die Schüler:innen Ergebnisse erst aushandeln und gemeinsam abstimmen müssen, bevor sie zu einem Produkt (*write your results*) gelangen.

6.3.4 Beispiel

Describe a painting
Your teacher is going to show you a detail from a painting [James Rizzi, Sunday Afternoon on the Island of Grand La Jatte 1998 WG]. Describe the picture in detail. Describe the people, what the people are doing … Now look at the whole painting.
Task: Describe the painting … Describe the time of day, the season, the colours, the animals …
James Rizzi was inspired by Georges Seurat's painting. Compare the two paintings.
Draw your own picture of a sunny afternoon … Show your picture to the partner and describe it.
(Grigoriadou/Tsouni 2014:11f)

6.3.4 zeigt, wie ein spezifischer Operator prozessorientiert in einem Plan entfaltet wird. Der Prozess entwickelt sich entlang der Anforderungsprogression. Diese steigt mit den Aufgaben an, die dem Operator im Unterrichtsverlauf jeweils zugeordnet werden: Beschrieben werden soll zunächst ein Bilddetail, dann das Bild als Ganzes, dann die Ergebnisse eines Vergleichs, dann das eigene Produkt. Zunehmend verlangt die Umsetzung des Operators *describe* demnach nach einer analytischen Herangehensweise und freieren Sprachverwendung innerhalb der durchgängig reproduktiv gehaltenen Aufgabenkonstruktion. Das prozessorientierte Merkmal der methodischen Kleinschrittigkeit wird durch konkrete Verweise auf Bildelemente verankert.

6.3.5 Beispiel

Tasks:
1. Watch the film clip on [https://www.youtube.com/watch?v=vNySOrI2Ny8].
   - What is it about?
   - What kind of clip is it?
   - What do you find most interesting or surprising?
2. Watch the film clip a second time. Complete the following sentences using the chunks from the box. (Stöferle 2017:31)

6.3.5 ist eine Mischung aus Prozess- und Produktorientierung. Die Teilfragen in Task 1 der Aufgabenstellung strukturieren den Rezeptionsprozess und leisten eine Vorentlastung in dem Maße, dass Lernende keine eigenen Fragen zu entwerfen bzw. auszuhandeln haben. Der Auftrag 2 besteht darin, einen Lückentext auszufüllen. Ein Prozess wird in Task 2 nicht angestoßen, es genügt, die jeweils richtige Lösung einzusetzen (*complete the sentences*).

6.3.6 Planungsleitlinien	
Prozess-orientierung	• Lern- und Lösungswege werden beschrieben • Sprachliche Komplexität kann im Unterrichtsverlauf ansteigen • Lernende stehen im Zentrum, nicht ein Produkt • Gestaltungsprinzip für heterogene Lernarrangements

6.4 Prüfliste

Produktorientierung verzichtet auf vorstrukturierte Arbeitsschritte, Leitfragen oder Progressionsebenen. Lernende müssen Lösungshinweise verzichten, was die kognitive Herausforderung der Arbeitsphasen verstärkt. Im Gegensatz dazu besteht die Intention eines prozessorientierten Designs in Unterrichtsplänen darin, Lernende bei der Produktgestaltung gezielt anzuleiten oder dabei zu unterstützen. Prozessorientierte Unterrichtspläne oder Lernaufgaben halten einen didaktischen, mehr noch einen methodischen Rahmen für den Lösungsweg vor.

6.4.1 Elizitation

Aspekt Orientierung	**Konkretisierung**
1. Die Phasen sind aufbauend gestaltet.	Describe the detail from the painting … Describe the whole painting … Compare the two paintings. Draw your own picture … Show your picture to the partner and describe it.
2. Die Lernaufgaben sind durch Teilschritte strukturiert.	Choose five things… Circle them. Agree on five things … Write down the five things you and your partner want to take with you … Make a list of the things you have chosen … Say why you need the things you chose.
3. Teilschritte beziehen sich auf sprachliche Aspekte.	Line 1: Write down an article and a noun. Line 2: Write down an adjective, a conjunction and another adjective …
4. Teilschritte beziehen sich auf inhaltliche Aspekte.	– What is the film clip about? – What kind of clip is it? – What do you find most interesting or surprising?
5. Teilschritte beziehen sich auf organisatorische Aspekte.	Read … create …present your results to the class.
6. Der erwartete Outcome wird durch Planungselemente vorbereitet.	3. Agree on five things. 4. Write down the five things … 5. Make a list of the things … 6. Say why you need the things you chose.

7 Vorwissen

7.1 Grundlagen

In einem lernerorientierten Konzept werden Schülerinnen und Schüler nicht mit für sie völlig Neuem konfrontiert. Autor:innen achten darauf, dass Lernende Bezüge zu bestehendem Wissen herstellen können, bevor sie sich mit dem aktuellen Lernstoff befassen und sich den Aufgabenstellungen widmen. Hierzu stehen Autor:innen typische Verfahren zur Aktivierung von Vorwissen zur Verfügung.

Das Vorwissen stellt man sich als Einheiten oder Schemata vor, in denen jeweils Wissen zu einem Konzept, einer Kategorie, einer Situation, einem Vorgang, einem Phänomen abgelegt sind, z. B. das Wissen über das Konzept Sprache (Wortschatz, Grammatik, Aussprache etc.). Weil Sprache vielschichtig ist, gibt es weitere Wisseneinheiten oder Slots zum Konzept. Je nachdem, wie vielschichtig das Wissen eines Lernenden ist, können Aspekte der Sprachvielfalt, des Sprachenlernens, Varietäten, Konstruktionsmerkmale oder Funktionsweisen von Sprache hinzukommen. Möglicherweise denken manche Lernende beim Schema Sprache an die wirtschaftliche Bedeutung von Fremdsprachenkenntnissen. Sie assoziieren damit Auswirkungen auf Berufsbiografien oder mit Alternativen zum schulischen Lernen. Wer sich mit dem einen oder anderen Aspekt eingehender beschäftigt, differenziert gegebenenfalls seine Wissensbestände oder legt neue Slots an (Forschungsaspekte etc.).

Planautorinnen und -autoren können darauf bauen, dass Wissen, Fähigkeiten und Strategien verfügbar sind, die zum Gelingen der aktuellen Stunde beitragen, ohne dass sie erst noch vermittelt oder verdeutlicht werden müssen. Tatsächlich scheint Vorwissen auf allen Ebenen der Fähigkeits- und Fertigkeitsentwicklung wirksam. Auch Wissen, das sich beim Erstsprachenerwerb entwickelt hat, wird für die Aneignung weiterer Sprachen genutzt. Beispielsweise kommt es bei Lernenden mit Erstsprache Deutsch beim Erwerb der englischen Sprache oftmals zu Interferenzen (*I*become a beefsteak*). Sie sind das Resultat von Hypothesen, die von der Erstsprache beeinflusst sind. Verfügbares Wissen über die Lernsprache befähigt dazu, Regularitäten zu erkennen und einzusetzen (Wortbildung, Satzstellung etc.). Es kann dafür verantwortlich sein, dass einzelne Regeln auf Bereiche übertragen werden, in denen sie nicht gültig sind (*I visited, I *goed*).

Vom Vorwissen ist abhängig, wie Aktivitäten und Aufgaben gestaltet werden und welche Informationen hierfür zur Unterstützung notwendig erscheinen. Grundsätzlich sind Bestände des Vorwissens damit wohl „wichtigste kognitive Ressourcen“ (Weinert/Schrader 1997: 308). Der Erwerb neuen Wissens scheint leichter, wenn es auf Vorwissen aufbauen kann. Demgegenüber können Barrieren entstehen, wenn

Lernende keine Konzepte für den Erwerb des neuen Wissens in einem Entwurf vorhalten können. Dann kann auch ein gut gestalteter Unterricht wenig bewirken (Stern 2003:20). Wegen der heterogenen Lernbedingungen in heutigen Lerngruppen gilt es, Vorwissen vielschichtig in Planungsprozessen zu berücksichtigen.
Vorwissen ist nicht bei allen Lernenden in gleichem Maße verfügbar. Im Englischunterricht kennen dann einige Lernende vielleicht nur einzelne Wortarten (Adjektiv, Verb, Substantiv), andere wissen auch, sie zu generieren (*prefixation, suffixation, compounding* etc.). Manches Wissen kann sich als isolierter Bestand darstellen, z. B. von Wortklassen (*tree, garden, kitchen* …) oder mit anderen Verbindungen eingegangen ist (z. B. thematische Felder, Wortfelder, Idiomatik).
Vorwissen ist nicht statisch, sondern entwickelt sich dynamisch weiter. Allerdings können Slots bruchstückhaft, oberflächlich, stereotyp bleiben, und sich als resistent gegenüber Veränderungen und neuen Faktenlagen erweisen.

7.1.1 Beispiel

Einstieg:
Kernimpuls: (Vorwissen der SuS aktivieren) New York City attracts millions of tourists each year. What do you know about it? Die SuS erzählen, was sie über New York wissen. Hier können Ergebnisse an der Tafel festgehalten werden. Alternativ könnten die Sehenswürdigkeiten in M1 den SuS gezeigt werden und sie erzählen, was sie darüber wissen.
(Shatwell 2020:16)

7.1.1. aktiviert durch direkte Impulsierung Vorwissen und stimmt die Lernenden gleichzeitig auf die Thematik ein. Der Impuls „what do you know about [New York City WG]" ist allgemein formuliert, sodass auch Lernende ohne Spezialwissen etwas beitragen können. Die Lerngruppe kann dadurch auf eine gemeinsame Wissensgrundlage zurückgreifen, wozu der Hinweis beiträgt, Ergebnisse medial festzuhalten. Verknüpfungsmöglichkeiten mit dem neuen Lernstoff sind angelegt.

7.1.2 Beispiel

Einstieg: Brainstorming und gemeinsames Aktivieren und Sammeln von Vorwissen zur Fauna der Serengeti.
Kernimpuls: Serengeti National Park in Tanzania is one of the largest national parks in Africa where many people travel to go on a safari each year. Can you think of animals that might live there? Which of these animals are interesting for tourists?
Sozialform: Blitzlicht, Unterrichtsgespräch (mit möglichst vielen, kurzen Beiträgen zur Aktivierung).
(Schustereder 2020:10)

7.1.2 bindet die Aktivierung von Vorwissen in eine Feedbackmethode aus der Gesprächsmoderation ein (Blitzlicht). Intendiert ist, nicht allein Einzelbegriffe, sondern kurze Meinungsäußerungen zu sammeln. In welcher Weise auf das aufgerufene Faktenwissen im weiteren Unterrichtsverlauf aufgebaut wird, geht aus 7.1.1 oder 7.1.2 nicht hervor. Beide Ausschnitte können jedoch als Sensibilisierung für die Stundenthematik aufgefasst werden, da die Einstiegsimpulse hierzu individuelles Wissen aufrufen, das im weiteren Verlauf durch Textarbeit thematisch erweitert wird.

7.1.3 Beispiel

Think of movie trailers you know. What is typical about movie trailers in general (storyline, choice of scenes, arc of suspense, music, voice-over, ...)? Write a short definition.
(Kist 2015:38)

7.1.3 stellt für die Lösung der Aufgabenstellung Begriffe zusammen, zu denen konzeptuelles Vorwissen vermutet wird, zumal es an weiteren Erläuterungen fehlt. Auch wenn die Begriffe als inhaltliche Strukturhilfe genutzt werden, gelingt nur Lernenden das Produkt auf dem erwarteten sprachlichen Niveau, die mit der Thematik *Movie Trailer* vertraut sind.

Situativ	Konzeptuell	Prozedural	Strategisch

7.2 Wissensarten

Bezeichnend für Wissensformen bzw. Schemata ist, dass sie Verbindungen mit anderen eingehen und Netzwerke bilden. Schemata, deren Einheiten thematisch zusammengehören sind enger miteinander verbunden als Einheiten zu weiter entfernten Kontexten. Bei Bedarf werden sie aktiviert. Wer solide Informationen zu einer Hausarbeit sucht, wird u. a. professionelle Suchmaschinen nutzen, in Bibliotheksbeständen forschen, von deren Existenz er oder sie weiß. Bekannt wird sein, wie man auf Daten zugreift, d. h. Suchfunktionen nutzt, Suchbegriffe formuliert und wie man Ergebnisse der Recherche in einem Text verarbeitet.

Um möglichst umfassende Wissensnetzwerke zu bilden, bedarf es demnach verschiedener Arten an Schemata, die mit Faktenwissen und mit Handlungswissen versorgen. De Jong/Ferguson-Hessler (1996) unterscheiden vier Wissensformen: situiertes, konzeptuelles, prozedurales und strategisches Wissen.

Situiertes Wissen: Es ist das alltägliche Faktenwissen. Im Gegensatz zum Experten- oder Fachwissen ist es kaum strukturiert. Es handelt sich um Fakten, die sich auf einzelne Situationen beziehen. Typischerweise treten diese Fakten in einer bestimmten Domäne in Erscheinung, d. h. in einem Segment eines Lebensbereichs wie Wohnen oder Freizeit. In der Domäne Arztbesuch ist situiertes Wissen das Vorlegen der Patientenkarte, im Bus das elektronische Entwerten der Fahrkarte. Im Englischunterricht zeigt sich situiertes Wissen u. a. darin, Wörter, die in einem bestimmten Kontext vermittelt wurden, bei wiederholtem Auftreten des Kontextes reproduzieren zu können. Situiertes Wissen ist eng an die Erwerbssituation gebunden, ändert sich der Anwendungskontext, kann es schwierig werden, es aufzurufen und zielführend einzusetzen (Stern/Schalk/Schuhmacher 2016: 106ff). Diese Hürde lässt sich senken, indem Lernende ihre neuen Lexeme in Aufgaben mit ähnlichen oder neuen Kontexten trainieren.

7.2.1 Beispiel

M1 Exploring space-your impressions.
a) Have a look at the following pictures [astronaut on the moon, space shuttle in space, Rocket Garden a Kennedy Space Centre]. Talk to your partner about what you can see. Take turns … Useful phrases: …
(Schönbauer 2021:16/1)

7.2.1 ruft situiertes lexikalisches Wissen im Rahmen der Unterrichtsphase Einstimmung bzw. Initiation auf. Über Bilder mit Bildunterschriften wird es in Erinnerung gerufen. Zusätzlich wird die Aktivierung durch sprachliche Hilfen unterstützt. Ergebnisse sind auch von Lernenden zu erwarten, die über kein eigenes Wissen verfügen. Es kommt auf die weiteren Planungselemente des Entwurfs an, ob die aktivierten Sprachmittel in eine stabile, konzeptuelle oder prozedurale Wissensform überführt werden können.
Konzeptuelles Wissen: Es basiert auf Begriffen, Bezeichnungen und Prinzipien zu einem übergeordneten Ganzen. Entstanden ist dieses Wissenskonstrukt durch Erfahrung, durch Übung, durch häufige Anwendung oder durch problemlösendes Denken. Bei konzeptuellem Wissen sind isolierte Informationseinheiten miteinander vernetzt und in einen Zusammenhang gebracht. Es haben sich Kategorisierungen und Inhaltsstrukturen zu einem Sachverhalt gebildet. Konzeptuelles Wissen kann domänenspezifisch sein (z. B. Kennzeichen von Bewerbungsschreiben und Bewerbungsgespräch benennen können), oder übergreifend (z. B. einen Fotoessay zu *inner cities* in Großbritannien verfassen können).

7.2.2 Beispiel

Research one of the following topics:
1. The life of Queen Elizabeth II.
2. Members of the Royal Family …
(Steinbach 2018b:17)

In 7.2.2 ist fundiertes konzeptuelles Vorwissen zu den Konzepten Biografie, Queen und Royal Family nötig, damit hierzu Rechercheinstrumente entwickelt, Daten gesammelt und eingeordnet werden können. Dieses erforderliche Wissen, das ‚knowing what', wird in 7.2.2 nicht aktiviert, sondern vorausgesetzt.

Prozedurales Wissen: Es wird auch als Handlungswissen bezeichnet. Wissensschemata dieses Typs sind hierarchisch strukturiert und versetzen Lernende in die Lage, etwas zu tun, etwas auszuführen, z. B. ausführlich und multiperspektivisch ein Problem zu beschreiben. Hierzu werden routiniert verschiedene Prozeduren durchgeführt, z. B. Argumente strukturiert, Kohäsion im Text hergestellt.

7.2.3 Beispiel

Read the text about lions …
2 Look up unfamiliar words and check their meanings with your partner.
3 With your partner, check online for more pictures of lions and their cubs, and for further information you can use in a presentation.
4 In your group, prepare a presentation about lions. Explain to your class why you think it is important to protect this animal.
(Schustereder 2020:10/1)

7.2.3 setzt strategisch komplexes prozedurales Vorwissen voraus. Bearbeiten können Lernende die Aufgabe, wenn sie Nachschlagetechniken und Verfahren der Onlinerecherche beherrschen. Auch zur Strukturierung von Präsentationen wird bei allen Lernenden hinreichend verfügbares prozedurales Vorwissen vermutet, denn Erläuterungen liegen nicht vor. Beim Sprachenlernen ist prozedurales Wissen Voraussetzung dafür, dass man, ohne überlegen zu müssen, Äußerungen spontan formulieren kann, sie kontextuell adäquat im Diskurs platziert, sie richtig ausspricht und nicht zuletzt angemessen im Hinblick auf Norm und Konvention formuliert. In der Literatur wird prozedurales Wissen auch als implizites, nicht verbalisiertes Handlungswissen bezeichnet (Anderson/Krathwohl 2001, Meyer u. a. 2010), kurz gesagt als ‚knowing how'. Es ist ein „Wissen, wie" etwas geht, weniger, warum es funktioniert. Handlungswissen ergänzt das konzeptuelle Wissen, das „‚Wissen, dass' es etwas gibt" (Weirer/Paechter 2019: 22f).
Strategisches bzw. metakognitives Wissen: Die vierte Kategoire nach de Jong/Ferguson-Hessler wird benötigt, wenn man eigene Handlungen kritisch reflektieren möchte. Auch Lösungspläne für ein Problem, für eine Aufgabe zu entwickeln, gelingt mit metakognitivem Wissen.

7.2.4 Beispiel

Use the following grid to provide constructive and individual feedback with regard to the five criteria listed (Oldendörp/Woltin 2020:40/7).

Criterion	Strength	Weakness	Think about …
Communicative Situation			the target audience register …
Content …			necessary and relevant information …

In 7.2.4 sind Lernende gefordert, sich wertend zu Produkten ihrer Mitschüler:innen zu äußern. Dies setzt strategisches Wissen voraus. Sachgemäß können Lernende Evaluationen ausführen, die über spontane Meinungssammlungen hinausgehen, wenn sie über Kenntnisse zu Standards, Prozessen, Analyse- und Gütekriterien verfügen. 7.2.4 hält hierzu die wesentlichen Wissenseinheiten für eine individuelle Nutzung vor.

7.3 Wissensorientierte Planungsstrategien

Die bisherigen Beispiele zeigen, dass Autor:innen Vorwissen in verschiedenen Varianten berücksichtigen, indem sie Schwerpunkte setzen, wie in den Beispielen in 7.3.1 nochmals zusammenfassend dargestellt.

7.3.1 Aktivierungsnormen

Vorwissen	Situiert	Konzeptuell	Prozedural	Metakognitiv
Bereichsfeld	Faktenwissen zur Bewältigung von Daseinsfunktionen.	Vernetztes Wissen, Begrifflichkeiten, Prinzipien, Kategorien etc. zu einem Phänomen.	Handlungskompetenzen, Wissen, was zu tun ist, um etwas zu erreichen.	Fähigkeit, Handlungen kritisch zu hinterfragen und sachgemäß zu bewerten.
Beispiel	What do you do before someone visits you? (Draeger 2017:13f)	Think about the word “border” and add your ideas to the mind map. (Wenzel 2018:31)	To make your book trailer, use the online software programme Adobe Spark. Then, add texts, pictures, music, etc. for your trailer. (Wirag 2020: 16/2)	Which of the findings are most essential for a better understanding of the poem? What would you like to add or correct? (Wehrmann 2020:40)

Ein komplexer Planungsschritt ergibt sich aus der Beobachtung, dass sich Wissensbestände durch Querverbindungen und Clusterbildungen miteinander verbinden. Konzeptuelles Wissen zu einem Lexem, zur Aussprache, zu Bedeutungen fügt sich zusammen mit Wissen über Kollokationen, über die Stellung des Lexems im Satz oder die Wirkungen, die es interkulturell auszulösen vermag.

Einen großen Anteil am Lernerfolg hat fachspezifisches Vorwissen, das den Lernprozess dezidiert fördert (Klauer/Leutner 2007: 9). Wer etwas Neues lernen soll, tut sich leichter, wenn er bereits etwas darüber weiß. In Alltag, Schule und Beruf wird durch Erfahrung viel Vorwissen gesammelt. Daher muss nicht alles, was eine Situation wie den Arztbesuch, den Umgang mit vielen Arbeitsmaterialien oder eine Hotelbuchung sprachlich und kulturell charakterisiert, im Unterricht explizit thematisiert werden. Andererseits ist Studien zufolge vom Vorwissen die Wahrscheinlichkeit abhängig, mit der ein neuer Inhalt mit bereits Bekanntem verknüpft werden kann (Köller/Baumert 2008). Wenn Neues an Vorwissen anknüpft, verringern sich auch Barrieren zum Neuen. Das bekannte oder bereits verfügbare Wissen wird durch die neuen Impulse restrukturiert und ein Stückweit tiefer verarbeitet. Für die Unterrichtsplanung kann dies nur bedeuten, vor jeder neuen Aufgabe gezielt Vorwissen zu aktivieren, nicht nur in der Einleitungsphase

7.3.2 Beispiel

Einstieg: Die Schüler erörtern die Frage: What might be the goals of an expedition? Anschließend tauschen sie sich anhand des Bildes auf Copy 1 darüber aus, was für eine Expedition benötigt wird.
Hauptphase: In Gruppen erarbeiten die Schüler die Auszüge aus den Reiseberichten.
Schlussphase: Die Gruppen stellen ihre Arbeitsergebnisse. Anhand der zusammengetragenen Ergebnisse erfolgt ein Rückbezug auf die Frage aus dem Einstieg.
(Heinz/Hempel 2017:16)

In 7.3.2 schließt sich an die Aktivierung situativen Vorwissens eine strukturierte Recherche zu den gesammelten Vermutungen an, sowie die Präsentation des recherchierten neuen Wissens. In der Schlussphase können Lernende die Substanz beider Wissensformen miteinander vergleichen und Veränderungen erkennen. Wissensorientiert planende Autor:innen rufen in Unterrichtsentwürfen nicht nur das spontan verfügbare Vorwissen der Lernenden auf. Wie in 7.3.2 gezeigt, setzen sie es im Unterrichtsverlauf zielführend in der Anwendungsphase ein.

7.3.3 Beispiel

M3: Listen to the video and do the tasks. [Informationen zu Kennedy Space Centre einordnen WG]
M4: Make a list of reasons why you want to take part in next year's Space Camp [at Kennedy Space Centre WG].
M5: Write your e-mail. Say why you want to take part in Space Camp.
M6: Prepare a short presentation about your tour of the Kennedy Space Center.
(Schönbauer 2021: 16/1ff)

7.3.3 praktiziert als Planungsstrategie ein aufeinander aufbauendes, internes Wissensmanagement. Das relevante Wissen wird präsentiert und in Folgeaktivitäten konsolidiert (M3/4). In der Anwendungsphase dienen die verarbeiteten Informationen als Vorwissen für die Lösungsplanung (M5) und das Errichten des Produkts (M6). Für die Aufgabenbearbeitung sind die Lernenden auf diese Weise mit einem vergleichbaren Wissenstand ausgestattet.

7.3.4 Planungsleitlinien

Vorwissen

- Explizite Aktivierung durch Impulsierung, Fragestellungen
- Implizite Aktivierung durch Verwendung vertrauter Schemata
- Aktivierung für Einstimmungsszenarien
- Aktivierung zur Gestaltung von Lernprozessen
- Aktivierung zur Beschreibung von Ergebnissen, Produkten
- Aktivierung für evaluative Prozesse

7.4 Prüfliste

Vorwissen findet sich in unterschiedlichen Ausprägungen. Zugriff oder Verfügbarkeit können vorausgesetzt werden, soweit sie dem Alltagswissen zuzuordnen sind. Auch kommunikatives oder methodisches Vorwissen liegt vielfach vor. Dennoch scheint es bei der Planung von Unterrichtsprozessen wichtig, Vorwissen der Lernenden im gesamten Verlaufsprozess zu adressieren. Zum einen, um bei Lernenden ein Bewusstsein für ihre Kenntnisse anzubahnen, zum anderen, um gute Voraussetzungen für die Bearbeitung produktiver Aufträge zu schaffen.

7.4.1 Elizitation

Aspekt Vorwissen	Konkretisierung
1. Vorwissen wird kontinuierlich aktiviert.	Look up unfamiliar words and check their meanings with your partner. … check online for more pictures of lions … prepare a presentation about lions.
2. Die Aktivierung von Vorwissen ist auf mehrere Wissensformen ausgerichtet.	In Gruppen erarbeiten die Schüler die Auszüge aus den Reiseberichten … SCHLUSSPHASE: Die Gruppen stellen ihre Arbeitsergebnisse … Anhand der zusammengetragenen Ergebnisse erfolgt ein Rückbezug auf die Frage aus dem Einstieg.
3. Die Rekonstruktion von Vorwissen für nachfolgende Tätigkeiten wird explizit vorgenommen.	Make a list of reasons why you want to take part in next year's Space Camp …Write your e-mail. Say why you want to take part in Space Camp …
4. Die Ergebnisse einer Aktivierung von Vorwissen werden fixiert.	Think about the word "border" and add your ideas to the mind map.
5. Vorwissen wird erwartet bzw. vorausgesetzt.	Check online for more pictures.

8 Aktivierung

8.1 Grundlagen

Die Aktivierung der Lernenden gehört zu den basalen Gestaltungskomponenten des Unterrichts. Studien belegen, dass für Lehrkräfte methodische Überlegungen zur Schüleraktivität in Unterrichtsplanungen zentral sind (Bakenhaus/Wernke/Zierer 2017:181). Nicht allein deshalb, weil Schülerinnen und Schüler so „Lernerfahrungen sammeln" (Schröder 2004). Eine Unterrichtsstunde, in der Lernende passiv das Geschehen verfolgen, nicht interaktiv, entdeckend oder forschend tätig sind, ist für den Fremdsprachenerwerb nicht zielführend. Kaum vorstellbar, dass Schülerinnen und Schüler sich von einem Lernumfeld beindrucken lassen, das von ihnen nicht verlangt, sich selbst einzubringen. Genau dies wollen Autorinnen und Autoren mit verschiedenen Aktivierungsformen in ihren Entwürfen verhindern. Die Lernenden sollen zum Handeln mit dem Lernstoff geführt werden und hierzu eine interessierte Grundhaltung aufbauen.

Aus der Forschung ist bekannt, dass eine anregende Aktivierung einem vertieften und vernetzten Lernen zuträglich ist (Kunter/Trautmann 2013: 87ff) Ebenfalls positiv beeinflusst von einer abwechslungsreichen und anregenden Aktvierung wird die Motivation der Lernenden (Herkner 1986: 197). In der Geschichte des Fremdsprachenunterrichts wurden Motivation und Tätigsein methodisch sehr unterschiedlich interpretiert. Nach wie vor sind traditionelle Aktivierungsformate im modernen Fremdsprachenunterricht verbreitet, insbesondere in Lehrbüchern und ihren Begleitmaterialien.

Die Forschung interessiert sich für Aktivierungsformen, weil sie das Lernen und die Lernleistung verbessern (Helmke 2009: 205). Als gute Aktivitäten mit Potenzial für effektives Lernen gelten solche Formate, die Schüler:innen Gelegenheit geben, einen Sachverhalt mit Hilfe ihrer individuellen Lern- und Handlungsmöglichkeiten zu bearbeiten (Wiater 2007). Auf diese Weise gelangten Lernende zu Selbstständigkeit, entwickelten sich Selbstbestimmung und Selbstidentität.

Für fremdsprachliche Lernkontexte liegen Formate vor, die der Forderung nach einer zielführenden Aktivierung fachspezifisch gerecht werden wollen. Grundsätzlich kann vermutet werden, dass eine Aktivierung initiiert wird, die Lernende kognitiv und kommunikativ einbindet, wenn

- Lernende Entscheidungen über die Lösungsplanung und Materialauswahl selbst treffen
- es zu einer Vielfalt an funktionalem Sprachgebrauch kommt
- kognitive, kommunikative und methodisch-strategische Entscheidungen getroffen werden müssen
- an das Vorwissen angeknüpft wird
- vielfältige Wissensstrukturen angewandt werden können
- ein Produkt entsteht
- Rückmeldungen möglich sind

Demnach ist nicht jede Form von Aktivierung lernwirksam. Befürwortende einer kognitiven Lernausrichtung halten ergebnisoffene Aktivierungsformen wie z. B. „hands-on activity, discussion, and free exploration“ (Mayer zit. n. Stahns 2013: 51) für weniger geeignet. Zumindest solange es darum geht, das Denken zu schulen. Befürwortende einer kommunikativen Ausrichtung, die in der Fremdsprachendidaktik vermutlich in der Mehrheit sind, sehen in den genannten Formen, die auch holistische Ausformungen annehmen, dagegen geeignete Komponenten für den Kompetenzaufbau in der Schule (Küppers/Schmidt/Walter 2011).
Ob Lernende sich mit Aufgaben erarbeitend beschäftigen, ihre Impulse anwenden, in neuen Bereichen transferierend erproben oder vornehmlich reproduktive Handlungen durchführen, sind wichtige Entscheidungsfelder. Abhängig sind sie von Lernniveau, Zielstellung und Unterrichtsinhalten. Im weitesten Sinne befassen sich Lernende mit fremdsprachlichen Inhalten in Maßnahmen der Aktivierung übend, problemlösend, in Trainings- oder in Handlungsszenarien. Je nachdem, wie im Entwurf die Leistungserwartungen methodisch modelliert sind.

Ausführen	Erkennen	Anwenden

Bis Ende der 1960er Jahre war der Fremdsprachenunterricht didaktisch und methodisch an den Lernprinzipien des Behaviorismus und seiner Präferenz für automatisierte Lernabläufe orientiert. Den Aktivierungskern der audiolingualen und audiovisuellen Unterrichtsmethode, die sich auf den Behaviorismus berufen, bildeten eine Reihe an Übungsmustern, die einen vorgegebenen Übungsschwerpunkt in verschiedenen Varianten ausdifferenzieren, sodass er vielfach in ähnlicher Weise ausgeführt werden kann. Strukturmerkmal aller Typen ist die Fokussierung auf das ausgewählte Pattern, das Training anderer Redemittel bleibt zunächst ausgelagert, Fragen der Motivation stellten sich nicht.

8.1.1 Beispiel

1. What forms of mobile phone-based and online communication are there?
2. Which ones do you use? Give reasons.

There is/are … I use …	text messages (SMS) chat rooms (Skype, class website or other) WhatsApp Facebook my blog comments the telephone …	to communicate with …	my friends my boyfriend/girlfriend my classmates my parents my teacher Facebook/WhatsApp/…friends my grandparents …	because …	It's quick. It's fun. Nobody else can read it. …

(Wesemann 2014:31)

8.1.1 modelliert ein solches behavioristisches Aktivierungsszenario im Design einer *substitution table*. Bei diesem audiolingualen Format wählen Lernende aus jeder Spalte ein Lexem bzw. eine Wendung aus und bilden damit Sätze. Inhalt und Aussage der so generierten Äußerungen spielen keine Rolle, da es zu keiner authentischen Interaktion kommt. Die Intention der Aktivität ist formorientiert, nicht funktional. Damit steht sie in der Tradition einer Übungsphilosophie, die auf das Automatisieren von sprachlichen Mitteln Wert legt. Allerdings ist die Übung eingebettet in ein Setting, das Erfahrungen der Lernenden aufgreift und von einem durchgängigen thematischen Motiv kontextualisiert wird.

Die sogenannte kognitive Wende Anfang der 1970er Jahre führte zu einer stärkeren Modellierung bewusster, analytischer Lernprozesse im Unterrichtsgeschehen. Die Formate nach behavioristischen Lernprinzipien, die ganz auf Automatisierung und Habitualisierung der Lerninhalte setzen, wurden nun um kognitive Lernphasen in Unterrichtsentwürfen erweitert. Eine kognitive Aktivierung nach traditionellem Muster erfolgt dadurch, dass Lernende sich mit Grammatikregeln beschäftigen. Sie werden angehalten, Patterns nicht mehr allein in enggesteuerten Übungen zu verwenden. Nun sollen sie das Regelhafte durchdringen, darüber nachdenken, wie eine Regel lauten könnte. Sie sollen Regeln miteinander vergleichen oder eingehend betrachten.

8.1.2 Beispiel

Read the text again …
Use a red marker to mark sentences in which Will talks about things which are happening right now, things which happen regularly or things which have remained unchanged for a long time.
Use a yellow marker to mark sentences in which Will talks about things that started in the past and are still going on. …

(Bastkowski 2017:33)

Beeinflusst oder inspiriert vom Diktum der 1970er Jahre fordert 8.1.2 eine deduktiv-analytische Annäherung an ein grammatisches Phänomen. Die Lernende sind gehalten, Anwendungsbeispiele zu vorgegebenen Regeln in einem Text ermitteln und zu markieren. Die kognitiven, zum Überlegen anregenden Anteile würden in einer audiolingualen Übungsvariante nicht in Erscheinung treten.
In der Literaturdidaktik favorisierte man im selben Zeitraum einen formal-ästhetischen Textzugang, der auf der Anwendung textinterner Kriterien zur Analyse basiert, z. B. Textcharakteristika.

8.1.3 Beispiel

Work in pairs and choose a task.
… Analyse the characteristics of an ode that you can identify in Mahon's poem. In what respects does "Ode to Björk" seem to depart from the traditional ode? Look at the subject, the style as well as the form of the poem and give evidence from the text.
… Analyse stylistic devices in the poem, in particular the imagery (metaphors and similes). Explain their effect on you. How do they contribute to the characterisation of Björk?

(Wehrmann 2020:40/3)

8.1.3 stößt eine formal-ästhetische Textbetrachtung an, die Wert auf Vertrautheit und Anwendungskompetenz von Fachtermini legt. Die Leserorientierung wird im Reflexionsauftrag jedoch berücksichtigt: „Explain their effect on you" (Wehrmann 2020: 40/3). Gleichwohl implementiert 8.1.3 ein traditionelles Verständnis von kognitiver Auseinandersetzung (*analyse characteristics of an ode, analyse stylistic devices*).
Ende der 1970er Jahre setzte erneut eine Wende ein, die den Fremdsprachenunterricht kommunikativer ausrichtete. In den Klassenzimmern zeigte die Wende erst in den 1980er Jahren Wirkung. Davor gab es keine entsprechenden Lehrwerke und damit fehlten schriftlich verfügbare kommunikativen Aktivitäten. In gut gemachten Aufgaben konnten die Lernenden erkennen, wie ihre Lernsprache pragmatisch funktioniert, bei der Informationsaufnahme, beim Austausch in verschiedenen Situationen, beim Einsatz in unterschiedlichen sozialen Umgebungen. Kommunikative Aktivierungsformate für den Anfangsunterricht, wo echte Interaktionen noch schwierig zu orchestrieren sind, waren zumindest eingebettet in einen Kontext oder ein Setting.

Die Formate konnten mit Partnerinnen trainiert werden. Die Funktionalisierung in Form von Begebenheiten und Anlässen, über die man sich mit Hilfe der eingeführten Redemittel austauschte, hat einen gewissen Bezug zur Lebenswelt der Lernenden. Zumindest können Schülerinnen und Schüler erahnen, dass man eine Sprache verwendet, um sich mitzuteilen, wozu auch 8.1.4 im Kasten unten auffordert.

8.1.4 Beispiel

Imagine you are on a bike trip in England with a friend.
With the help of role cards, write and act out a dialogue.
Tasks:
1. Work in pairs or small groups. Use the role cards to write a dialogue. Use appropriate phrases from M 1.
2. Practise your dialogue, then act it out in front of the class.
   Customer Salesclerk

You've just arrived in Dover. You want to buy two train tickets to Bedford. Greet the person at the counter and make your request usw.	Greet the customer. Look up trains to Bradford. Give the customer the following details: the train leaves at 12:49 and will arrive at 17:21 and the ticket costs £60.95 for children under 15 and £121.90 for adults usw. (Hempel/Voigt/Wagner 2015:18)

Wie in dialogischen Aktivitäten älterer kommunikativer Ansätze üblich, hält 8.1.4 eine interaktive Situation mit Rollenkonzepten und inhaltlichen Impulsen vor, die versprachlicht werden sollen. Gänzlich eigen verfasste Sprachfunktionen werden nicht verlangt. Die kollaborative Ausrichtung der Aufgabe lässt es jedoch zu, dass Lernende die Fremdsprache als Arbeitssprache einsetzen.

Im Zuge der Weiterentwicklung des kommunikativen Ansatzes wurden die Formate verfeinert und um solche ergänzt, die eine freie Sprachverwendung begünstigen. In modernen Unterrichtsentwürfen mit sprachbezogenen Schwerpunkten hat die Anbahnung und Weiterentwicklung sprachaktiver kommunikativer Kompetenzen demnach nichts an Bedeutung eingebüßt.

Die moderne Textdidaktik ist für vergleichbare kommunikative Akzentuierungen offen. Lange Zeit kam es primär darauf an, einem Sachtext Informationen zu entnehmen und diese einzuordnen. So konnten Schülerinnen und Schüler zeigen, dass sie den Text verstanden hatten. Eine kommunikative Textarbeit basiert demgegenüber auf Aufträgen, die neben der inhaltlichen Rekonstruktion und Einordnung zu Eigentätigkeiten auffordern. Sei es, dass Lernende ähnliche Texte verfassen, Textkerne ausgestalten, verändern oder ein Genre in ein anderes transformieren: Diese sprachtätige Auseinandersetzung mit einem Text unterstützt einmal mehr das Bemühen, den kommunikativen Gedanken neu zu formulieren, indem die Gelegenheiten zur freien Sprachverwendung nach einer rezeptiven Phase erweitert werden.

8.1.5 Beispiel

Task: 2. … Read the extract from the book, then answer the following questions in as much detail as you can.
List and describe Amelia's chores. …
Compare your life with Amelia's … What is different, and what is the same? Talk to a partner …
The story does not have any direct speech. Make the scenes come to life: write down dialogues and act them out or improvise them. (Saathof 2014:13f)

8.1.5 zeigt die Öffnung in der Literaturdidaktik hin zu einer kommunikativen Orientierung, ursprünglich aus anderen Beweggründen als der Förderung sprachlicher Kompetenzen. Der Austausch über Literatur durch das Rezeptionsgespräch sollte der veränderten Perspektive auf Literaturrezeption Rechnung tragen und den Lesersichtweisen mehr Gewicht verleihen. Ein kommunikativer Literaturunterricht in der Fremdsprache hat bis heute in der Regel mehr kognitive Anteile als sprach- oder sachtextbezogene Arrangements. Lernende sind auffordert, Textauslegungen vorzuschlagen, sie zu begründen und ggf. auch zu verteidigen. 8.1.5 setzt allerdings einen deutlichen Akzent auf die Integration der Schülererfahrung und ihrer Versprachlichung und geht demnach betont leserorientiert vor.
Der Begriff ‚kognitiv' wird in der Fremdsprachendidaktik heute in einem umfassenderen Sinne verwendet. Man versteht darunter nicht mehr allein die Beschäftigung mit den Regelwerken von Sprache oder Literatur. Kognitive Phasen weisen alle Aktivitäten auf, in denen Lernende auf ein inhaltliches Problem, auf eine kognitive Barriere, mit einem Lösungsplan reagieren sollen. Kognitiv-kommunikative Ereignisse, die zu einem Produkt führen, bestimmen die Leistungserwartungen. Lernenden recherchieren, wählen aus, diskutieren und verhandeln. Sie legen aus, argumentieren und begründen etc. Über Prozesse und Lösungen berichten sie im Anschluss an die Aufgabenbearbeitung.
Im modernen Fremdsprachenunterricht sind Aktivierungen Anlässe, in und mit der Fremdsprache auf komplexe Weise kommunikativ tätig zu werden. Die Komplexität sprachlicher Handlungen wird vom Maß an Aktivierung der Fähigkeiten sowie von den Herausforderungen bestimmt, die von Aufgaben an Lernende ausgehen. Eine Schwierigkeit der Planung besteht darin, trotz des zunächst begrenzten sprachlichen Könnens den inhaltlichen Anspruch nicht zu gering zu halten. Von den Autor:innen werden daher nicht nur Themen eingefordert, die ansprechend sind, deren Bearbeitung jedoch keine unüberwindliche Herausforderung darstellt. Von vergleichbarer Bedeutung sind die Arbeitsaufträge und die angestrebten Lernergebnisse zu den Inhalten.

Sprache üben	Informationen wiedergeben	Auf Korrektheit achten

8.2 Übungen

Seit der audiolingualen Methode gibt es eine Reihe an Formaten, die als Gemeinsamkeit aufweisen, einen Lernkontext für die Automatisierung oder Konsolidierung ausgewählter sprachlicher Mittel und inhaltsorientierter Strategien zu schaffen. Der traditionelle didaktische Ort einer Übungsreihe und damit die Akzentuierung des Trainings auf ausgewählte Kommunikations- und Interaktionsmittel ist die Erarbeitungsphase. Stehen grammatische Phänomene im Vordergrund, kann eine Phase folgen, die Lernenden das Regelhafte des Geübten nahebringt. Übungsabläufen vorausgegangen ist in der Regel die deduktive oder induktive Begegnung mit dem Übungsstoff. Auch die Schlussphase einer übungsbasierten Aktivierung besteht normalerweise aus Elementen, die typisch für diese Form der Aktivierung sind. Hierzu zählen

- die Fokussierung auf einen Schwerpunkt der systemischen, rezeptiven oder produktiven Kompetenz
- die Integration der Übung in eine Reihe ähnlich konstruierter Varianten
- die Akzentuierung der Einzelarbeit
- die Akzentuierung der Automatisierung und Konsolidierung von meist formalen Sprachelementen
- die Loslösung der Aktivierung von einer kommunikativen Situation
- der Zwang zur Nutzung der vorgesehenen Redemittel
- der Ausschluss einer divergenten Lösungsstruktur
- der Ausschluss individueller Äußerungsoptionen
- die geringfügige Variabilität einer Übungsreihe zum Übungsschwerpunkt
- die Begrenztheit der Aktivierungsformate auf repetitive und reproduktive Tätigkeiten

Zum Repertoire von Aktivierungsformaten mit den genannten Merkmalen zählen unter anderem die in 8.2.1 aufgeführten Übungstypen.

8.2.1 Übungstyp	Beispiel
Multiple choice	Choose the best answer. What day was Susan late? (a)… (b)… (c)… (d)…
Right/wrong statements	Are the statements true or false? 1. Ben can play the guitar … Susan can write a horse …
Fill-in	Complete the gaps in the text using the words from the box.
Box ticking	Tick off the ten nouns in the word list.
Jumbled sentences	What's the right order? She is fourteen. My mother works in a factory. Jenny is my sister. This is my family…
Matching	Match the words with the definitions. Use arrows.

8.2.1 Übungstyp	Beispiel
Collecting	Write ten words you need find at a zoo.
Substitution	Make sentences: The/teacher//coming /boys/are//small… /house/is//reading
Transformation	Make questions for the answers: My favourite sport is swimming …
Completion	His essay is good, but yours is …
Synthesis	Describe the cartoon using some of these chunks: What strikes the eye is …/One is confronted with …
Composition	Make sentences: Students/bus/wait. (Gehring 2021: 141ff)

Übungen, die es bis heute in vielen Arbeitsmaterialien gibt, werden den Anforderungen an einen kompetenzorientierten Unterricht nur in begrenztem Maße gerecht. Gleichwohl gibt es nur wenige Didaktikerinnen, die ihren Nutzen in Zweifel ziehen. Denn ihrer Grundstruktur nach sind Übungen Formate, die dazu beitragen, dass Lernende sich mit einer bestimmten Fähigkeit befassen und diese vertieft trainieren. In der Mehrzahl der Fälle ist Üben auf das Training eines lexikalischen, grammatischen oder phonologischen Phänomens ausgerichtet. Seltener sind funktionale Übungen.

8.2.2 Beispiel
Watch the film clip a second time. Complete the following sentences using the chunks from the box. (Stöferle 2017:31)
8.2.3 Beispiel
First, fill in the missing discussion snippets (M1). You can also add additional chunks/phrases that you know. • Then, use your discussion card for the chat stations and the fishbowl. • Always tick (…) when you have used one of the discussion snippets. (Bastkowski 2020:30/2)

8.2.2 ist ein Beispiel dafür, dass Festigungsaktivitäten mit nur einer Lösung auch für rezeptive Tätigkeiten nutzbar sind. Im produktiven Bereich sind sie, wie in 8.2.3, oftmals in kooperative Formate wie z. B. *find-someone-who, flow-chart-activities* oder eben *fishbowl* eingebettet (8.2.4, Gehring 2021: 115; 133).

8.2.4 Kooperative Formate	Beispiele
Find-someone-who	SuS bewegen sich mit Fragebogen im Klassenzimmer, fragen Mitschüler, ob sie ein bestimmtes Kriterium erfüllen, z. B. do you use a messenger app?
Flow-chart-activity	Eine Dialogsequenz ist durch inhaltliche Vorgaben und ein Verlaufsdiagramm vorstrukturiert, z. B. Frage, woher sie kommt. Sage, dass du in London lebst, usw. …
Fishbowl	Eine Schülergruppe sitzt im Innenkreis und kommuniziert. Außenstehende Schüler können sie ersetzen und sich einbringen, wenn es Moderatorin zulässt.

Im Zuge der Weiterentwicklung des Englischunterrichts wird heute versucht, Übungen mit den Erfordernissen eines lernprozessorientierten kommunikativen Unterrichts in Einklang zu bringen. Darauf weisen auch 8.2.2 und 8.2.3 hin. Übungen sollen weiterhin dafür sorgen, dass ein schwerpunktmäßiges, konsolidierendes Training möglich ist. Darüber hinaus sollen sie auch integriert sein in das Erwerbkonzept des Lernarrangements. Dazu gehört nicht zuletzt der Bezug einer Übung zu den Lernerfahrungen in Form einer schülernahen Kontextualisierung.

8.2.5 Beispiel
2. Now look at the painting again and describe it. Try to use the phrases in the foreground, in the centre, in the background etc. [mit Bild W. G.] … 3. Where do you think the children are and what are they doing? 4. Write down what you think they are saying to each other… 6. When was the last time you were by the sea or a stream/river? Write a text of 150-200 words about your trip. (Grigoriadou 2011: 12)

8.2.5 erfüllt gegenüber audiolingualen Vorgängern den Anspruch kommunikativer Lernarrangements an eine Kontextualisierung der enggesteuerten Aktivierung. Zum einen bezieht sich die sprachliche Tätigkeit auf eine authentische Quelle (Bild). Zum anderen ist die Übung (*use the phrases*) in ein Aufgabenkonzept eingebunden, das freiere Sprachverwendungsanlässe schafft (*wh-questions*). Dies hat wiederum zur Folge, dass die zu übenden sprachlichen Mittel im Erwartungshorizont des Entwurfs nicht dominant platziert sind. Außerdem bleibt die Quelle Bezugsrahmen für eine aufgabenbasierte Auseinandersetzung in den nachfolgenden Arbeitsaufträgen.

8.2.6 Beispiel

Watch the video from Vidtur and tick off the ten sights or things to do in New York City that are mentioned in it.
Watch the video again. Fill in each space on the left with the name of the sight or activity in Task 2 that matches the information on the right.
Plan a one-minute presentation about a sight in New York City. Follow these steps: …
Work with two other students and think of different phrases and expressions you can use to present a sight/attraction. Here are some ideas: …
(Shatwell 2020 16/1ff)

8.2.6 ist ein weiteres Beispiel dafür, wie Übungen in Aufgaben integriert werden können. Vor der Aufgabe, in der mehrere Fähigkeiten aufgerufen werden, konzentrieren sich die Lernenden in der Übungsphase auf fokussierte Aspekte (*tick off, fill in*). Bei der Lösung der Aufgabenstellung können sie auf das Geübte zurückgreifen. In 8.2.6 bleibt Üben demnach nicht auf sprachliche Mittel begrenzt. Die Übungsszenarien bereiten die Schüler:innen auf das Lösen der Aufgabe vor. In der sprachlichen Fokussierung auf Redemittel zeigt sich im Kontext der Aufgabenstellung der Nutzen. Des Weiteren können Lernende ihr Spektrum relevanter Redemittel erweitern: „Think of different phrases …" (Shatwell 2020:16/3). Der *language focus* nach einer Aufgabenbearbeitung ist als Teil eines *task cycle* näher beschrieben (Willis 1996). Weil er Lernenden die Möglichkeit bietet, auch sprachliche Aspekte in den Blick zu nehmen, gehöre er zu einer guten Lernaufgabe (Müller-Hartmann/Schocker v. Ditfurth/Pant 2013:45).
Die übende Auseinandersetzung wird einmal mehr durch Fragen initiiert.

8.2.7 Beispiel

Listen a second time, then answer the questions below.
a. How old is Pilar?
b. Who lives with Pilar?
c. What's her job?
d. How much does she earn per month?
e. What problems does she have?
(Schubert 2016:18)

8.2.7 besteht aus einer Reihe an Fragen, die ein Übungsgeschehen modellieren. Die Aufmerksamkeit der Lernenden wird durch jede Frage auf eine bestimmte Information im Text gerichtet. Durch Anwendung einer Dekodierungsstrategie kann sie identifiziert und die Frage durch mehr oder weniger wortwörtliche Textzitation beantwortet werden. Die Übungsfunktion der Fragen in 8.2.7 bietet auch Orientierung für die Lernenden. Die Fragen leiten sie an, sich nur auf ausgewählte Informationen in einem Text zu konzentrieren. Andere können sie ignorieren.

8.2.8 Planungsleitlinien

Übungen	• Aktivierungsschwerpunkt liegt auf ausgewähltem Redemittel • Ziel ist korrekte Ausführung und Speicherung • Inhalte sind vorgegeben • Wiederholungen mit leichten Variationen • keine Vernetzung mit vorhandenem Wissen • Kontextualisierungen vornehmlich als Teil von Lernaufgaben

Mitteilen	Produkte erstellen	Ergebnisse präsentieren

8.3 Lernaufgaben

Autorinnen und Autoren steht ein breites Repertoire an Aktivierungsformaten zur Verfügung, mit dem sich verschiedene Lern- und Leistungsstufen bedienen lassen. Neben Übungen sind dies Lernaufgaben oder Tasks. Mischformen treten in Lernarrangements ebenfalls auf.

In der fremdsprachlichen Diskussion in Deutschland hat sich der Begriff der Lernaufgabe etabliert (Caspari 2013). In Unterrichtsplänen umfasst eine Lernaufgabe Formate, die übungs- und aufgabennahe Varianten in sich vereinen. Lernaufgaben bahnen explizit sprachliche Zielsetzungen an. Gleichzeitig subsummiert man unter Lernaufgaben alle Aktivitäten, die thematisch ausgerichtet sind. Für beide Varianten werden die benötigten kommunikativen und strategischen Kompetenzen vorausgesetzt. Alternativ werden sie vor der eigentlichen Bearbeitung der Lernaufgabe vermittelt oder liegen als Versprachlichungs- bzw. Produktionshilfen vor. Auf manche Lernaufgaben folgt nach einer Aufgabenbearbeitung eine Phase, die kommunikative Bedarfe bedient, welche während des Unterrichtsgeschehens sichtbar wurden. In diesem Sinne sind Lernaufgaben komplex konzipiert. Übungsorientierte Fragen werden um kognitiv herausfordernde erweitert. Sie setzen eine komplexe Fähigkeitsaktivierung in Gang und fordern von Lernenden problemlösende Strategien ein, damit der erwartete Output erreicht wird. Kommunikative Reaktionen dieser Art sind von Fragen zu erwarten, die eigenständige Antworten bedingen. Lernaufgaben leiten Lernende zudem dazu an, durch problemlösendes Arbeiten an einem Auftrag zu einem Lernergebnis zu gelangen, zu einem Outcome. In den meisten Fällen ist dies ein Produkt, z. B. ein Poster oder ein Vortrag. Das Ergebnis ist in den verschiedenen Definitionen von Lernaufgaben zentral. Fachübergreifend gelten Lernaufgaben als Aktivierungen, die zu einem Lernprodukt führen, das einschätzbar ist (Leisen 2010). Dabei wird die Aufgabe auch mit einem Projekt

verglichen, das Lernende von der Problemstellung bis zur Lösung weitgehend selbständig entwickeln (Sebold 2009). Der Prozess des gemeinsamen Bearbeitens eines „den Interessen der Beteiligten entgegenkommenden Problems" und das Produkt als Ergebnis des Prozesses machen das Projekt zu einem pädagogischen „Grundrhythmus" (Meyer 2012:73).
Im Fach Englisch haben Prozess und Ergebnis der Aufgabenbearbeitung naturgemäß hohe sprachliche Anteile. Ihnen vorausgegangen sind in aller Regel Lehrer-Schüler-Diskurse, Textrezeptionen, recherchierende Tätigkeiten mit Inputbegegnungen unterschiedlichster Art. Möglicherweise nutzen Schülerinnen und Schüler die englische Sprache in der Tat als ‚Werkzeug', sehen sie nicht als Lerngegenstand, wie in zielorientierten Phasenmodellen. Die Lernaufgabe ist dann in erster Linie eine Aktivität, „in which a person engages in order to attain an objective, and which necessitates the use of language" (Van der Branden 2006: 4). Dieser Vorstellung nahe kommen Aufgaben, die Lernende dazu veranlassen, die Fremdsprache als Medium einzusetzen, in der sie Sachverhalte, Informationen, Probleme, Lösungsansätze und Ergebnisse kommunizieren.
Damit dies auf allen Niveaustufen gelingt und beginnende Lernende sich ebenfalls an Aufgaben erproben können, werden für die Unterrichtsplanung fokussierte und nicht-fokussierte Aufgaben konzipiert (Ellis 2003).

8.3.1: Explizit fokussiert	8.3.2: Implizit fokussiert	8.3.3: Nicht-fokussiert
Anwendung der Zeitformen der Gegenwart … Write a scene. You can use some of the sentences below or use your own. Language help: _are sitting at the table. Suddenly, __breaks/falls off the table/ falls over usw. (Draeger 2017:16)	1. Watch and/or read the speech given by the Australian Prime Minister during Anzac Day 2018. Collect verbs and nouns that relate to Anzac Day as given in the speech. 2. Write a blog entry explaining what Anzac Day is. Use the verbs and nouns you found in 1. (Voigt 2019: M2b)	Discuss: what has made the poem so popular up to the present day? How do you explain the fact that poppies have become a commemorative symbol? (Voigt 2019:43)

Fokussierte Aufgaben akzentuieren ein linguistisches, oftmals auch ein inhaltliches Phänomen. In beiden Fällen soll die Verwendung bzw. Auseinandersetzung trainiert werden. 8.3.1 konstruiert hierzu ein Szenarium, das mit der Verwendung der intendierten Strukturen zu bewältigen ist. 8.3.2 ist offen für individuelle linguistische Realisationen, verlangt jedoch, bestimmte Redemittel einzusetzen. Bei nicht-fokussierten Aufgaben wie in 8.3.3 ist das linguistische Repertoire von den Schüler:innen mehr oder weniger individuell wählbar.

Nicht-fokussierte und fokussierte Aufgaben erfüllen vergleichbare Anforderungen, wie die Merkmalsliste, frei nach Ellis/Skehan/Shintani und Lambert (2019:10ff), zeigt:

- die Aufgabe zielt darauf, dass Lernende ein Produkt erarbeiten, über das man sich austauschen kann
- das Produkt kann in einer Aufgabe durch Zwischenschritte angebahnt oder als Zielvorgabe beschrieben werden
- meist enthält eine Lernaufgabe einen Arbeitsplan und für die Lernenden erkennbare Leistungserwartungen (*workplan*)
- Arbeitsplan und Leistungserwartungen geben Lernende einen Anlass dazu, die Sprache funktional einzusetzen (vermitteln, beschreiben, argumentieren etc.)
- Arbeitsaufträge zielen nicht primär darauf ab, spezifische Redemittel einzuführen oder zu üben
- Arbeitsaufträge können so gestaltet sein, dass sie mit einem vorhersehbaren linguistischen Repertoire zu bewältigen sind
- Arbeitsaufträge können Lernende weitgehend mit ihrem verfügbaren sprachlichen Wissen und Können abschließen
- für komplexe oder noch nicht verarbeitete sprachliche Realisationen sind Unterstützungsangebote vorhanden
- die Aufträge können auf die Verwendung eines linguistisch begrenzten Sprachmaterials beschränkt werden, d. h. fokussiert sein
- Aufgabenergebnisse können präsentiert und von der Klasse evaluiert werden
- Aufgaben stellen an individuelle Lernende und an die Lerngruppe als Sprachgemeinschaft Anforderungen

8.3.4 Erwartungen	Konkretisierung
Die Schüler werden anhand eines Filmes mit Zeit-, Handlungs- und logischen Strukturen konfrontiert und üben sich darin, sie intentions- und situationsangemessen zu benutzen, in diesem Fall vor allem Satzstellung und die Anwendung der Zeitformen der Gegenwart.	1. Watch the film. 2. Work with a partner. One of you makes notes about George, the other about Mark … Mark, Betty and Mark's cousin, George, are sitting together for dinner. • With your partner, imagine what happens. • Write a scene. You can use some of the sentences below or use your own. • Practise your scene and act it out in front of the class. (Draeger 2017:15)

Mit der Verbreitung von Lernaufgaben wird das traditionelle Verfahren aufgegeben, wonach Sprachaufbau im Unterricht primär anhand enggesteuerter Aktivitäten entwickelt werden sollte (Hecht/Waas 1995; v. Ziegesar/v. Ziegesar 1997). Eng-

gesteuerte Aktivitäten sind in Lernaufgaben integriert. Zur Integration von Üben und Aufgabenlösen konstruiert 8.3.4 ein Handlungsszenarium, das ausgewählte Redemittel trainiert. Der linguistische Schwerpunkt wird den Lernenden nicht als Übungsgegenstand vorgestellt, bleibt vielmehr unbenannt. Die Lernenden üben, das Szenario veranlasst die Lernenden jedoch dazu, ihr Augenmerk primär auf inhaltliche bzw. kommunikative Aspekte der Aktivität zu richten: „Write a scene … Practise your scene, act it out" (vgl. auch Ellis 2003:141f).
Die Mehrzahl der bisher diskutierten Lernaufgaben werden durch konkrete Handlungsanweisungen zusammengestellt, nur wenige sind fragegeleitet angelegt. Mit Instruktionen kann ein Arbeitsplan handlungsorientiert generiert werden. Es kann damit aber auch gelingen, auf das Produkt zu verwiesen, das als Ergebnis der Lernaufgabe erwartet wird. Die fachdidaktische Literatur bevorzugt authentische, reale Aufgabenstellungen. Es handelt sich um solche, die in der Lebenswelt der Lernenden angesiedelt sind. Man kann davon ausgehen, dass Lernende Formate für ansprechend halten, die mehr oder weniger an einem Problem ausgerichtet sind, dessen Lösung das Interesse weckt. (Müller-Hartmann/Schocker v. Dietfurth 2006)

8.3.5 Beispiel

1. Get into groups of three. Look at the book cover your teacher assigns to you.
   Describe it and write down everything that comes to your mind.
   If you want, you can use a mind map to organize your ideas.
2. Based on the book cover, guess what the book is about.

(Volaric 2015:17)

8.3.5 initiiert durch konkrete Handlungsanweisungen sprachliche Aktivitäten. Das Problem ist klar konturiert, die Abfolge der Handlungsplanung wird durch Verwendung eindeutiger Operatoren verständlich kommuniziert.

8.3.6 Planungsleitlinien

Aufgaben

- leiten dazu an, ein Lernprodukt herzustellen
- können sprachliche, inhaltliche oder methodische Schwerpunkte aufweisen
- gibt es auch ohne Schwerpunkte
- können einen Arbeitsplan vorhalten
- gibt es auch ohne didaktische Steuerung
- schließen mit einer Präsentation
- beinhalten oft auch eine Evaluation
- können Übungsschwerpunkte auch verlagern

Wortebene	Satzebene	Textebene

8.4 Fragen

Manche Lernaufgaben stellen geschlossene Fragen an die Lernenden. In Übungen zur Schulung einer ausgewiesenen kommunikativen Fertigkeit werden sie ebenfalls eingesetzt. Auf einer einfachen Stufe können Schülerinnen und Schüler *closed questions* mit ja/nein bzw. mit einem Zitat aus einer Quelle beantworten. Komplexere Antworten lassen *wh-questions* erwarten (*who, what, where*). Offene Fragen (*how, why,*) erweitern den Umfang eines Diskursbeitrags. Fragen treten auf allen Ebenen der Aufgabengestaltung auf.

8.4.1 Beispiel

Work on the task assigned to your group. Compare your findings with a partner. Then get together with a partner from the other group. Share your results and prepare a short presentation in which you describe and interpret the film.
Group A: While you are watching the film, take notes on the following aspects (keywords).
1. Describe the setting of each part of the film.
M2: Who are the characters? What problems do they face? What do all characters have in common? … What could be the intention of the filmmakers?
M3: … What is the central message of the sequence you chose?

(Sanders/Matz 2017:18f)

Wie in 8.4.1 umgesetzt, steuern Fragen Lernprozesse und lenken das Interesse der Lernenden auf bestimmte Phänomene. Durch das Beantworten der Fragen erarbeiten sich Lernende eine gemeinsame Wissensbasis, auf die sie im weiteren Unterrichtsverlauf zurückgreifen können. Oftmals wird durch Fragen erst deutlich, wie sich die Problemstellung darstellt. Indem Fragen so eine Interessenslage initiieren, machen sie darauf aufmerksam, dass es einen Handlungsbedarf gibt. In Anlehnung an Prahbu (1987) lassen sich folgende Bedarfe feststellen:

8.4.1.1 Wiedergabe (information gap)	8.4.1.2 Erklärung (opinion gap)	8.4.1.3 Begründung (reasoning gap)
Who are the characters?	What could be the intention of the filmmakers?	What is the central message of the sequence you chose?

8.4.1 operiert mit drei unterschiedlichen Frageformen. 8.4.1.1 können Schüler:innen mit Informationen aus dem Text beantworten. Wie bei geschlossenen Fragen üblich geht es um das Sichten, Einordnen, Auswählen und das Wiedergeben von vorliegenden Informationen. Der Lernerdiskurs konzentriert sich auf die Präsentation von Ergebnissen, die einer Quelle entnommen werden konnten. Die kognitive Anforderung besteht darin, die einzig richtige Antwort zu finden (Lotz/Lipowsky 2015: 109f). Dies lässt sich mit wenigen Worten leisten. Offen gehalten ist Fragetyp 8.4.1.2. Es werden individuelle inhaltliche Aussagen erwartet, zusatzlich müssen die Statements sprachlich eigenständig formuliert werden. Grundsätzlich sind hierbei wiederum Wort- oder Halbsatzantworten möglich. Jedoch lässt es die Fragestruktur zu, vollständige Sätze einzufordern. Die Anforderungen von 8.4.1.3 lassen eine kognitiv-kommunikative Lösungsplanung erwarten, die sich auf Begründungen stützt. Dadurch werden nicht nur komplexe, d. h. vielfältige Denkprozesse auslöst. Sprachlich sind individuelle Realisationen möglich. In dieser Variante sind Antworten wahrscheinlicher, welche die Wort- und Satzebene übersteigen.

Herausforderungen	Barrieren	Selbsttätigkeit

8.5 Kognitive Aktivierung

Lernende sind kognitiv tätig, sobald sie sich auf die englische Sprache einlassen, sie rezeptiv oder aktiv verwenden. Niemand wird in Zweifel ziehen, dass kommunikatives Handeln in einer Fremdsprache nicht ohne Denkprozesse abläuft. Unterrichtsentwürfe, die konzeptuell ausgewählte Redemittel trainieren, sind für die Adressaten zunächst nicht weniger anspruchsvoll als nicht-fokussierte Aufgaben, die Lernenden die Wahl der Redemittel selbst überlassen und ein inhaltliches Problem ins Zentrum stellen. Allerdings gibt es Planungswerkzeuge dafür, eine kognitive Aktivierung durch didaktische Maßnahmen zu modellieren.

8.5.1 Geringe Komplexität	Aktivierung
Write a poem about the tiger. You can work alone, in pairs or in small groups. You can use these poem structures to help you: Line 1: Write down an article and a noun. Line 2: Write down an adjective, a conjunction, and another adjective. Line 3: Write down a verb, a conjunction etc. … Now with your class, decide on the best poem. Be prepared to say if you like it and why (or why not). (Matz 2013: 18)	Gruppenarbeit Einsetzaktivität Sprachgebrauch auf Wortebene Veranschaulichung Peer review

Der Anspruch in 8.5.1 wird durch die kollaborative Sozialform und durch die Begrenzung der Tätigkeitsform auf den Operator ‚einsetzen' festgelegt. Die Lernende können sich zudem an den Illustrationen möglicher Lösungen bei der eigenen

Textgestaltung orientieren. Die Lösungen sind mit einzelnen Vokabeln zu leisten, eigenständige Formulierungen werden nicht erwartet. Insofern repräsentiert 8.5.1 einen Aufgabentyp mit gering ausgeprägter kognitiver Aktivierung.

8.5.2 Hohe Komplexität	Aktivierung
Read the text and create an informational product on manatees … Create a poster/an infographic … Create a podcast or film. EA/PA/GA.. (Oldendörp/Kuhrs Woltin 2021:9/3)	Offene Sozialform Textarbeit Funktionale Sprachverwendung auf Textebene Mediale Verarbeitung

Ein hohes Maß an kognitiver Aktivierung stellt sich in 8.5.2 dar. Die Schüler:innen sind gefordert, die Merkmale der vorgeschlagenen Genres selbst zu recherchieren und zu adaptieren. Die Festlegung und Organisation der einzelnen Arbeitsschritte zum medialen Produkt sind weitere Herausforderungen einer Aufgabe zur medialen Aufarbeitung inhaltlicher Informationen. Ein Arbeitsplan zur Strukturierung des Lösungsprozesses liegt nicht vor, Gestaltungsimpulse oder -hilfen zu den Genres fehlen.

In das aktuelle didaktische Forschungsinteresse rückte die kognitive Aktivierung zunächst durch Studien zum Mathematikunterricht, wo ein Zusammenhang zwischen kognitiver Aktivierung und Lernzuwachs festgestellt wurde. Spätere Studien bestätigten dies jedoch nur eingeschränkt (Klieme/Schümer/Scholl 2001: 53). Demgegenüber wurde in Studien zur Unterrichtsqualität die kognitive Aktivierung neben der Schülerorientierung und der Klassenführung als Basisdimension von Unterrichtsqualität identifiziert (Terhart 1988; 2009; Klieme/Schümer/Knoll 2001; Helmke 2021). Parameter einer elementaren kognitiven Aktivierung für den Fremdsprachenunterricht sind in Anlehnung an Friedrich/Mandl 1992, Neubrand 2002, Klieme 2006 in 8.5.3 zusammengefasst.

8.5.3 Planungsleitlinien	
Kognitive Aktivierung	• Aufgaben mit unterschiedlichen Lösungsmöglichkeiten • Anschlussfähigkeit der Aufgaben an Vorwissen • Genetisch-sokratisches Vorgehen (anspruchsvolle Unterrichtsgespräche) • Nutzung von Fehlern als Lerngelegenheiten • Nicht-repetitive, variierende Aufgabenkontexte • Geistige Auseinandersetzung mit dem Lernstoff • Transfer des Gelernten auf neue Zusammenhänge • Problemlösende Handlungsaufforderungen • Eigenständige, selbsttätige Informationsrecherche für die Lösungsplanung

8.6 Barrieren

Bei einer kognitiven Aktivierung können Barrieren auftreten. Fremdsprachenlernende sind mit ihnen vertraut. Sie haben Erfahrungen damit, dass sich bei kommunikativen Anlässen sprachliche Hürden auftun, die den Sprachfluss beeinflussen und den überlegten Einsatz von Kommunikationsstrategien verlangen (*achievement strategies*). Kommunikative Barrieren mögen zudem Anlass dafür sein, dass Lernende Gedanken und Argumente nicht vortragen, sie vermeiden, weil diese für sie zum gegebenen Zeitpunkt nicht angemessen zu versprachlichen sind (Hecht/Green 1991). Lernende sprechen auch ein Thema oder einen Aspekt aus Mangel an geeigneten lexikalischen Mitteln nicht an (*topic avoidance*). Die Begrenztheit sprachlicher und kommunikativer Mittel mag ursächlich dafür sein, dass sich Lernende nicht aktiv am Klassendiskurs zu einer spezifischen Thematik beteiligen.
Eine zentrale Ursache für kognitive Barrieren ist die Problemstellung der Aufgabe selbst und ihre didaktische Aufbereitung. Problemstellungen sind zum einen inhaltliche Merkmale, die sich auf den Anspruch einer Aufgabe auswirken. Es handelt sich um Fallschilderungen, Ereignisse, Begebenheiten oder Sachverhalte, die eine Schwierigkeit markieren. Lernende sollen sie erfassen, Antworten abwägen, Lösungen entwickeln und verhandeln, Meinungen formulieren, positionieren und verteidigen. Kurzum sollen Schülerinnen und Schüler sich reflektiert auf die Beschäftigung mit der Aufgabenstellung einlassen. Darin sind die Erwartungen oder Anforderungen an die Lernenden angeführt. Sie reichen von der Analyse des Phänomens bis zur Zusammenstellung einer Präsentation. In allen Varianten ist das Problem in aller Regel nicht mit Routinehandlungen zu lösen, nicht zuletzt weil eine barrierehaltige Aufgabe nur gering oder gar nicht vorstrukturiert ist. Gefragt sind eigenständig initiierte Denkprozesse, Kreativität und Originalität (Lange 2013: 28f).

8.6.1 Didaktisierte Barrieren	Aktivierung
Plan a one-minute presentation about a sight in New York City […]. • Choose a sight in New York City. • Make notes. • Search the internet […] for more information. Here are some links: […] Think about what you're going to say and in what order you're going to say it. […], note down key words. […]. Use some of the phrases in M3 to help you. (Shatwell 2020:19)	Einzelarbeit Arbeitsplan Aktivierung von Vorwissen Schreiben und Sprechen, Präsentieren Sprachliche Unterstützung Inhaltliche Unterstützung

8.6.1 reagiert auf vorhersehbare Barrieren mit verschiedenen Planungsstrategien. Die erwartete Präsentationsdauer ist ebenso angegeben wie genaue Angaben dar-

über, wie Lernende die Darbietung methodisch angehen können. Für die inhaltliche Ausgestaltung wird auf Quellen verwiesen, sprachliche Hilfen liegen vor. Zur Thematik selbst konnten Lernende durch die Beschäftigung mit vergleichbaren Schwerpunkten in vorausgehenden Klassenstufen inhaltliches und strategisches Wissen zum erwarteten Genre aufbauen, das sie nun einsetzen können. Der Anspruch wird durch den komplexen Fähigkeitseinsatz bestimmt und durch die Entscheidungen, die zur Produktherstellung zu treffen sind: Welche Sehenswürdigkeit soll man auswählen, welche Informationen sind hilfreich, welche Redemittel aus dem Pool sind nützlich, wie ist eine Präsentation zu strukturieren etc.
In manchen Problemdarstellungen sollen Lernende ihre Sichtweisen artikulieren oder alternative Perspektiven erproben. Bei den Aufgabenstellungen muss dann darauf geachtet werden, dass Lernende sich selbsttätig und auf der Grundlage ihres individuellen Könnens mit dem Problem befassen. Lösungen sollen nicht nur auf Faktenwissen oder Routinewissen beruhen. Beide didaktischen Forderungen (Heymann 2015) sind bereits in Aktivierungskonzepten für beginnende Niveaustufen realisierbar und abhängig von den Hilfen, die den Lösungsprozess flankieren.

Kognitive Barrieren führen dazu, dass der Lösungsprozess sich verlangsamt. Schüler:innen benötigen Zeit, um Hürden durch das Herleiten, das Erproben von Lösungsansätzen oder durch Recherche zu überwinden.

8.6.2 Nicht-didaktisierte Barrieren	Aktivierung
1. Choose one of the following topics for your presentation […]. 2. Choose one of the following presentation forms: a poster or PowerPoint presentation that you explain and comment on during the exhibition … an article, podcast, or short video documentary that you read out […] a talk […] 3. In your groups, prepare your presentation. 4. Organize an exhibition and present your results. 5. Discuss in class and/or with the visitors to the exhibition: What can I do to help stop inequality? (Steinbach 2016: 32)	Gruppenarbeit Produktvorgabe Sprechen, Schreiben, Aushandeln, Präsentieren, Diskutieren, Darbietungsauftrag Keine Unterstützungsangebote

8.6.2 enthält kognitive und kommunikative Barrieren. In der Lernaufgabe wird auf einen Arbeitsplan verzichtet. Die *Task* führt lediglich die Leistungserwartung auf. Zu den Strukturen der Genres für die Präsentation oder zu Anforderungen an die Darbietung gibt es keine Hinweise. Für den Gruppendiskurs werden konkrete Leistungserwartungen ohne weitere Hilfsangebote kommuniziert. Dadurch wird zunächst verhindert, dass Lernende eingeübte oder gefestigte Lösungspläne ohne Weiteres umsetzen. Es bedarf der Wahrnehmung und in deren Folge einer genaueren Betrachtung der Barrieren: Welche Präsentationsform wählt man aus und wie soll man sie darstellen? Was wird darunter verstanden, eine Ausstellung zu organi-

sieren, wie lassen sich Ergebnisse sprachlich darbieten, welche Antworten auf die Diskussionsfrage sind angemessen, welche sind zu trivial etc.
Tendenziell treten Barrieren in Lernaufgaben häufiger auf, die Testaufgaben ähnlich sind (8.6.3). Dann wird auf Entlastungmaßnahmen verzichtet, auf sprachlichen Support oder auf Hintergrundinformationen. Zu Barrieren kommt es außerdem, wenn ein vertrautes Aufgabenformat eine neue inhaltliche und sprachliche Ausrichtung angenommen hat, die mit den routinisierten Lösungsplänen zunächst nicht zu bewältigen sind. Wahrscheinlich ist das Auftreten von Barrieren schließlich, wenn das Vorwissen und das in vorausgehenden Lernphasen erworbene prozedurale Wissen für die Lösung des aktuellen Problems nicht ausreichen.

8.6.3 Planungsleitlinien

Barrieren

- sind kognitive Hürden bei der Aufgabenbearbeitung
- entstehen durch Verzicht auf Unterstützungsangebote
- verhindern, dass sich nur eine Lösungsoption anbietet
- werden mit zunehmendem Maß an Anwendung und Transfer von Wissen wahrscheinlicher
- verlangen nach selbständiger Recherche von Inhalten
- machen es notwendig, Lösungspläne selbst zu entwickeln
- halten Erläuterungen von sprachlichen oder produktbezogenen Anforderungen zurück

Um einer Barrierebildung vorzubeugen, finden sich in vielen Lernaufgaben Hilfen zur Umsetzung von Operatoren. Dies kann zielsprachliches Material sein, das zusätzlich mit Inhaltlichem versorgt. Sprachliche Unterstützung erhalten Lernende durch erläuternde Segmente sowie durch explizite Versprachlichungshilfen.

8.6.4 Beispiel

Use the illustration [Postertemplate mit Platzhaltern WG] as an example for your own poster. You can, of course, change things if you like. (Smasal 2016:13)

8.6.5 Beispiel

Outline the most important information about Matilda's behaviour, thoughts and feelings. Use the character log (…)
Fill in the table [of the character log]. (Schober 2018: 17ff).

8.6.6 Beispiel

… While listening, answer the following questions:
a) What is the narrator's name? Miranda b) Who is Richard? (Redlin 2018: 31f)

8.6.4 enthält in der Aufgabenstellung den Verweis auf ein Postertemplate, das zeigt, wo und in welchem Umfang visuelle und verschriftliche Eintragungen vorgenommen werden können. Durch das Modell wird das Genre Poster implizit vermittelt und den Lerner:innen als Vorlage für eigene Adaptionen verfügbar gemacht. In 8.6.5 verweist die Aufgabenstellung auf die Formatvorlage, in die Lösungen notiert werden sollen. Der vom Operator *outline* vorgegebene Schwierigkeitsgrad erlaubt eine Lösung in Stichpunkten. Die Umsetzung des Operators *answer* in 8.6.6 wird durch *wh-questions* vorstrukturiert, Antworten durch sinngemäße Textrekonstruktionen reichen aus.

8.7 Prüfliste

Der moderne Englischunterricht setzt auf Lernaufgaben in einem strukturierten Planungsdesign. Übungen treten nach wie vor auf, kontextuell und strukturell sind sie in Lernaufgaben eingebunden oder münden in Lernaufgaben ein. Als dritte, seltene Variante finden sie sich in einem Plan als fokussierte sprachliche Sequenzen nach der Aufgabenbearbeitung (*language focus*).

8.7.1 Planungselemente	Konkretisierung
Fokussierte Kompetenzschulung	Festigung von Sprachmitteln, von Fähigkeiten
Fokussierte Lernaufgaben	Mitteilungsbezogene Sprachverwendung Sprachbasierte Produkterrichtung mit vorhersehbarem linguistischem Inventar Sprachliche Unterstützung Umsetzung vorgeplanter Lernwege (*workplan)*
Offene Lernaufgaben	Mitteilungsbezogene Sprachverwendung Produkterrichtung mit individuellem linguistischem Inventar Eigenständige sprachliche Umsetzung Ausgelagerte Spracharbeit
Orientierung an Outcome	Phasenzentrierte Hinführung Sprachbasiertes Lernprodukt, Genre Präsentation und Evaluation
Kommunikative Aktivierung	Aushandeln und Vermitteln von Lösungswegen, Ergebnissen und Lösungen Funktionale Sprachverwendung
Kognitive Aktivierung	Überwinden von kognitiven Barrieren Abwägung von Lösungsoptionen Wissensanwendung und -transfer, Evaluation

Eine kognitive Aktivierung soll die geistige Auseinandersetzung mit dem Stoff fördern und auf diese Weise nachhaltiges Lernen ermöglichen. Dies führt mitunter zu Barrieren, die eine Herausforderung für Lernende darstellen und daher in besonderer Weise lernwirksam sein sollen. Unterstützungsangebote sind wichtig, um der Vielfalt an Lernausgangsbedingungen in einer Klassengemeinschaft didaktisch zu begegnen. Sie beeinflussen jedoch Anspruch und Herausforderung einer Aufgabenstellung. Eine Analyse der Lernausgangsbedingungen kann eine Entscheidungshilfe bei der Frage sein, wem die geplanten Unterstützungsangebote zur Verfügung gestellt werden sollen: allen Lernenden oder nur Schülerinnen und Schüler, die mit den Hilfen bessere Chancen haben, Aufgaben erfolgreich zu bearbeiten.

8.7.2 Elizitation

Aspekt Aktivierung	Konkretisierung
1. Aktivierung wird durch Lernaufgaben geleistet.	Plan a one-minute presentation about a sight in New York City.
2. Lösungspläne werden ausgehandelt.	Discuss in class and/or with the visitors to the exhibition: What can I do to help stop inequality?
3. Es gibt Lösungsoptionen.	Choose one of the following topics for your presentation … Choose one of the following presentation forms: … In your groups, prepare your presentation …
4. Es gibt kognitive Barrieren.	2. Choose one of the following presentation forms: […] 3. In your groups, prepare your presentation […]. 4. Organize an exhibition and present your results.
5. Lernende präsentieren Ergebnisse.	Practise your scene and act it out in front of the class.
6. Lernende evaluieren Ergebnisse.	Now with your class, decide on the best poem. Be prepared to say if you like it and why (or why not).
7. Informationsmaterialien werden selbsttätig erschlossen.	Search the internet […] for more information. Here are some links: […]
8. Genrewissen wird erwartet.	Choose one of the following presentation forms: – a poster or PowerPoint presentation that you explain and comment on during the exhibition …

9 Anforderungsprofile

9.1 Grundlagen

Es ist nicht immer einfach zu entscheiden, ob eine Aufgabe für Lernende schwer oder leicht zu lösen ist. In Aufgaben werden Operatoren verwendet, die Schwierigkeitsprofile näher bestimmen.

Kategorien	Umsetzung	Komplexität

Operatoren werden in Verben ausgedrückt und beschreiben kognitive und kommunikative Tätigkeiten. Die Umsetzung der Handlungen ist überprüfbar. In einem Unterrichtsplan weisen Operatoren die Tätigkeiten im Einzelnen aus, die Lernende ausführen sollen. Das KMK-Papier 2017 bezeichnet Operatoren als „Aufforderungsverben“, die Erwartungen an Handlungsanweisungen beschreiben.“ Die Aufgabe von Operatoren besteht demnach darin, die in einer Lernaufgabe erwartete Sprachhandlung bzw. Problemlösung und das Ergebnis bzw. Produkt der Umsetzung zu definieren. Rezeptive Tätigkeiten, z. B. *read, listen, listen carefully,* lassen sich nicht operationalisieren. Man kann zwar eine Leistung im Lese- oder Hörprozess mit Verben so beschreiben, dass die Art der Rezeptionsleistung deutlich wird. Was genau Lernende wahrnehmen oder wie sie Informationen verarbeiten sollen, klären erst nachfolgende Aktivitäten. Bei geistigen Handlungen, z. B. *think, consider* etc., ist es ähnlich. Durch Aufforderungsverben sind nur die Erwartungen mitteilbar.
Die Kultusministerkonferenz (KMK) legte eine Kategorie an Operatoren für die Abiturvorbereitung und -prüfung vor. Sie wird im Unterricht genutzt, um die an einen Arbeitsauftrag geknüpfte Handlung darzustellen. In Unterrichtsentwürfen repräsentieren Operatoren den ausführenden Teil einer Lernaufgabe und legen die Tätigkeiten sprachlich fest, die zur Bearbeitung und Lösung erwartet werden. In Leistungsfeststellungen finden sich Operatoren mit der Funktion, Leistungserwartungen im Hinblick auf Anforderungen, Typus, Komplexität und den Grad an Selbständigkeit zu benennen (KMK 2002:9). Die KMK fasst Operatoren unter die Kategorien Reproduktion und Textverstehen, Reorganisation und Analyse, Werten und Gestalten zusammen. Es sind dies die Anforderungsbereiche von Testaufgaben:

- Anforderungsbereich I: Reproduzieren, wiedergeben, Geübtes anwenden
- Anforderungsbereich II: Auswahlen, anordnen, verarbeiten, erklären, darstellen
- bekannter Sachverhalte unter vorgegebenen Gesichtspunkten
- Anforderungsbereich III: Selbstständig lösen, gestalten, deuten, folgern, verallgemeinern, begründen, bewerten

Für die Abiturprüfung haben die Kultusbehörden zu jedem Anforderungsbereich Verben zusammengestellt, die für die nähere Beschreibung der jeweiligen Leistungserwartungen infrage kommen. Dazu gibt es genauere Ausführungsbeispiele über die Qualität von kognitiven bzw. kommunikativen Sprachhandlungen, die Lernende bei der Umsetzung eines Operators zeigen sollen (9.1.1).

9.1.1 Operator	Definition	Beispiel
comment (on)	state clearly your opinion on the topic in question and support your views with evidence.	Comment on the suggestion made in the text that a ‚lack of women in the armed forces demonstrates a weakness in the role of women in society.
(KMK 2012)		

Außerhalb von Prüfungskontexten finden sich Operatorenlisten in kompetenzorientierten Lehrplänen. Sie definieren allerdings keine überprüfbaren Leistungserwartungen, solche also, die bewertet werden sollen. Tatsächlich verweisen sie darauf, welche Operatoren für welche Fähigkeitsbereiche in Frage kommen (9.1.2.

9.1.2 Kompetenz Sprechen (Auszug)			
Grundschule		Sek I	
Operator	Beispiel	Operator	Beispiele
Ask	ask your partner.	ask … play. ask … interview.	act out the dialogue, play the role; ask your partner, interview classmates.

(Nibis 2015: 40ff; 2018:33f)

Mithilfe von Operatoren lassen sich spezifische Aktivitäten von ähnlichen Aktivitäten oder Produkten unterscheiden. Eine produktive Sprachverwendung in einer Lernaufgabe, die das erwartete Können für den mittleren Bildungsabschlusses abbildet oder Schüler:innen darauf vorbereitet, wäre mit *ask your partner* demnach wenig zielführend dargestellt. Für Lernende sind in solchen Beschreibungen die erwarteten Sprachfunktionen nicht exakt erkennbar. Sie könnten nur spekulieren. Tatsächlich ist diese Offenheit der Erwartungen in manchen Entwurfsphasen er-

klärtes Ziel. Damit alle Lernende aktiv teilhaben können, gibt man sich damit zufrieden, dass sie etwas in einer für sie zugänglichen sprachlichen Form mitteilen oder sie spontane Ideen individuell formulieren. Dass von Operatoren die „Qualität der Handlung näher beschrieben wird" (Meyer 2009: 204) trifft auf Lernaufgaben dennoch zu, solange dies mit Aktivverben geschieht.
Bei Aufgaben zur Leistungsfeststellung kommt es mitunter zu Bewertungsproblemen. Operatoren wie z. B. *comment* können in Arbeitsanweisungen nicht umfassend leisten, was sie sollen, nämlich Trennschärfe und Klarheit der Definitionen sicherstellen (Krause 2013:15). Im Zusammenhang mit dem bilingualen Fachunterricht wird kritisiert, dass viele Operatoren zu allgemein gehalten sind. Sie stellen nicht präzise dar, über welche Sprachmittel genau Lernende verfügen müssen, die den Operator ausführen wollen. Hinzu komme, dass oftmals die Ausführung eines Operators mehrere Teilhandlungen umfasst (Michalak/Lemke/Goeke 2015: 123). Solche Aufgabenanweisungen, zu denen auch *explain, justify* etc. gehören, tragen in manchen Klassifizierungen das Label „mehrdimensional" (Mendes 2/2013). Eindimensionale Operatoren, z. B. *describe*, fordern zu einer bestimmten Handlung auf.
In Lernaufgaben mit einem *workplan* ist es nicht ungewöhnlich, dass mehrere Operatoren die Leistungserwartung darstellen. Je nach Umfang der Aufgabe und Anzahl ihrer Teilschritte beschreiben Operatoren verschiedene Fähigkeiten, systematische und rezeptive, strategische und produktive, methodische und diskursive:

9.1.3 Beispiel

Before you create your own ad, discuss these aspects and questions with your group:
– Decide on the form of your advertisement … Think of your target audience: Who do you want to create the advertisement for? … – What kinds of emotions do you want to evoke in your target audience when they see the ad? … Design your advertisement … Present your advertisement to the other groups … Evaluate the other groups' advertisements …
(Hesse 2014:32)

Das Auftreten mehrerer Operatoren in einer Lernaufgabe ist oftmals ein Indiz dafür, dass Autor:innen die kognitive Aktivierung ausschärfen wollten. Die expliziten bzw. in Fragen gekleideten Operatoren in 9.1.3 zeigen, dass dabei nicht zwingend kognitive Barrieren entstehen. Vielmehr gewinnt 9.1.3 durch seine Operatoren an Klarheit. Der Bearbeitungsprozess wird durch ihre Verwendung in überschaubare Teilaktivitäten strukturiert (*decide on the form, define your target audience*) und durch inhaltliche Impulse vertieft.

9.1.4 Beispiel

Imagine you were in Biosphere.
2. Write a blog entry about your experiences. (Voigt 2017: 19).

Der Operator *write* in 9.1.4 vermittelt keine konkreten inhaltlichen oder sprachlichen Erwartungen. Genauere Vorstellungen kann antizipieren, wer mit dem Genre *blog entry* und den dort verwendeten Schreibformen vertraut ist. Das Wissen über die Thematik ist eine weitere Voraussetzung für ein erfolgreiches Entwickeln der eingeforderten Textsorte. Insofern kommt es bei der Einordnung von Operatoren darauf an, die Phase des Lernprozesses in einem Plan zu berücksichtigen, in der ein Operator ausgeführt werden soll. In den klassischen Phasen der Unterrichtsplanung sind dies die Reproduktion, die Anwendung und der Transfer, die jeweils eigene Anforderungsebenen bedienen (Gehring 2021).

9.1.5 Planungsleitlinien

Operatoren

- präzisieren Aktivitäten in Arbeitsaufträgen
- beschreiben kommunikative Handlungen
- beschreiben kognitive Handlungen
- beschreiben Erwartungen
- konkretisieren einen Anforderungsbereich
- sind in Bezug auf Präzision Grenzen auferlegt
- unterscheiden sich in Lern- und in Testaufgaben

Reproduktion	Anwendung	Transfer

9.2 Reproduktive Anforderung

In einem Unterrichtsplan unterscheidet man grob reproduktive und produktive Anforderungsprofile. Anwendungsaufgaben folgen auf reproduktive Aktivitäten. Einige Anteile der Produktionen treten in veränderter Form auf. Andere sind wegen ihrer Neuerungen Transferleistungen. Anwendungen und Transferaufgaben setzen Prozesse in Gang, die das Erlernte neu strukturieren, damit eine Lösung erfolgen kann. Auf allen Ebenen kann die kognitive und kommunikative Aktivierung variieren. Das gängige Verfahren, Anforderungsebenen bei der Planung zu strukturieren, entfaltet sich entlang einer Progression.

Von Progression in Unterrichtsentwürfen spricht man, wenn es um die Gestaltung der Abfolgen von Lerninhalten und Lernschritten geht. Zunächst ging es um die Progression von sprachlichen Lerninhalten in Lehrplänen, konkret um grammatische Inhalte. Sie sollten so aufeinander bezogen sein, dass auf leichte Stoffe schwierigere folgten. Bei einer linearen Progression sind demzufolge Ziele und Inhalte in einer Weise angeordnet, die den Lernbedingungen der Adressatinnen und Adressaten entgegenkommt und aufsteigend strukturiert ist. Heutige Pläne folgen diesem Gestaltungsprinzip nicht mehr, das vor den komplexen die schnell zu erfassenden

Grammatikstoffe vermittelt. Anstelle formaler Stoffe werden heute mitteilungsbezogene Sprachfunktionen und Sprachhandlungen beschrieben. Eine kommunikative Progression wird ansatzweise durch die Definition von Leistungserwartungen geleistet. Der Gemeinsame europäische Referenzrahmen liefert hierzu detaillierte Skalen für verschiedenste Kompetenzbereiche. Die Curricula der Bundesländer beschreiben für ein oder zwei Jahrgangsstufen jeweils kommunikative, methodische und interkulturelle Leistungserwartungen, die eng an den Ausführungen des CEFR orientiert sind.

Durch Differenzierungsmaßnahmen oder Leistungserwartungen kann ein Unterrichtsentwurf bei der Aufgabenstellung die Progression beeinflussen. Auch die Phasierung trägt zur Gestaltung der Progression bei. Einfache Handlungen stehen am Anfang eines Plans, im weiteren Verlauf fordert der Plan anspruchsvollere Handlungen ein. Die jeweiligen Anforderungsebenen bzw. die Stufen einer strukturellen Progression markieren die Phasen Reproduktion, Anwendung und Transfer. Dabei ist Reproduktion nicht gleich Reproduktion. Lehrkräfte, die ihre Lernenden etwas nachahmen lassen, führen eine andere Form der Reproduktion durch als Lehrpersonen, die einen vermittelten Lernstoff oder vorhandenes Vorwissen aufrufen.

Eine reproduktive Aktivierung wird meist zur Wiederholung eingesetzt. Sie findet sich normalerweise in Planungsphasen, die neuen sprachlichen Lernstoff oder vermittelte Inhalte festigen sollen. Sprachliches Ziel ist es, eine weitgehend automatisierte Verwendung von Redemitteln anzubahnen. Die sprachlichen Inhalte kommen nicht ausschließlich, aber vornehmlich aus den Bereichen der systemischen Kompetenz. Das Einüben grundlegender methodischer Strategien (z. B. *circle, look up, make a mindmap*) sind konzeptuelle Operatoren für weitere Übungsinhalte. Eine konkrete Arbeit am Wortschatz, die Vorstellung einer grammatischen Struktur, das fokussierte Aussprachephänomen, das Hervorheben wichtiger Textstellen sind jedoch nicht nur Aktivitäten des Anfangsunterrichts. Auf höheren Niveaustufen aufgabenorientierter Modelle kommt es im *language focus* zu einer expliziten Spracharbeit (Willis 1996). Diese Phase ist reserviert für die Einführung, Analyse oder Konsolidierung von Redemitteln. Vor allem jene sprachlichen Probleme werden nun adressiert, die während der Aufgabenbearbeitung aufkamen.

9.2.1 Beispiel

M1: ...Listen to three dialogues and collect key words and phrases ...
Work in pairs or small groups. Use the role cards to write a dialogue. Use appropriate phrases from M 1 [pattern pool WG].
[Role card] Customer: You've just arrived in Dover. You want to buy two train tickets to Bedford. Greet the person at the counter and make your request ...
(Hempel/Voigt/Wagner 205:17f)

9.2.1 kennzeichnet ein populäres reproduktives Format für interaktive Tätigkeiten. Die linguistischen Hilfen sind in dem inhaltlich vorentlasteten Versprachlichungs-

auftrag integriert. Eine gewisse Individualisierung ist gegeben, weil Lernende sich aus einem Pattern Pool bedienen können. Die Handlungsvorgabe ist eine zusätzliche Quelle für Versprachlichungshilfen. In Entwürfen, deren Schwerpunkt auf den Einsatz systemischer Kompetenzen liegt, sind sprachliche Festigungsphasen Bestandteil der umgebenden thematischen Einheit. Ähnlich verhält es sich in Aktivphasen nach einer Textrezeption.
Mit reproduktiv-kommunikativen Aktivitäten möchten Autor:innen Sicherheit im Umgang mit einem sprachlichen Fokus erreichen und Interaktionen ermöglichen.

9.2.2 Beispiel

Think about the metropolis you live in or your favourite metropolis and take some notes. What is typical of a metropolis? What characterizes your metropolis (e.g., sights, your favourite places to go)? What do you like about your metropolis? What do you dislike about it? …
My (favourite) metropolis: …

(Draeger 2018:17)

9.2.3 Beispiel

"Here the meanest labourer has beef and mutton, with bread, bacon, tea, coffee, sugar and even pies, the whole year round – every day here is as good as Christmas day in Ireland." … Explain the following statement from the letter in your own words: "… every day here is as good as Christmas day in Ireland."

(Steinl 2020: 16/2)

Innerhalb einer auf Reproduktion gerichteten Phase können Lernende in 9.2.2 die Patterns im Arbeitsblatt übernehmen und individuell ergänzen. Innerhalb des reproduktiven Designs ist die Aktivität offen für verschiedene Lösungen. Die Lernenden festigen Redemittel, die ihnen bekannt sind. Sie können jedoch sprachliche Akzentuierungen vornehmen. 9.2.3 lässt die Schülerinnen und Schüler eine Quelle dadurch verarbeiten, dass sie Redemittel im Text reproduzieren und in eigene Versprachlichungsideen integrieren.

9.2.4 Beispiel

Listen again. Tick if the following statements are true or false. Correct the false statements.
At the launch center, you can see a huge flag of the state of Florida. True/False/usw.

(Schönbauer 2021:16/2)

Die reproduktive Aktivierung in 9.2.4 verwendet ein Ja/Nein- Format, das Fehlleistungen unwahrscheinlich macht. Eine falsche Lösung wird in der geschlossenen Aktivität dadurch zu verhindern versucht, dass die Aktivität eindeutig zu lösen, d. h. konvergent ist. Alternative Bearbeitungen sind nicht vorgesehen. Der Lösungsweg ist offensichtlich für alle, die das Übungsprinzip durchdrungen haben.

9.3 Produktive Anforderung

Die hier betrachteten Beispiele für eine reproduktive Aktivierung basieren auf eingeführten Fähigkeiten und begrenzten Redemitteln. Inhaltlich geht es primär um die Wiedergabe ausgewählter Sachgegebenheiten. Operationalisiert werden die Aufgabenformate von Aktivverben, die eine Wiedergabe vorliegender Inhalte initiieren. Eine produktive Aktivierung durch Anwendung geht darüber hinaus. Bereits am Anfang steht die Anforderung, die Durchführung einer Anwendung bewusst zu planen. Auch die Eignung von Redemitteln für eine Lösung müssen Lernende abwägen. Die Arbeitsaufträge müssen verstanden und Antworten verschriftlicht werden. Ohne kognitive Aktivierung ist all dies nicht zu leisten. Den Lernenden wird nun abverlangt, strategisch vorzugehen, ihr vorhandenes Wissen speziell für den Auftrag auszuwählen und ggf. zu ergänzen bzw. zu erweitern.

9.3.1 Beispiel

Write your e-mail. Say why you want to take part in Space Camp.
If you want, you can also use pictures and search the internet for more information. Give your e-mail an interesting subject line, e. g. "Our mission to space". Here is some help on how to write an e-mail: ...
Useful words and phrases to start and close your e-mail: ...
– Dear Sir or Madam/Dear Mr .../Dear Mrs ...)
– I am looking forward to (verb + ing) ...
– Kind regards/Yours sincerely.
(Schönbauer 2021:16/2)

9.3.1 folgt im Plan auf 9.2.4 (*tick true or false, correct false statements*) und macht die Unterschiede zwischen einer Reproduktion und einer Anwendung deutlich. Die erarbeiteten Inhalte aus 9.2.4 editieren Lernende in 9.3.1 für den produktiven Auftrag. Ihre Auswahl setzen sie in einem eigenständig formulierten Text ein. Methodische Kompetenzen werden aufgerufen (*write e-mail, search internet, write subject line*), die den Anwendungscharakter von 9.3.1 untermauern. Sprachliche Hilfen beschränken sich auf formale Stilmittel. Die Aufgabenkonstruktion unterstützt eine kognitive Aktivierung, die definitionsgemäß „zum vertieften Nachdenken und zu einer elaborierten Auseinandersetzung mit dem Unterrichtsgegenstand" anregt (Lipowsky 2015: 89f). Die Verarbeitung von Inhalten übersteigt das reproduktive Training, zumal die Lernenden gehalten sind, eigenverantwortlich einen Lösungsplan zu entwerfen.

9.3.2 Beispiel

New York City attracts millions of tourists each year.
What do you know about it? Die SuS erzählen, was sie über New York wissen.
Die SuS bearbeiten in Zweiergruppen das Aufgabenblatt M2 und tauschen die Informationen aus.

9.3.2 Beispiel

… Anschließend bearbeiten die SuS M3 als sprachliche Vorbereitung der Präsentationen in M4.
Aufgaben (tasks): Die SuS überlegen sich, welche Sehenswürdigkeiten in New York sie präsentieren möchten und bereiten die Präsentationen vor (…plan a one-minute presentation about a sight in New York City. Follow these steps: – Choose a sight… make notes … search … make a list … use phrases in M3. …) Die SuS präsentieren ihre Sehenswürdigkeit (… give your presentations).
(Shatwell 2020:18f)..

Auch 9.3.2 fasst die Entwicklung von der Reproduktion zur Anwendung im Planungsentwurf transparent zusammen. Die Vorbereitung beginnt mit der Wiedergabe von Vorwissen und von Informationen aus einer Quelle. Zudem üben Lernende sich an einigen Redemitteln, bevor sie das Erarbeitete zusammenstellen und präsentieren. Eine Vielzahl an handlungsanleitenden Verben wird eingesetzt, um den Lösungsprozess zur Anwendung bzw. zum Transfer zu operationalisieren (*choose, make notes* etc.) Transferaufgaben sind mit routinisiert verfügbaren Lösungsplänen nicht ohne Weiteres lösbar. Lernende beteiligen sich an Diskursen, in denen Argumente und Bedeutungen ausgehandelt werden. Sprachlich sind Beiträge zu erwarten, die über die Satzebene hinausweisen. Thematisch sind sie in einem neuen Kontext angesiedelt und offen für verschiedene Lösungswege und Ergebnisse. Völlig unbekannt ist das Problem in einer Transferaufgabe nicht, zumal dann, wenn ein durchgehender Kontext den Unterrichtsplan zusammenhält. Dennoch sind Lernende aufgefordert, sich mit einem bisher nicht behandelten thematischen Aspekt aus einer neuen Perspektive selbständig zu befassen. Hierzu werden gegebenenfalls weiter gefasste Szenarien oder Genres zur Problematik eingeführt. Sie bringen es mit sich, das verfügbare sprachliche, inhaltliche und strategische Wissensbestände von vertrauten Kontexten gelöst, sie abstrahiert und auf den neuen Sachverhalt übertragen werden müssen (Woolfolk 2014: 388). Die erfolgreiche Lösung von Transferaufgaben scheint davon abhängig, wie gut Lernenden diese Übertragung gelingt. Entsprechend hoch ist bei Erfolg der Lernzuwachs anzusetzen (Gold/Hasselbach 2017: 138).

9.3.3 Beispiel

For a travel guide for students who are tourists visiting London, write a short informative text about the meaning of Banksy's graffiti. (Schustereder 2018a:36)

9.3.4 Beispiel

In your group, fill in the project schedule.
Then make a poster listing your tasks and hang it up in the classroom … When the filming and post-production are over, evaluate the project. Write one page about the process, the working atmosphere in your group, the day of filming and the outcome, and any problems that occurred. (Kist 2015: 38)

9.3.5 Beispiel

Comment on one of the following quotations. Do you agree with it? Why/why not?
An eye for an eye leaves the whole world blind. (Mahatma Ghandi)
Ye have heard that it hath been said, An eye for an eye, and a tooth for a tooth (…). (King James Bible, Matthew 5:38). (Venkatraman 2011:14)

9.3.6 Beispiel

How are wars remembered and commemorated in German culture? Why? Discuss. (Voigt 2019:43)

9.3.3-9.3.6 geben Hinweise auf Konstruktionselemente von Transferaufgaben. 9.3.3 benennt Textsorte und inhaltliche Ausrichtung für ein Szenario, das im bisherigen Entwurfsverlauf nicht auftrat (*write informative text*). In 9.3.4 ist eine interpretative Sprachhandlung zu leisten, die sich dadurch ebenfalls von vorausgehenden unterscheidet (*fill in schedule, list tasks, write one page*). 9.3.5 und 9.3.6 erwarten eine Bewertung bzw. Auslegung, demnach sind es Operatoren des anspruchsvollen Anforderungsbereichs III in der KMK-Liste (*comment on; discuss*).

sensorisch	mimisch-gestisch	imaginativ

9.4 Holistische Anforderung

Ein ganzheitliches Aufgabenformat, das alle Sinne anspricht, suchen Autor:innen mit holistischen Aktivitäten zu konstruieren. Damit lassen sich Reproduktions-, Anwendungs- oder Transferleistungen gleichermaßen ausstatten. Insofern stellen sie keine eigenständige Kategorie dar. Holistischen Aktivitäten sollen Emotionen aufrufen. Ausgeführt werden sie haptisch, mimisch, gestisch, d. h. allgemein bewegungsbetont. Man geht davon aus, dass sie Fantasie, Vorstellungskraft und Einfühlungsvermögen der Lernenden ansprechen, sie zum Perspektivenwechsel anregen und darin unterstützen, sich in Szenarien hineinzudenken oder sie selbst zu erfinden. Für Befürworter entfaltet sich die holistische Dimension in einer entspannten Lernatmosphäre. Stresssituationen oder Zwänge sollten vermieden werden, damit sich eine positiv gestimmte Grundhaltung einstellen kann. Didaktisch empfiehlt sich das „Lernen mit allen Sinnen“, weil es eine multilaterale Unterstützung von Sprechlern- und Denkprozessen leiste (Böttger 2020:84f), demnach den „Behaltenseffekt“ verstärken könne (Hass 2012: 309). In Vorschlägen zur „Inszenierung“ (Küppers/Schmidt/Walter 2011) des Englischunterrichts werden Arrangements diskutiert, die gestalterische, kreative Lernprozesse initiieren. Sie sind im weiteren Sinne an Formen künstlerisch-kreativer Darstellungen gebunden. Noch auf fortgeschrittenen Lernstufen werden musische,

dramaturgische, bewegungsintensive und nicht zuletzt spielerische Tätigkeiten für sprachaktive Zielsetzungen der Fremdsprachenvermittlung genutzt. Zum einen dürften sie einen positiven Einfluss auf Motivation und Emotionen haben, zum anderen werden positive Effekte auf die Entwicklung sprachlicher Leistungen festgestellt (Sambanis 2013, Schiffler 2012). Soweit holistische Aktivitäten Schüler:innen dazu anhalten, die Lernsprache „so umfassend und intensiv wie möglich“ zu gebrauchen, entsprechen sie einer zentralen Anforderung den Fremdsprachenunterricht (Klippel 2016: 318). Vier Akzentuierungen lassen sich unterscheiden:
Eine sensorische Auseinandersetzung basiert auf Begegnungen mit Sprache über die Sinne. Planvoll in Entwürfen initiiert wird das Wahrnehmungslernen vorrangig durch den Einsatz von Körpersprache, Realien, Visualisierungen und Vertonungen über Medien, Zeichen und Symbolen.

9.4.1 Beispiel

1. Listen to the sounds of the jungle. Write down the words that come to your mind. You can use the words on Copy 2 for help.
2. Look at the painting [The Tiger by Franz Marc WG] and continue to write down words that come to your mind. (Matz 2013:15).

9.4.1 verortet die sensorische Erfahrung im reproduktiven Bereich für eine lexikalische Assoziationsaktivität. Zum Einsatz kommen Ton und Bild, die freie Assoziationen auslösen sollen.
Eine bewegungsbasierte Auseinandersetzung besteht vor allem darin, den Körper als Vermittlungsmedium für Inhalte und Mitteilungen einzusetzen. Das Lernen unterstützt diese Form der Annäherung an Lernstoff, da sie zur „multimodalen Enkodierung‘ beiträgt. Eine mehrkanalige Repräsentation im Gehirn sorge für eine bessere Erinnerungsleistung (Sambanis 2013: 103).

9.4.2 Beispiel

Move around the room. Imagine:
- You are walking on different surfaces, e.g., hot sand, wobbly stones, swampy ground, ice, etc.
- Strings are attached to various body parts. You are led by that part, e.g., your right thumb, your nose, your tongue, your left cheek, etc.
- You are happy or sad, angry, in love, nervous, tired, etc.

Observe how your thoughts influence the way you move.
(Volaric 2017:21)

9.4.2 setzt einige Techniken der Dramapädagogik ein, die sich auf eine mimisch-gestische Auseinandersetzung mit sprachlichem Input und Output stützt (vgl. Schewe 1993, Gehring 2017). Die enge Bindung von Körperausdruck und Kommunikation zeigt sich darin, dass im Rahmen der Umsetzung pantomimischer Fi-

guren in 9.4.2 sprachliche Handlungen ausgeführt werden. Die mimische-gestische Auseinandersetzung integriert pantomimische Ausdrucksmöglichkeiten und Gruppeninteraktionen. Die Arbeitsaufträge initiieren Mimenspiel, Bewegung und regen nicht zuletzt die Imagination der Schülerinnen und Schüler an.
Die imaginative Auseinandersetzung geht von Aufträgen aus, bei denen sich Lernende kreativ oder experimentell mit einer Thematik befassen oder sich in eine Thematik hineinversetzen. Von dieser Perspektive aus werden sie in 9.4.3 sprachlich aktiv.

9.4.3 Beispiel

We are going to take a trip to a place you enjoy going to.
It is not a real trip but an imaginary one. One that takes place in your mind.
Now let's start …Now take notes on what you have seen/felt/smelt/heard and said during your trip.
What did you like best about your imaginary trip? Present your ideas in class.
(Grigoriadou 2011: 10ff)

9.4.3 führt eine *fantasy journey* durch, an die sich Sprachaufträge anschließen. Eine Spielart der imaginativen Auseinandersetzung ist ihre kreative Variante. Sie setzt auf eine schöpferische Beschäftigung, im Falle von 9.4.4 mit visuellen Impulsen.

9.4.4 Beispiel

Go through picture magazines looking for things that might belong to your "Personal Values".
2. Cut out several pictures and then try different combinations. Carefully cut the original background away from some of the images you need.
3. Change size relationships as shown in Magritte's painting [Les Valeurs Personnelles WG]. Put things together you don't usually see together.
4. Use a glue stick to secure your images to a new background paper. Write a description of your surrealistic bedroom.
5. Present your artwork in a class exhibition. Be prepared to describe your piece of art.

(Dreyer 2011: 23)

Bei sensorischen, mimisch-gestischen oder imaginativen Aktivitäten kommt es zur kommunikativen Sprachverwendung durch Schreibaufträge, Präsentationen oder Evaluationen als Ergebnis einer retrospektiven Betrachtung des eigenen Tuns. Auch Rezeptionsleistungen sind daran gebunden.

9.4.5 Planungsleitlinien

Holistische Aktivitäten

- Multiple Talente werden aktiviert
- Aufgabenstellungen sind multisensorisch angelegt
- Fokus liegt auf nicht-kognitiven Tätigkeiten
- Sprachliche und nicht-sprachliche Tätigkeiten treten gemeinsam auf
- Schöpferische Phasen haben gewichtigen Anteil an Aktivierung
- Freie Sprachverwendung ist vorgesehen

9.5 Prüfliste

Das Anforderungsprofil eines Aktivierungssegments ist bestimmt durch die Form der kognitiven Aktivität. Sie wird durch Reproduktion, Anwendung oder eine Transferleistung realisiert. In einem Unterrichtsplan treten oftmals alle Phasen in Erscheinung, dabei modellieren sie in aller Regel eine ansteigende kognitive und kommunikative Progression. Innerhalb der einzelnen Phasen oder Schrittfolgen eines Unterrichtsentwurfs definieren Operatoren die Ausformungen der kognitiven und kommunikativen Tätigkeiten. Tatsächlich kann eine Aufgabenstellung nicht darauf reduziert werden, allein die kommunikative Tätigkeit zu benennen. Sie muss auch den Kontext für die Aktivierung liefern und gegebenenfalls skizzieren, welche Handlungen der Realisierung eines Operators vorausgehen müssen. Eine erläuternde Hinführung in Lernkontexten zum eigentlichen Tätigkeitsprofil scheint notwendig, um Vorwissen zu aktivieren und eine Anbindung an die Lebenswelt der Lernenden zu leisten. All diese Maßnahmen können den Lernprozess unterstützen, der in einer Lernaufgabe angestrebt wird. Explizit eingeschlossen sind holistische Tätigkeiten.

9.5.1 Elizitation

Aspekt Anforderung	**Konkretisierung**
1. Operatoren bilden verschiedene Anforderungsprofile im Plan ab.	Now take notes on what you have seen/felt/smelt/heard and said during your trip. What did you like best about your imaginary trip? Present your ideas in class.
2. Planstruktur folgt einer Progression.	Die SuS erzählen, was sie über New York wissen Die SuS bearbeiten … M2 und tauschen die Informationen aus. … SuS [bearbeiten] M3 als sprachliche Vorbereitung der Präsentationen in M4. SuS … bereiten die Präsentationen vor. SuS präsentieren ihre Sehenswürdigkeit.
3. Holistische Elemente unterstützen Sprachhandlungen.	Practise your scene and act it out in front of the class.

10 Design

10.1 Grundlagen

Das Design eines Unterrichtsentwurfs kommt in der methodischen Ausgestaltung der einzelnen Stufen im Plan und der Aufgabenstellung zum Ausdruck. Es umfasst die Entscheidungen der Autor:innen über den Unterrichtsverlauf im Hinblick auf die erwarteten Ergebnisse. Durch das Design wird festgelegt, in welcher Weise Lernergebnisse angebahnt und versprachlicht werden, welche Quellen zur Verfügung gestellt und in welchen Arbeitskonstellationen sie genutzt werden können. Auch die Möglichkeiten der Lernenden, Ergebnisse zu individualisieren sind vom Design vorgegeben. Planungsstrukturen des Unterrichtsverlauf im Fach Englisch nehmen meist eine phasengeleitete oder eine aufgabengeleitete Gestalt an.

Phasengeleitete Aufgabenstruktur	Aufgabengeleitete Phasenstruktur	Aufgabenunterstützte Planungsstruktur

Bei einer phasengeleiteten Abfolge sehen die Autor:innen vor, das Unterrichtsgeschehen in aufeinander aufbauenden Abfolgen zu entfalten. Jeder Abfolge ist eine klar definierte Funktion zugewiesen. Unterrichtsstrukturen nach dem PPP-Model sind fertigkeitsbetont. Sie öffnen mit einer Präsentationsphase das Unterrichtsgeschehen, stellen eine neue Struktur vor, neuen Wortschatz, einen Musterdialog etc. Diese Phase dient demnach der Sprachaufnahme. Alternativ wird ein Hör- oder Lesetext vorgestellt, der Lernende auf das Training der zugehörigen Fähigkeiten einstimmt. Üben und Trainieren sind die Tätigkeiten der Lernenden während der zweiten Phase, der Sprachverarbeitung. Das Training kann durch Teilphasen ausdifferenziert werden, z. B. um bewusstmachende Tätigkeiten zu integrieren, Exkurse etc. Die dritte und letzte Phase der Sprachanwendung schließlich sieht vor, dass Schülerinnen und Schüler das neu erworbene Wissen und Können einsetzen. Dafür gibt es kleine Szenarien oder Aufträge, die das fokussierte Training durch Sprachhandlungen erweitern. Diese kombinieren das neue Wissen mit bereits bekanntem. 10.1.1 ist ein Beispiel für eine phasengeleitete Planungsstruktur. Wegen des Grammatikschwerpunktes enthält 10.1.1 eine Bewusstmachungsphase.

10.1.1 Structure	Stoffliche Entwicklung
(Presentation) 1 Initiation	L entwickelt Kontext zur Einbettung des grammatischen Schwerpunkts, d. h. der Problemstellung, spontane Äußerungen der SuS.
2a Reproductive Phase	L präsentiert Mustersätze zu Fokus, SuS reproduzieren Mustersätze.
2b Cognition Phase	L-SuS erarbeiten Regel.
3a Productive Phase	SuS bearbeiten ähnliche, variierte Übungen zu Pattern.
3b Transfer	SuS entwickeln Dialoge, Texte auf Basis des Patterns.

Modernere Unterrichtsdesigns sind Spielarten der phasengeleiteten, gestuften Planungsstruktur. Sie unterteilen den Unterrichtsverlauf hinsichtlich Komplexität in aufsteigende Abfolgen. Im Gegensatz zu phasengeleiteten Modellen steht nun eine Lernaufgabe im Vordergrund. In den ersten beiden Phasen des TBLT-Designs (*task-based learning and teaching*) wird sie wie in 10.1.2 unten vorgestellt, der Lösungsprozess eingeleitet und strukturiert. Die letzte Phase ist für die Evaluation des Erreichten reserviert, d. h. der Lernergebnisse. Typischerweise tauschen sich Lernende in dieser Planungsstruktur über Produkte aus, die Arbeitsgruppen vor der Klasse präsentieren. Den Abschluss einer Planungseinheit kann eine sprachliche Phase bilden (*language focus*). Im Zentrum stehen nun kommunikative Probleme, zu denen es in den vorausgehenden Phasen kam.

10.1.2 Structure	Stoffliche Entwicklung
Pre-task	L entwickelt Kontext zur Einbettung eines fokussierten, fähigkeitsbezogenen Schwerpunktes, spontane Äußerungen der SuS.
While-task	SuS bearbeiten fokussierte Aufgabe, ggf. Bewusstmachung.
Post-task	SuS bearbeiten Anwendungsaufgabe, präsentieren und evaluieren Ergebnisse, Gruppenprodukte.
Language focus	Schwerpunkt liegt auf Redemittel, Regellernen, sprachliches Üben.

In der Variante des *task supported learning and teaching* steht, wie in 10.1.3 skizziert, die fokussierte Entwicklung kommunikativer Kompetenzen wieder stärker im Vordergrund. Jedoch wird auf eine durchgängige Kontextualisierung geachtet. Ähnlich wie 10.1.1 kann die Hauptphase zunächst das Üben, Sichern und Bewusstmachen ausgewählter Redemittel zum Ziel haben. In der Abschlussphase bearbeiten die Lernenden dann eine Aufgabe, die mit Hilfe neu erworbenen Sprachmaterials in Kombination mit vorhandenem Können (*pre-knowledge*) gelöst werden kann.

10.1.3 Structure	Stoffliche Entwicklung
Pre-task	SuS werden auf Aufgabe eingestimmt, äußern sich zur Thematik spontan. Alternativ werden neue Redemittel oder ein kommunikativer Anlass präsentiert.
While-task	SuS bearbeiten Aufgabe, üben, erproben den kommunikativen Anlass.
Post-task	SuS präsentieren und evaluieren Lösungen, Ergebnisse, Gruppenprodukte.
	SuS transferieren das Neue in einer weiteren Aufgabe.

Ein Unterrichtsplan kann einzelne Phasen des intendierten Verlaufs variabel aufteilen. Die Bezeichnungen sind Strukturierungshilfen für die Planenden. Sie sollen dabei unterstützen, alle wichtigen Bereiche eines Lernarrangements zu bedenken. Erfahrene Entwurfsautor:innen planen entlang einer Dreiphasenstruktur, die sich in eine Einstiegsphase, eine Hauptphase und eine Schlussphase unterteilt (10.1.4).

10.1.4 Planungsleitlinien		
Planungsstruktur	Einstieg Hauptphase Schlussphase	• Initiation, Aktivierung von Vorwissen, • Schüleraktivierung, Wiederholung, Vorbereitung einer Problemstellung • Erarbeitung, Bearbeitung von Aufgaben und/oder Übungen • Präsentation und Evaluation der Ergebnisse, Anwendung, Transfer, Thematisierung von Problemen der Versprachlichung und/oder Aufgabenbearbeitung, Vorbereitung der Hausaufgaben

Begleitung	Entwicklung	Anspruch

10.2 Lernprodukt

Seit Einführung kompetenzorientierter Lehrpläne ist der Unterricht theoretisch am Outcome ausgerichtet, und damit am Lernergebnis, seinem Lernprodukt. Lehrpläne kommunizieren die Orientierung an Lernergebnissen in Form von *Can-do*-Deskriptoren. Ähnlich gehen Autor:innen in ihren Entwürfen vor. Sie listen auf und benennen Lernergebnisse, zu denen ihr Entwurf führen soll. Hierzu haben sie Leistungserwartungen formuliert und in einer Aufgabenstellung konkretisiert. Der Weg zum Produkt der Aufgabenstallung kann unterschiedlich gestaltet werden, die Komplexität hängt ab vom didaktischen Design. Eingriffsmöglichkeiten für die

Autor:innen bieten die Diskursformen, die Lernende umsetzen sollen. Hinzu kommen die vorausgesetzten oder reaktivierten Wissensbestände für die Bearbeitung und Produkterrichtung. Ebenfalls vom Design bestimmt ist das Maß an Eigenständigkeit bei der Entwicklung und Darstellung eines Lernprodukts. Infolgedessen ist es zweckmäßig, das Lernprodukt bzw. den Outcome im Lichte sichtbarer und potenzieller didaktischer und methodischer Komponenten zu diskutieren. Denn nicht allein die konkret erfahrbaren Erläuterungen oder Planungsimpulse im Entwurf beeinflussen Lösungsprozess und Lernergebnis, sondern auch der Verzicht hierauf in einem Unterrichtsplan.
In prozessorientierten Plänen bereiten didaktische Maßnahmen die Lernenden auf das Errichten des Produkts in vorausgehenden Aktivitäten oder begleitenden Angeboten vor. In produktorientierten Konzepten wie 10.2.1 ist keine detaillierte didaktische Steuerung vorgesehen.

10.2.1 Leistungserwartungen	Lernprodukte
Die Gruppen finden sich zusammen und die Recherchethemen werden verteilt. Die Schülerinnen und Schüler recherchieren ihre Themen und bereiten das Material für die Präsentation und Ausstellung auf.	1. Choose one of the following topics for your presentation … Discuss any questions you have or any changes you would like to make with your teacher. 2. Choose one of the following presentation forms: – a poster or PowerPoint presentation that you explain and comment on during the exhibition – an article, podcast, or short video documentary that you read out, play or show during the exhibition – an oral presentation/talk. – a role play or freeze frame. (Steinbach 2018a:31)

In 10.2.1 wird das Lernprodukt von drei Ebenen aus definiert. Die erste Ebene bildet die thematische Konkretisierung. Schüler:innen können hier aus einer Reihe an Themen auswählen. Die zweite Ebene ist die vermittlungsbezogene Konkretisierung. Verschiedene Optionen gibt es bezüglich des Genres. Als dritte Konkretisierung wird der Handlungsrahmen (*exhibition)* für die Darbietung des projektbasierten Lernprodukts festgelegt. Erläuterungen zum Lösungsprozess fehlen in 10.2.1 ebenso wie Unterstützungsangebote.

10.2.2 Leistungserwartungen	Lernprodukt
Einstieg: This cartoon visualizes the idiom “Money doesn’t grow on trees.” … describe what you can see … Describe how the cartoonist illustrates this idiom … Hauptphase: Get together in groups of three to four pupils and figure out the meaning of your idiom first … Schlussphase: Now work out a short sketch about your money idiom in your group. Example: …	Work out a sketch which illustrates the idiom in an everyday situation. (Draeger 2019:16)

10.2.2 erwartet als erstes Lernprodukt zunächst die Beschreibung eines Cartoons, das eine idiomatische Wendung illustriert. Erst danach recherchieren die Lernenden selbst Bedeutungen einiger vorgegebener Idioms, um diese nachfolgend im zweiten, primären Lernprodukt Sketch zu illustrieren. Die dialogische Umsetzung der idiomatischen Bedeutungen wird nicht didaktisch angebahnt, sondern durch ein Beispiel illustriert (*example*). Auch eine inhaltliche Unterstützung ist nicht vorgesehen. Der Arbeitsplan beschränkt sich auf organisatorische Hinweise. Die Eingangsaktivität (*describe what you can see … describe how the cartoonist illustrates this idiom*) wird nicht weiterentwickelt. Für das Errichten des Lernprodukts Sketch ist sie ohne Belang.

10.2.3 Leistungserwartungen	Lernprodukte
Einleitung: You are going to read some extracts from a novel set in 1861. It is about a girl who lives with her family next to a lighthouse. It is written in the form of a diary. You are going to learn about the life she leads, her family and her duties as the daughter of the lighthouse keeper … Hauptphase: While-reading: Amelia, the lighthouse keeper's daughter, describes her life. Read the extract from the book, then answer the following questions in as much detail as you can … Schlussphase: Choose one of the three tasks below and work in groups… -Retell the story in a series of freeze frames. The story does not have any direct speech. Make the scenes come to life: write down dialogues and act them out or improvise them.	Options: Make freeze frames Transfer narrative into dialogues Act out scenes Improvise scenes (Hesse 2014:15)

Im Gegensatz zu 10.2.2 leistet 10.2.3 in der Einleitung eine Kontextualisierung und aktiviert Vorwissen, hier zur historischen Einbettung, für die impulsgesteuerte inhaltliche Rekonstruktion. Über die erwarteten Lernprodukte (*freeze frame, act out scenes, tranfer text*) werden die Schülerinnen und Schüler noch nicht informiert. Die fragegeleitete Analyse führt zu den Sachinformationen für die Schlussphase (*answer the following questions*). Trotz dieser didaktischen Maßnahmen lassen sich die Optionen (*options*) als Transferleistungen aufzufassen. Es gibt keine Informationen oder Anforderungsprofile zu den Genres der Lernprodukte.

10.2.4 Leistungserwartungen	Lernprodukte
Einstieg: T „You're going to plan and present an exciting walking tour … Hauptphase: Go through the list of sights and choose at least three sights for your walking tour. 2. Visit the websites of the sights. Collect information on: -what you can do (and see) there … [M 3 Collecting information from websites]. 3. Find the sights on a map of Oxford (e.g. on "Google Maps"). Decide on a route for your tour. 4. Prepare a poster and a short oral presentation (one minute) of your walking tour. For example: … (M 4 How to design and present a poster) … Schlussphase: SuS stellen ihre walking tour vor.	Prepare a poster and a short oral presentation (one minute) of your walking tour. (Smasal 2016:11)

10.2.4 stellt die Leistungserwartung, das Produkt *walking tour* zu entwerfen, schon in der Einleitung des Entwurfs vor. Alle nachfolgenden Aktivitäten sind darauf ausgerichtet, die Lernenden anzuleiten, das angestrebte Lernprodukt in Teilschritten zu entwickeln: *collect information, decide on the route, prepare a poster*, etc. Unterstützungsmaterialien zur Anfertigung des erwarteten Genres liegen für die Schüler:innen bereit. Auch Beispiele für die Textgestaltung gehören dazu. Die in der Hauptphase erarbeiteten Ergebnisse können für die erwarteten Produkte Poster und Präsentation genutzt werden.
10.2.1-10.2.4 lassen erkennen, dass Erwartungen an ein Lernprodukt von der Gestaltung der kognitiven Herausforderungen beeinflusst wird, denen sich Schüler:innen bei der Entwicklung des Outcome zu stellen haben. Herausforderungen können motivierend sein, da es gilt, Barrieren zu überwinden (Künter/Trautwein 2013: 87). Wie bereits dargestellt, sind Barrieren typisch für anspruchsvolle Aufgaben. Ihre Lösungen liegen nicht auf der Hand, das thematisierte Problem ist Lernenden nur bedingt bekannt (Dörnyei/Csizer 1998, Dörnyei 2002). Tatsächlich wird der Anspruch nicht zuletzt dadurch offenkundig, dass Lernende erst einmal nachdenken müssen, wie sie den Erwartungen entsprechen können. Dies kann bereits durch Entscheidungen über die Wahl von Informationen oder über Lösungswege geschehen. Eine tiefergehende Auseinandersetzung mit Inhalten und der Versprachlichung von Lösungen bahnen tendenziell Aufgaben mit geringen didaktischen Anteilen an. Ein größerer Lernzuwachs scheint durch komplexe Aufgaben eher gegeben als durch Aufgaben mit einem durchschnittlichen oder unterdurchschnittlichen Anforderungsprofil (vgl. Baumert 2002: 138ff).

10.2.5 Beispiel

1. Prepare for your role:
   a) Prepare arguments for your position.
   b) Anticipate counterarguments and be ready to oppose them.
   c) Try to find answers to any other statements that might be brought up. [Beispiel einer *role card* WG:] Coming from a rural background, and working long hours to make ends meet, you have never thought about the right kind of food to eat … You don't care where the meat comes from as long as it is affordable.

(Hempel/Voigt 2015:41)

10.2.6 Beispiel

Individually or in small groups, do research either on one of the poets or one of the painters. Alternatively, choose one historical or geographical aspect to study further. Decide on a suitable way to present your results.
(Sommerschuh 2018:43)

10.2.7 Beispiel

[Bezug: Emily Dickenson, I'm Nobody Who are you? WG]
Why are there two Nobodies? Who might they be? Characterize their outward appearances and their behaviours and attitudes (to other people, to things). Say where they live. Make things up if you like, as long as they are consistent with the poem.
2. Explain what could be so dangerous about the two of them that they would be banished.
(Hesse 2015:31)

10.2.5-10.2.7 sind Beispiele für anspruchsvolle Designs von Lernprodukten. 10.2.5 fordert einen argumentativen, wissensbasierten Zugang durch Ausführung verschiedener Sprachfunktionen ein (*prepare arguments, anticipate counterarguments, find answers*). Auf die Diskursgestaltung wirkt sich auch die erwartete Perspektivübernahme aus (*role card*), die selbsttätig auszugestalten ist. 10.2.6 konstruiert anhand eines Bündels an Aufträgen zur Selbsttätigkeit eine autonome Lernsituation. Die Herausforderungen bestehen darin, den Aufgabenkontext selbst auszuwählen und im Sinne eines entdeckenden Lernprozesses anhand selbst formulierter Kriterien oder Fragen zu konkretisieren. Neben der Festlegung ihres Lernprodukts *(suitable way to present results*) sollen Schülerinnen und Schüler darüber hinaus noch über Kooperationsformen entscheiden (*individually or in small groups*) und Informationen zur Thematik recherchieren (*to study further*). Zudem sind sie aufgerufen, sich auf eine Darbietungsform zu verständigen. In 10.2.7 sind Auslegungskompetenz und bildungssprachliche Erwartungen die Herausforderungen. Lernende sollen Antworten finden, die der Text weder explizit vorhält noch im Aufgabendesign vorentlastet.

10.2.8 Planungsleitlinien

Lernprodukte

- Vorbereitung des Produkts in den einzelnen Planungsphasen
- Veranschaulichung der Erwartungen
- Konkretisierung der Lösung
- Verfügbarkeit von Lösungshilfen
- Konturierung durch Vermittlungs- und Diskursebene
- Anforderungsprofil der Operatoren

Produktgestaltung	Materialsorte	Zugänge

10.3 Genres

Ein Genre ist ein Texttyp, eine Diskursart oder eine Materialsorte (Surkamp 2017:26; 224). In Entwürfen werden vielfältige Genretypen eingesetzt. In 10.3.1 unten sind einige davon zusammengefasst.

10.3.1 Genres

Textsorte	Diskursart	Materialsorte
Erzähltext, Gedicht, Werbeanzeige, Poster, Präsentation, Sachtext, diskontinuierlicher Text, Tagebucheintrag, Flyer, Bild, Song, Fragebogen, webquest, storyboard usw.	hot chair, fishbowl, debate, discussion, interview, Sketch freeze frame, Pantomime, Ausstellung, Aufführung, Spielszene, Blog, E-Mail, Dialog, Vortrag usw.	Podcast, YouTube-clip, Graphik, Tabelle, Audiofile, Visualisierung, Bild, Gemälde, Buchausschnitt, Buchcover Software-Programm, Zeichnung, Bogen, Hypertext-Link usw.

Man kann ein Genre auch als Konzept bezeichnen, als Vorlage oder Sammelbegriff für Gestaltungsprinzipien einer künstlerischen oder funktionalen Ausdrucksform. In Aufgaben für den Anfangsunterricht findet man Aufträge an Lernende, nonverbale Produkte herzustellen, darunter Zeichnungen, Musikuntermalungen oder ein Standbild. Vornehmlich aber wird der Genrebegriff verwendet, um in Lernaufgaben Textsorten und Erzählweisen, Formen der medialen Vermittlung und Materialien näher zu kennzeichnen. Kompetenzorientierte Arbeitsaufträge verlangen von den Lernenden häufig, Ergebnisse in einem bestimmten Genre zu präsentieren. Genrewissen ist für Schülerinnen und Schüler deshalb wichtig. Es verhilft ihnen dazu, Formate, Konventionen von Textprodukten gezielt zu nutzen und auf diesbezügliche Erwartungen in den Diskursen sachgerecht zu reagieren.

10.3.2 Beispiel

Before you create your own ad, discuss these aspects and questions with your group:
- Decide on the form of your advertisement (a poster, a flyer, a short film, a pop-up advertisement, etc.). …-
- How do you plan to get your target audience's attention (pictures, symbols, colours, language style, typography, etc.)?

(Hesse 2014:32)

10.3.3 Beispiel

Create a flyer about Louisiana. Find a catchy title.
Note down keywords about your topic.
Why should teenagers go to Louisiana? Write down three reasons.
Note down your top five activities. Use an illustration …
Create your own slogan for Louisiana.
(Bastkowski 2016:10)

10.3.4 Beispiel

With a partner, choose three of the following five tasks.
1. What could a music video for this song look like? Describe some scenes.
2. Write a letter to your future self. List all the things you would like to achieve in life.
3. Create a comic about the song.
4. List what you like and what you dislike about the song. Give reasons.
5. Create a new stanza for the song, starting with: "Soon I'll be … years old."

(Bastkowski/Koic 2018:37)

10.3.2-10.3.4 deuten verschiedene Erwartungshaltungen zum Genre an. 10.3.2 ist unspezifisch, es bleibt den Lernenden überlassen, das Genre nach ihren individuellen Vorstellungen zu konfigurieren. Die Hinweise zu Format und Inhalt in der Aufgabenstellung bieten eine strukturelle Orientierung für alle, die Genrebezeichnungen *(pop-up advertisement)* und Fachbegriffen (*style, typography*) Bedeutungen zuordnen können. 10.3.3 weist auf erwartete Bestandteile und Inhalte des Genres hin (*title, three reasons, top five activities, illustration, slogan*). Schon in der Einleitung wird das erwartete Produkt benannt. Typische Gestaltungsmerkmale werden dagegen nicht aufgeführt. Dies gilt auch für das Genre Comic in 10.3.4. Die Überführung des Ausgangstextes in einen sequenziellen Text wird ohne Gestaltungshilfen eingefordert (Teilaufgabe3).

10.3.5 Planungsleitlinien

Genres
- weisen Wissende auf Textelemente hin
- geben inhaltliche und strukturelle Vorgaben vor
- definieren Erwartungen an das Produkt
- geben auch visuelle Konstruktionshilfen vor
- gibt es auch in Form von Begleittexten

10.4 Materialien

Generell scheint die Bedeutung von Materialien für Planungsverläufe in Unterrichtsentwürfen groß zu sein. Als Materialsorten, darunter Quellentexte und Arbeitsblätter, sind Genres Teil fast eines jeden Unterrichtsplans. Nur wenige Entwürfe verzichten vollständig darauf.

10.4.1 Beispiel

Read the extract from the book, then answer the following questions (Hesse 2014:13)

10.4.2 Beispiel

For your virtual sightseeing tour, plan the different sights and scenes that you are going to film.
Sight/Location: ______________ Presenter: ________________ Text: ________________

(Nagler 2020: 35/3)

10.4.3 Beispiel

To make your book trailer, use the online software programme Adobe Spark. You will find it at >.
(Wirag 2020:16/2)

Entwurfsprägend sind Materialien, auf die sich, wie in 10.4.1, Arbeitsaufträge beziehen oder von denen ausgehend Arbeitsphasen initiiert werden. Vorherrschend sind Printtexte, Visualisierungen, Video- oder Audiosequenzen und entsprechende Aufgabenstellungen. Graphische Elemente zur Strukturierung der Arbeitsprozesse sind integrale Bestandteile nicht zuletzt wegen der zunehmenden Bedeutung von diskontinuierlichen Textsorten. In einigen Plänen gibt es Materialien für die digitale Herstellung von Genres. Im Falle von 10.4.3 bedeutet dies, dass Kompetenzen im Umgang mit einer speziellen Software vorhanden sein müssen.
Eine grundlegende Aufgabe von Materialien ist es, für Lernaufgaben Dekodierungsangebote vorzuhalten, zum Teil sind diese didaktisiert.

10.4.4 Beispiel

Visit the websites of the sights. Collect information on:
--what you can do (and see) there
--the address
--the price/entrance fee- the opening times.
Harry Potter in Oxford: www.worldofwanderlust.com/harry-potter-locations-to-visit-in-oxford.
Christ Church College: www.chch.ox.ac.uk (click on “visitors and conferences”) usw.
(Smasal 2016:12)

10.4.5 Beispiel

Read the text about Radcliffe Camera.
With your partner, check online for more pictures of the camera and its architecture and interior and for further information about its size, age, etc. that you can use in a presentation. (Schustereder 2019:35/1)

10.4.4 didaktisiert die Materialrecherche dadurch, dass die Schüler:innen über die Informationen in Kenntnis gesetzt werden, die man von ihnen erwartet. Auf diese Weise können sie Lesestrategien und Leseziele in Einklang bringen. 10.4.5 ist ein Arrangement, bei dem Schüler:innen Materialien selbst auswählen, einschätzen und auswerten. Der Erfolg bei dieser Form der Aufgabenstellung ist abhängig von den Recherchekompetenzen der Lernenden.

Hintergrundwissen	Aufgabenkonstruktion	Sprachliche Unterstützung

Ob Schüler:innen mit dem Hintergrundwissen aus Materialien ihre Kenntnisse erweitern oder sie es für das Kompetenztraining nutzen sollen, ist von der Stellung abhängig, die das Wissen in den diversen Arbeitsprozessen einnimmt. Es kann, wie in 10.4.6 der Fall, auch einmal genügen, Hintergrundwissen durch einen Lehrervortrag zu vermitteln, beispielsweise damit mehr Zeit für die Aufgabenbearbeitung bleibt.

10.4.6 Beispiel		
Einführung einer Definition des Begriffes *idiom* in einem kurzen Impulsvortrag: An idiom is a group of words. The meaning of the group of words is different from the meanings of the individual words. For example, "To spill the beans" is an idiom meaning to tell a secret by mistake. (Schustereder 2016:35	Aufgaben UG	Material Tafel/ Whiteboard

In 10.4.6 erfolgt eine Bereitstellung von Wissen durch direkte Instruktion der Lehrkraft. Sie bietet die für die Bearbeitung der anstehenden Aufgaben wichtigen Informationen zum Idiom mündlich dar. Eine ausführliche, linguistische Auseinandersetzung ist nicht geplant. Die Definition wird an Tafel oder Whiteboard nicht festgehalten. Die traditionelle Begegnung mit Informationen dagegen vollzieht sich für Schülerinnen und Schüler in Form einer verschriftlichten Darbietung von Inhalten zur Thematik. Häufig sind es Texte der Informationsmedien bzw. vereinfachte Materialien, die ihre Genres adaptieren. Auszüge aus literarischen Quellen ergänzen die expositorischen Texte. Zu Informationsquellen im weiteren Sinne sind Strukturierungshilfen zu zählen sind *mind map* oder *concept map*, *table* und *grid.* Sie sollen Lernende bei der Überführung von isolierten Informationseinheiten in eine sinnstiftende Abfolge anleiten. Materialien werden auch eingesetzt, um Gruppenwissen zu aktivieren. In dieser Funktion initiieren Materialien soziale und kognitive Prozesse, zum Beispiel von schwächeren Lernenden. Sie profitieren, wenn sie mit stärkeren kollaborativ zusammenarbeiten (Eisenmann 2019:91). Lösungspläne können ausgehandelt, individuelle Barrieren überwunden werden.
Aufgaben zu Materialien für kooperative Gruppenarbeiten sind so konzipiert, dass jedes Mitglied zum Ergebnis beiträgt. Das Gruppenergebnis ist erst erreicht, wenn alle Mitglieder einen Beitrag geleistet haben. Mit Kunter/Trautwein (2013:124) lassen sich drei Formen der Material- bzw. Aufgabenkonstruktion und in deren Folge des Umgangs mit dem Gruppenwissen unterscheiden.

10.4.7 Beispiel
Group 1: Read the article *Life on the edge*: How will Brexit affect the Northern Irish border? … Group 2: Read the article *Young people's views on Brexit* … Group 3: Summarize the most important information … in your group, share the information you noted down. (Wenzel 2018: 31ff)

10.4.8 Beispiel
Get into groups of five. Assign the roles below [politician, doctor, citizen, activist, moderator WG] amongst your group and prepare a panel discussion …
(Nagler 2017:38)

10.4.9 Beispiel
1. Go through the text and answer the following questions…
2. Take notes and discuss your answers in your group. 3. Go back to your home group and tell them what you have learned.
(Grigoriadou 2012:12)

In additiven Aufgaben entwickeln alle Gruppenmitglieder gemeinsam einen Lösungsvorschlag. 10.4.7 (*case study*) initiiert diese Arbeitsteiligkeit, indem jede Gruppe ihren eigenen Fall auswertet. Konjunktive Aufgaben sind durch Teilaufträge miteinander verbunden. Wie in 10.4.8 realisiert, steuert jedes Gruppenmitglied, durch Übernahme einer Rolle (*politician, doctor* etc.), arbeitsteilig seinen Beitrag zur Gesamtlösung der konjunktiven Aufgabenstellung bei (*panel discussion*). In 10.4.9 (*jigsaw*) entsteht eine Kooperation, weil die Auswertung in den Teams nur bei aktiver Beteilung aller Mitglieder möglich ist.

10.4.10 Beispiel	
M1.	1. In a group of 2-4, analyze the advertisement and note down (using a table, a mind map, key words, etc.) which strategies and designs the advertisement uses to attract attention …
M1.2	2 Sort your findings to create a checklist: What characteristics are typical for an advertisement that addresses children? …
M3.2	Evaluate the other groups' advertisements on the basis of the checklist you made in Step 1.
(Hesse 2014:31)	

10.4.10 bezieht sich auf ein Werbeplakat, das sich an Kinder richtet. Der Materialauszug sieht vor, dass Lernende in ihrer Gruppe eine ‚Checkliste' erstellen. Das benötigte Wissen sollen die Schüler:innen durch gemeinsame Analyse des Plakats rekonstruieren. Materialien, die über Charakteristika eines „advertisement that addresses children" informieren, werden nicht angeboten. Einmal mehr scheint das vermutete Gruppenwissen für die Evaluation von Schülerprodukten (*poster*) ausreichend zu sein. Kriterien für die Evaluation sind ebenfalls nicht Teil der Materialien (M3.2).

Potenziell sind Materialien auch linguistische Ressourcen. Schüler:innen, die mit Strategien zur Versprachlichung vertraut sind, bietet sich Gelegenheit, unter Verwendung von Redemitteln einer Lernaufgabe individuelle Antworten kommunikativ auszugestalten. Eigens ausgewiesen sind explizite Hilfen zur Versprachlichung in Materialien für heterogene Lerngruppen. Diese Redemittel sind fakultative Angebote. Eine Verpflichtung, sie einzusetzen, besteht in aller Regel nicht. Wie bei *Scaffolding* -Elementen üblich, werden Redemittelhilfen im Unterrichtsplan nicht explizit thematisiert. Eine funktionale Betrachtung nach einer Schlussphase (*language focus*) sehen Phasenstrukturen zwar vor, sie tritt in den hier analysierten Entwürfen aber nicht in Erscheinung. Es ist davon auszugehen, dass Autor:innen unterstützendes Sprachmaterial als bekannt voraussetzen und es lediglich wieder in Erinnerung rufen wollen. Gleichwohl sind Lernprozesse für Schüler:innen wahrscheinlich, denen eigene Redemittel fehlen, um einen Ausdruckswillen adäquat umzusetzen. Explizite Hilfen zur Versprachlichung werden als Sammlung von Redemitteln den Lernaufgaben beigeordnet.

10.4.11 Beispiel

Listen to the song for the first time. Talk about the music…
Language help: It is performed by … (a choir, a band, an orchestra, a singer, …)/I can hear … (a guitar, a piano, drums, …)/It's … (pop music, rock, rap, …) The music is … (fast, slow, upbeat, cheerful, depressing, shrill, …).

(Bastkowski/Koic 2018:37)

10.4.12 Beispiel

Language help
______are sitting at the table. Suddenly, __________breaks/falls off the table/falls over.
But it's not ________ 's fault! I'm so sorry!

(Draeger 2017:16)

10.4.13 Beispiel

Language help
Today I'd like to tell you about …
I'm going to talk about …
I'd like to start off with …
I really like … and that's why …
Another thing I want to mention is … One thing I find really surprising/amazing is …
There are all kinds of … here.
I hope you enjoyed my talk.
Thank you for listening.
Have you got any questions?

(Shatwell 2020: 16/3)

In 10.4.11 können Schüler:innen auf diverse Satzmuster zurückgreifen, die sie mit bereitgestellten lexikalischen Einheiten in Mitteilungen umformen. 10.4.12 gibt ein Textgerüst vor, das mit Lexemen individuell auszufüllen ist. In 10.4.13 unterstützt die Vielfalt an angebotenen Redemitteln potenziell Individualität bei der Ausführung des Sprech- oder Schreibanlasses. Darüber hinaus sind die Kohäsionsmittel so angeordnet, dass sie die inhaltliche Strukturierung des Lernprodukts Präsentation erleichtern.

10.4.12 Planungsleitlinien	
Materialsorten	• liefern Sachinhalte für die Aufgabenbearbeitung • tragen zur Konkretisierung der Aufgabenstellung bei • fungieren als Quellenangaben für Rechercheaufträge • bieten kognitive Strukturierung der Lösungsplanung (*workplan*) • strukturieren kollaborativ die Aufgabenbearbeitung (*social forms*) • halten inhaltliche, sprachliche, methodische Hilfen vor (*support*)

10.5 Lösungsoptionen

Kognitiv aktivierende Aufgaben weisen sich unter anderem darin aus, dass Lernprodukte auf vielfältige Weise zustande kommen können. Dafür sorgen Lösungsoptionen, die sich in Bezug auf Umsetzung, Verfahren und Register unterscheiden.

Umsetzung	Verfahrenswege	Register

Für die Umsetzung eines Lernprodukts gibt es normalerweise Vorgaben in den Aufgabenstellungen. In formbasierten Sequenzen geht es vornehmlich um eine bestimmte sprachliche Lösung, die durch Reproduktion umgesetzt wird, z. B. *fill in, complete, match*. Dagegen sind in kompetenzorientierten Aufgaben Lernende gefordert, Lösungen sprachlich, inhaltlich und methodisch umzusetzen. Dies hat zur Folge, dass Schülerinnen und Schülern Freiheiten bei der Realisierung des Lernprodukts zugestanden werden. Sie wägen ab, probieren aus, prüfen, analysieren. Je nach Umsetzungsvariante sind sie mehr oder weniger kognitiv und gestalterisch aktiv.

10.5.1 Beispiel

Role B: You are a vegetarian but have decided to make a few exceptions during your time in Germany …
However, eating a big portion of meat is really difficult for you …
Try to politely tell your exchange partner that you only want to try a small piece of the meat.

(Hamid 2016: 33)

10.5.2 Beispiel

a1. Watch the video: https://www.youtube.com/watch?v=RHIFB8LhwtE. What do you find interesting? What would you like to find out more about? Take notes.

(Schustereder 2018b:31)

10.5.3 Beispiel

… 2. Choose one of the following presentation forms: – a poster or PowerPoint presentation that you explain and comment on during the exhibition – an article, podcast or short video documentary that you read out, play or show during the exhibition.
– an oral presentation/talk – a role play or freeze frame.
(Steinbach 2018a:31).

10.5.1 gibt keine bestimmten Redemittel oder Strukturelemente vor. Betont wird allerdings die Angemessenheit des Beitrags (*try to politely tell …*). Inhaltlich können die Lernenden verschiedene Akzentuierungen vornehmen, weil sie selbst Argumente zusammentragen. In 10.5.2 sind individuelle Präferenzen entscheidend für die inhaltliche Umsetzung eines Beitrags. Optionen in Bezug auf Komplexität des Lernprodukts bietet 10.5.3. Für die methodische Umsetzung können die Lernenden ein Genre mit einem individuell passenden Anforderungsprofil auswählen.
Zu den Elementen eines Verfahrenswegs in Unterrichtsplänen zählen Hinweise für die Lernenden hinsichtlich Planung und Durchführung eines Lösungsprozesses. Bedeutsame Verfahrenswege für das Lösungsverfahren werden in Sozialformen und Aktionsformaten wie z.B *group work, fishbowl, gallery walk* vorgegeben. In manchen Aufgabendarstellungen weisen Autor:innen vor allem auf einzelne Verfahrenstechniken hin, die für die Lösungsplanung relevant sein können, darunter Strategien wie *note taking, note making, highlighting.*

10.5.4 Beispiel

Read the story and try to guess any unknown vocabulary before you look words up. Divide the story into paragraphs. Write a subtitle for each paragraph.
Study the plot structure template (Copy 4) and fill in the subtitles you have created for each paragraph.
Write an introductory paragraph for an interpretation. Use Copy 3 for help.
Which features of a short story can you identify in "A Day's Wait"? Collect them in class. Again, use Copy 3 for help. (Tauche 2013:43/1)

In 10.5.4 strukturiert ein Arbeitsplan den Verfahrensweg der Lösungsplanung. Der Arbeitsverlauf wird durch eindimensionale Operatoren kleinschrittig dargestellt (*read and guess, divide into paragraphs, use copy for help* etc.) Der Verfahrensweg weist Merkmale für Schülerorientierung auf, zumal er auf Klarheit und Verständlichkeit ausgerichtet ist (Terhart 2019:209f). Dabei zeigt sich, dass Anweisungen und Fragen für die Vermittlung gangbarer Verfahrenswege miteinander kombiniert werden können.
Mit Einlassungen zum Register kommunizieren Autor:innen konkrete Erwartungen an Sprachstil und Sprachvarietät in den Lernprodukten. Nach Halliday ist ein Register eine *linguistic variation in use*. Insbesondere für Fachdiskurse benötigen Lernende aktive Bestände an Varietäten. Wird etwa ein bildungssprachliches Register erwartet, sind umgangssprachliche Ausdrucksformen nicht immer angezeigt. Ohne fachsprach-

liche Terminologie kann über komplexe Themen kaum hinreichend kommuniziert werden. Verschiedene Register sind im Englischunterricht auch in den Textsorten offenkundig. Lernende, die mit authentischen Zeitungsbeiträgen, Erzähltexten, Redeauszügen arbeiten erkennen, dass sich sprachliche Register in Texten unterscheiden, es verschiedene Sprachebenen gibt. Syntaktische oder stilistische Realisationen, die in einem Genre akzeptabel sind, stehen in anderen nicht zur Disposition.
Ein häufiger Auftrag in Plänen ist es, ein spezifisches Textgenre zu adaptieren. Selten sind daran Erwartungen an das Register der Versprachlichung selbst geknüpft. Demgegenüber enthalten Korrekturhinweise in Prüfungsaufgaben neben formalen und inhaltlichen Erwartungen stets einen sprachlichen Horizont. Lernende auf Abiturniveau sollen unter anderem, „funktional einen sachlich wie stilistisch angemessenen und differenzierten allgemeinen und thematischen Wortschatz" verwenden. Vorausgesetzt wird zudem, einen „variablen und dem jeweiligen Zieltextformat angemessenen Satzbau zu nutzen" (NRW 2017:2) Der CEFR arbeitet mit dem Begriff des „appropriate register". Angemessenheit scheint dann erreicht, wenn Sprachverwenderinnen ihren Output an die jeweilige kommunikative Umgebung anzupassen in der Lage sind, zumindest wenn sie sich auf C1-Niveau befinden (CEFR/CV 2018: 126). Zurückhaltend formulieren Skalen für B1 und B2 Erwartungen an das Register. Für diese Niveaustufen reicht ein „neutral register" aus, das auf einem informellen Niveau angesiedelt ist (a. a. O.: 138).

10.5.5 Beispiel

How to write your recipe:
Use the imperative form to give instructions and give each step a number. There are probably many words you need for your recipe that you don't use that often in your English class. The following list might help you … bell pepper – Paprika corn (AE)/maize (BE) – Mais …

(Steinbach 2021b 16/4)

10.5.6 Beispiel

Describe what you notice about the form of this text. (später:) Do you think a song is a kind of poem? Give reasons for your view. … M7 alliteration: succession of words with the same initial sounds, e. g. "sacred sea". Anaphora: repetition of a word or group of words at the beginning of successive sentences or lines … Analyse stylistic devices in the poem …

(Wehrmann 2020: 40 und 40/3 (M7))

10.5.5 hält eine zweisprachige Liste mit Fachwortschatz im Sinne eines *output scaffolding* (Böing 2011:4) vor. Im Fokus der Aufgabenstellung steht, das Genre schriftlich auszuführen, eine explizite Verankerung der Vokabelliste ist nicht geplant. 10.5.6 initiiert fragegeleitet fachsprachliche Äußerungen, ohne Mitteilung über einen Erwartungshorizont. In einer späteren Lernphase sollen die Schüler:innen stilistische

Mittel, die ihnen als *input scaffolding* vorliegen, in einem Text identifizieren. Zu weiteren Sicherungsmaßnahmen für den Fachwortschatzes kommt es nicht.

10.5.7 Beispiel

1. Set up the equipment as shown in the illustration.
2. Pack the funnel with approximately 100 ml of soil. … Measure 100 ml of water in a beaker and gradually pour it onto the soil sample, … Compare the different samples tested using the language help below … Vocabulary: to store: to keep for later/ability: Fähigkeit//to be determined by: durch etw. festgelegt sein//amount: quantity …

(Mehta 2016:32)

10.5.8 Beispiel

Deliver your presentation on your assigned influencer …
Use the grid to provide sufficient feedback. Think about the aspects fluency, complexity, accuracy and appropriacy … Always start with positive aspects and then indicate areas of improvement …
Part three (evaluation; *AFB III*): In conclusion, …/All in all …/All things considered …/ In essence … In my opinion …/I am convinced …/I (strongly) believe …/It seems to me that …/Based on my analysis …/There is no doubt that …/I question whether …

(Woltin 2020:40/3)

Zunächst primär rezeptiv begegnen die Schüler:innen in 10.5.7 fachsprachlichen Ausführungen, die Aktivierungsphase verlangt die Durchführung einer fachsprachlichen Testbeschreibung. Für den abschließenden produktiven Sprachanteil werden bildungssprachliche Hilfen als *output scaffolding* vorgehalten, sodass Lernende das Register der Ausgangstexte adaptieren können. Eine Konsolidierung des fachsprachlichen Inventars ist nicht vorgesehen. 10.5.8 soll Lernende dazu führen, ihre Sprachproduktionen bildungssprachlich auszuschärfen, indem sie fach- und bildungssprachliche Redemittel aus Registerlisten einsetzen. Die Evalationskriterien *fluency, complexity, accuracy* und *appropriacy* werden als bekannt vorausgesetzt, zumal sie unerläutert bleiben. Erkenntnisse aus der Forschung deuten darauf hin, dass Lernende bei der Verwendung fachsprachlicher Redemittel in mündlichen Diskursen immer wieder in ein umgangssprachliches Register zurückfallen (Miede 2019:131). Auf diese Kommunikationsstrategie wird in 10.5.8 dadurch reagiert, dass die Aufgabe schriftlich zu lösen ist: *use the grid…* (Woltin 2020). Ob es wegen der fehlenden Veranschaulichungen bzw. Differenzierungen der Redemittel zu Registermischformen kommt, bleibt offen.

10.5.9 Beispiel

Create a flyer to advertise for a visit to Liverpool … Write additional information about each sight.
Add information about the Beatles … Give your flyer a catchy title, e.g. "On the trail of the Fab Four!" Or "Liverpool – music everywhere!" (Grigoriadou 2019b:16/1)

10.5.10 Beispiel

Choose one of the following presentation forms:
– a poster or PowerPoint presentation that you explain and comment on during the exhibition – an article, podcast or short video documentary that you read out, play or show during the exhibition – an oral presentation/talk – a role play or freeze frame … (Steinbach 2016:31).

10.5.9 gibt zum Auftrag, einen Flyer zu verfassen, inhaltliche Hinweise. Das im Titelbeispiel anklingende Register der Werbesprache wird nicht weiter ausgeführt (*on the trail …*). Erfahrungen mit der Formulierung von Slogans werden vorausgesetzt. 10.5.9 lässt sich daher als ein Beispiel für Veranschaulichungen werten, die sich an stärkere Lernende wenden. 10.5.10 präsentiert Genres ohne typenspezifische Merkmale einzufordern. Bezüge zu genretypischem Register werden nicht vorgenommen, die Wahl der Varietät bleibt den Schüler:innen überlassen.

10.5.11 Planungsleitlinien

Lösungs-optionen

- sind offen formulierte Erwartungen
- listen verschiedener Genres für das Lernprodukt auf
- bieten fachsprachliche Unterstützungsangebote
- sind auf das Ziel orientierte Erwartungsdarstellungen
- sind offen für verschiedene Realisierungen
- zeigen sich offen für verschiedene Register
- stellen Informationen bereit

10.6 Prüfliste

Das von Schüler:innen erwartete Ergebnis eines geplanten Lernprozesses wird mit verschiedener didaktischer Intensität in Entwurf entwickelt. In welcher Weise sich der Anspruch einer Aufgabe darstellt, ist vom Maß vorbereitender Aktivitäten im Entwurf abhängig. Ein weiterer Einflussbereich ist das Vorwissen der Lernenden über Aufbau und Merkmale von Genres. Ohne Genrewissen kann es zu Barrieren bei der Aufgabenlösung kommen. Bestimmte Arbeitskonstellationen oder Zugriffsmöglichkeiten auf Quellen, Unterstützungsmaterialien können dazu beitragen, Barrieren bei der Versprachlichung oder der inhaltlichen Durchdringung zu überwinden. Die Praxis des *input-* bzw. *output scaffolding* konzentriert sich auf die Bereitstellung und Erläuterung von Redemitteln. Eine Sicherung oder Vertiefung insbesondere von Fachwortschatz findet in den betrachteten Beispielen nicht statt.

10.6.1 Elizitation	
Aspekt Design	**Konkretisierung**
1. Zwischenresultate bereiten das Endprodukt vor.	Read the story … divide the story into paragraphs …write a subtitle for each paragraph … study the plot structure template (Copy 4) fill in the subtitles …write an introductory paragraph for an interpretation.
2. Das Lernergebnis kann ohne das Erarbeitete erstellt werden.	In a group of 2-4, analyze the advertisement and note down (using a table, a mind map, key words, etc.) which strategies and designs the advertisement uses to attract attention
3. Die Erwartungen an das Lernergebnis sind bekannt.	Einstieg: T „You're going to plan and present an exciting walking tour.
4. Lerner:innen können Gruppenwissen nutzen.	Get together in groups of three to four pupils and figure out the meaning of your idiom first.
5. Lernende können Hintergrundinformationen nutzen.	Group 1: Read the article Life on the edge: How will Brexit affect the Northern Irish border? …
6. Es sind mehrere Lösungsvarianten möglich.	Choose one of the following presentation forms: an article, a podcast or short video documentary that you read out, play, or show during the exhibition.
7. Das sprachliche Register kann frei gewählt werden.	Create a flyer to advertise for a visit to Liverpool (…) Write additional information about each sight.

11 Diskurs

11.1 Grundlagen

Als Begriff ist Diskurs in mehreren Disziplinen der Geisteswissenschaften geläufig. In der Englischdidaktik tritt er häufig im Zusammenhang mit der Ausübung kommunikativer Fähigkeiten auf. Vereinfacht ausgedrückt entsteht ein Diskurs, sobald man etwas beiträgt oder ausdrückt und dies wahrgenommen wird. Normalerweise kommt es zu Reaktionen des sozialen Umfelds. Diskursive Fähigkeiten werden demnach von allen abverlangt, die an einem Sprachereignis beteiligt sind. Mehr über Diskurse von Fremdsprachenlernenden zu erfahren, liegt im Erkenntnisinteresse der Forschung (Walsh 2011).

Strukturen	Intentionen	Erwartungen

Im Unterricht nehmen Lernende an dialogischen, kollaborativen oder kooperativen Aktivitäten teil, bei denen es zum Einsatz der Zielsprache kommt. Dies kann dadurch geschehen, dass sie graphische Impulse umsetzen, z. B. von einer *flow chart* strukturierte Dialogvorgaben. Sie verfassen Antworten auf einen Text oder formulieren eine Reaktion auf ein Produkt, z. B. einer Ergebnispräsentation im Rahmen eines *gallery walk*. Bereits in den genannten Bereichen und noch weitaus vielfältiger in fortgeschrittenen Kontexten zeichnen sich Diskurse dadurch aus, dass Lernende in Prozesse des Handelns und Aushandelns eingebunden werden. Zunehmend nehmen diese authentische, kritische Formen der inhaltlichen Auseinandersetzung an.

11.1.1 Einfacher Diskurs

... Talk about the song in class: How do you like the song? Why?

11.1.2 Komplexer Diskurs

Write an essay of about 300 words on the following topic: ...

(Voigt/Wagner 2014: 36f)

Es ist keineswegs außergewöhnlich, dass, wie in 11.1.1und 11.1.2 erkennbar, in einem Entwurf verschiedene Diskursebenen auftreten. Während 11.1.1 eine mündliche Reaktion auf der Wort- und Satzebene auslöst, setzt 11.1.2 Wissen und Können über das Genre, die Thematik, zum bildungssprachlichen Register, zur Strukturierung, zur Kohärenz etc. voraus, um die Aufgabe zu bewältigen. Mit dieser didaktischen Strategie kann eine kommunikative Progression im Konzept einer Unterrichtsstunde modelliert werden.

Gestaltungselemente eines Diskurses wie z. B. Textanordnung, Sprachebene, Konventionen der Versprachlichung, Textlänge, Thematik, machen ihn zu einem komplexen Sprachereignis. Dies wiederum führt zu Vielschichtigkeit in Aufgabenformaten. Bei Sprachproduktionen aktivieren komplexe Aufgaben mehrere Kompetenzen. Lernende müssen überlegen, was sie wie in welcher linguistischen Form im vorgefundenen diskursiven Umfeld ausdrücken, sie müssen zuhören, Informationen sichten, zusammenfassen, auswerten oder anderweitig das weite Spektrum an Sprachfunktionen bedienen.

In der deutschen Fremdsprachendidaktik der 1970er und 1980er Jahre waren für Diskurse die Umsetzung von Intentionen in einen Redebeitrag maßgeblich. In der Lage zu sein, Sprachmittel im „gesellschaftlichen Miteinander" einzusetzen, wurde als kommunikative Handlungsfähigkeit bezeichnet. Diskursfähigkeit zeigten Lernende, die eigene Absichten wirkungsvoll zum Ausdruck bringen konnten (Piepho 1974: 132f)

Im CEFR/CV von 2018 wird Diskursfähigkeit durch mehrere Merkmale näher bestimmt, darunter Kohäsion, Kohärenz und Beachtung der Konventionen, die ein Genre beeinflusst: „Discourse competence concerns the ability to design texts, including generic aspects like thematic development and coherence and cohesion as well as, in an interaction, cooperative principles and turn-taking" (CEFR/CV 2018:139*)*. Zur Diskursfähigkeit gehört es auch, Gedanken und Informationen in eine logische Struktur überführen und Merkmale von Genres in ihren Produkten zu berücksichtigen. Für Schüler:innen bedeutet dies, Textsorten wie Präsentation, Tagebucheintrag, Beschreibung oder Erzählung als solche sichtbar zu machen.

Als Kommunikationsereignis ist ein Diskurs bereits mit einzelnen Wörtern zu realisieren. Man benötigt nicht immer längere Texte, um Alltägliches auszudrücken, z. B. welche Hobbies man pflegt. Entwürfe für die ersten Lernjahre sind auf die Konstruktion solcher Diskurse angewiesen, damit Lernende frühzeitig mitteilungsbezogen und adressatengerecht interagieren. Im Laufe der sprachlichen Entwicklung wird von Lernenden erwartet, ihre Diskursfähigkeit unter Beweis zu stellen, indem sie schriftliche und mündliche kommunikative Äußerungen formulieren, die über den Satz hinausgehen. Sie können demnach „längere Textabschnitte" verfassen (Klippel/Doff 2007: 65).

11.1.3 Beispiel

1. Watch the interviews and fill in the information for your task (category 1, 2 or 3).

Categories	Interview #1	Interview #2	Interview #3
Body language … usw.			

3. Share your results with the other group members after each interview.
(Bastkowksi 2016:32)

11.1.3 übernimmt an Grundformen didaktisierter Diskurse die Präsentation von Informationen, die vorbereitend einer Quelle entnommen und notiert wurden. Dabei setzt 11.1.3 einen erweiterten Diskursbegriff im Englischunterricht um. Er schließt vorbereitete und dokumentierte Varianten mit ein. Dafür sind viele sprachlichen Ebenen vorstellbar, insofern realisiert sich ein Diskurs in verschiedenen Formen der Sprachverwendung: formal, ausdrucksstark, pointiert, rudimentär etc.
Damit Mitteilungen so aufgefasst werden, wie es sich die Vermittelnden vorstellen, setzen diese in Diskursen Interaktions- und Kooperationsstrategien ein. Wichtige Techniken, die einen Diskurs prägen, sind Sprecherwechsel und sprachsensibles Verhalten. Ein solche Disposition zeigt sich vor allem darin, dass die Sprachverwendung dem Kommunikationsgeschehen angemessen ist. Im CEFR/CV heißt es hierzu: "Discourse competence concerns the ability to design texts, including generic aspects like thematic development and coherence and cohesion as well as, in an interaction, cooperative principles and turn-taking" (CEFR/CV 2018:139). Für diesen Zusammenhang bedeutsam sind die Kooperationsmaximen von Paul Grice. Ihnen zufolge profitieren Diskurse von Teilnehmenden, die in der Interaktion informative und wahrhaftige Beiträge beisteuern, beim Thema bleiben und bemüht sind, klar und präzise zu formulieren (Grandy/Warner 2020).

Mündliche Sprache	Anspruch	Interaktionsregeln

11.2 Diskursformate

Das Beschreiben und Erläutern sind wie allgemein das Vermitteln von Informationen wichtige Operatoren in Diskursen schon auf der Anfangsstufe. In Curricula werden sie durch *Can-do*-Deskriptoren erfasst. Sie stellen die sprachlichen Mittel und Funktionen zusammen, die in Diskursen umgesetzt werden, beispielsweise Inhalte vorstellen, Fragen in einem Gespräch stellen, Alltagssituationen sprachlich bewältigen oder darstellen. In Entwürfen sind es die potenziellen Ausführungen in einer Lernaufgabe, die darüber Auskunft geben, wie sich Erwartungen an die Diskursfähigkeit konkret darstellen (11.2.1).

11.2.1 Konkretisierung	Lernaufgabe
Can-co descriptor "describing experience"	
A1 Can describe simple aspects of his/her everyday life in a series of simple sentences, using simple words and basic phrases, provided he/she can prepare in advance. (CEFR 2018:70)	In class, exchange ideas: What do you drink in the morning? What does your family drink? Do you know how much your daily drink costs over one year. (Schubert 2016: 17)

Nicht immer reicht der Blick auf die Operatoren aus, um den Diskurs didaktisch einzuordnen. Ohnehin ist es wahrscheinlich, dass eine Lernaufgabe mehrere Operatoren enthält, mit potenziell verschiedenen Anforderungen. Ob ein Diskurs anspruchsvoll oder einfach ist, leicht umzusetzen oder eine Herausforderung darstellt, zeigt sich darüber hinaus an den inhaltlichen Bezügen der Operatoren, an Umfang und Formen der von ihnen angestoßenen Mitteilungen. Es hat Auswirkungen auf den Redebeitrag, ob Wörter, ein Halbsatz oder einer bzw. mehrere Sätze erwartet werden. Hierfür maßgeblich sind die Leistungserwartungen, die vom Format ausgehen, in dem das Kommunikationsereignis stattfindet. Im Falle mündlicher Sprachverwendung kann zwischen Monolog und Interaktion unterschieden werden, wie dies im Hinblick auf das Format im CEFR/CV geschieht. Schriftliche Verwendungszusammenhänge stehen in einem engen Kontext mit den Textsorten, die beim Schreiben entstehen. Digitale Interaktionsformen wie das *texting* ermöglichen Interaktionen mit zeitlichen Abfolgen, wie sie in mündlich durchgeführten Interaktionen bekannt sind.
Wichtig scheint die Frage, ob sich Lernende der spezifischen Merkmale mündlicher Diskursbeiträge immer bewusst sind.

11.2.2 Beispiel
Look at the picture and, with your partner, describe what you see. (Schustereder 2018a:36)

11.2.3 Beispiel
Discuss in class and/or with the visitors to the exhibition: What can I do to help stop inequality? (Steinbach 2018a:31)

In einer Lernumgebung, die primär von der Schriftsprache geprägt ist, scheint es sinnvoll, die Kompetenzerwartungen an mündliche Diskurse zu beschreiben oder an

Beispielen zu veranschaulichen. Hierauf verzichten sowohl 11.2.2 als auch 11.2.3. Gemeinhin bestehen mündliche Beiträge aus kaum mehr als einer Aussage pro Satz, der vornehmlich ein Hauptsatz ist. Bei der Verbindung der Sätze werden nur wenige Konnektoren (*moreover* etc.) eingesetzt, Füllwörter wie *well, like,* treten häufig auf. Hinzu kommen Satzabbrüche, auf die neue Formulierungsversuche folgen, manche Sätze bleiben unvollständig (Gehring 2021:143). Tatsächlich können Lernende 11.2.2 mit einzelnen Wörtern oder Halbsätzen beantworten, in 11.2.3 sind Antworten mit Strukturen der Aufgabenstellung auf Satzebene möglich. In beiden Beispielen haben Lernende allerdings Zugriff auf inhaltliche Ressourcen zur Vorbereitung ihres Beitrags. Abgesehen von den Vorgaben durch die Operatoren besteht bei der Wahl des linguistischen Repertoires für die Schüler:innen Entscheidungsfreiheit.
Im Zuge der funktionalen und der interkulturellen Perspektivierung kommunikativer Kompetenzen wurden zunächst vereinzelt soziolinguistische Erkenntnisse für die curriculare Entwicklung mündlicher Diskursfähigkeit genutzt. In den Kompetenzkonzepten der 1980er und 1990er Jahre schien es wichtig, dass etwas gesagt wird. Später ging es auch darum, wie etwas gesagt wird. Inzwischen sind Höflichkeitssignale, Angemessenheit und Akzeptanz des sprachlichen Verhaltens, im Grunde linguistische Forschungsschwerpunkte des vergangenen Jahrhunderts, curricular verankert. Basierend auf der soziolinguistischen Forschung der 1980er Jahre wurden erste Interaktionsprinzipien für den Englischunterricht formuliert (11.2.4) (Speight 1986):

11.2.4 Principles of Interaction	Samples
Agree if possible	Yes, yes, she's small, smallish, um, not really small, but certainly not very big.
Be indirect	John, I've got my hands full here at the moment. Could you open the window for me. It's a bit stuffy in here.
Use hedges	I wonder if you know whether John went out.
Show interest/ sympathy	How are you? – Fine. How are you? I missed the plane – Oh, bad luck.
Leave options open if possible	I' m not sure how I'm going to get to the station tomorrow morning. The bus gets there too late, so I was wondering … (Speight 1986)

Die Interaktionsprinzipien können für ein Sprachverhalten sensibilisieren, das für Akzeptanz in Diskursen sorgt. Der CEFR nennt im Kontext von Diskursen weitere funktionale Strategien für ein akzeptiertes Sprachverhalten, z. B. *using suitable phrases to get the floor, repeating back … to confirm mutual understanding* (CEFR/CV 2018: 62f) und allgemeiner: "Using polite forms and showing awareness of politeness conventions … performing language functions in an appropriate way" (CEFR/CV 2018:137).

11.2.5 Beispiel
In your group, prepare a presentation about bald eagles and explain to your class why it is important to protect this animal.
(Schustereder 2015:36)

11.2.6 Beispiel
Use the following tips, strategies, and language support to plan and deliver your presentation … Welcome the audience: Introduce the topic: In my presentation (…) Present facts: Let's begin/start with (…) Conclude your presented information: Let me recap (…) Thank your audience and ask for questions: Does anyone have any questions or comments?/I am happy to answer your questions now. (…)
(Oldendörp/Woltin 2020:35/3)

11.2.5 und 11.2.6 erwarten als Resultat des Lernprozesses eine Präsentation. Dieses Genre ist ab dem zweiten Lernjahr Bestandteil gültiger Curricula, sodass man bei 11.2.5 zumindest von impressionistischen Vorwissensbeständen und Vorerfahrungen bei Lernenden diesbezüglich ausgehen kann. Darüber hinaus lässt 11.2.5 die Lernenden entscheiden, welche Form der Umsetzung sie nutzen wollen. Die Aufgabe verbindet keine linguistischen, strukturellen oder inhaltlichen Erwartungen mit der Textsorte, funktionale Strategien werden nicht thematisiert. Sehr individuelle Herangehensweisen und Lösungsvorschläge sind für Lernende möglich, die über entsprechendes Handlungswissen verfügen. 11.2.6 führt auf, wie Lernende vorgehen sollen, um Standards zu erfüllen und sprachlich das Genre zu bedienen (M4). Die Aufgabe ist offen für die Rekonstruktion und gleichermaßen für die Erweiterung von Genrewissen und Versprachlichungswissen. Einige Strategien sind eingeschlossen. Einen expliziten Lernzuwachs werden Schüler:innen verzeichnen, die auf Veranschaulichungen zurückgreifen wollen, wenn sich kommunikative Lücken auftun.

Schriftsprache	Funktionen	Formen

In Aufgaben mit schriftlichen Leistungserwartungen lassen Operatoren ebenfalls Aussagen zum Diskurskonzept zu. Ein schriftlicher Diskurs ist auf verschiedene Art und Weise herausfordernd. Zum einen ist Schriftsprache komplex, Sätze sind

länger und syntaktisch komplexer (z. B. durch Subordination). Schreibende verwenden eine vielschichtigere Lexik als im mündlichen Fremdsprachengebrauch. Lesende erwarten präzise formulierte Informationen in einer nachvollziehbaren strukturellen Abfolge. Die didaktischen Schreibfunktionen liefern weitere Daten. Sie geben an, ob Mitteilungen verfasst werden, damit Lernende Redemittel oder Textformate trainieren, Inhalte kommunizieren, sie andere Formate überführen oder zusammenstellen, z. B.in einer *flow chart* oder *concept map*.
Schriftliche Diskurse sollen in Lernaufgaben oftmals in Genres dargestellt werden, z. B. *e-mail, blog diary, review*. An Genres sind Erwartungen geknüpft, z. B. die Unterteilung in Paragrafen, grammatische und semantische Vernetzung des Textganzen (Kohäsion), visuelle Unterstützung etc. Die Schreibtätigkeit wird auch für Handlungen zu anderen Kompetenzen als der schriftlichen Ausdrucksfähigkeit eingesetzt (11.2.7).

11.2.7 Schreiben	Beispiele
als Sammeltechnik	Get together in groups of three or four. Look at the pictures. Describe them and write down everything that comes to your mind. (Volaric 2017: 20)
als Übung/ Konsolidierung	Fill the gaps with the right forms of the verbs from the box below. (Reinke/Hartmann 2017:13)
zur Dokumentation	Write down the five things you and your partner want to take with you. (Reinke/Hartmann 2017:11)
als Vorbereitung auf Hauptaktivität	Write down interview questions to prepare for the interview … (Heinze 2019:35/2)
als Diskursbeitrag	Now write an email to Luca offering him some advice on the situation. (Schneider 2014: 18)

Nicht jede Schreibtätigkeit ist ein mitteilungsbezogener Diskurs, wie die Beispiele 11.2.7 zeigen. In manchen Entwürfen dient das Schreiben als Werkzeug zur Aktivierung oder Sicherung von Redemitteln, Kommunikationsstrategien, Inhalten etc. und nicht als Mitteilungstechnik. Die Aktivierungsformen weisen zudem auf die Offenheit von Operatoren hin. Ohne Kenntnis des erwarteten Outcome ist eine Aussage zur Komplexität der Aufforderung schwer möglich. Auf der anderen Seite könnten sich weniger starke Lernende von offenen Operatoren leichter angesprochen fühlen als von solchen, die einen herausfordernden Erwartungshorizont modellieren.

11.3 Formen der Sprachverwendung

Untersucht man Formen der Sprachverwendung, gelangt man unwillkürlich zu Register und Sprachebene, die Diskurse bedienen. Manchmal genügt es, grundlegende kommunikative Kompetenzen zu aktivieren und ein sprachliches Niveau umzusetzen, das seit seiner Einführung durch Cummings mit dem Akronym *BICS* bezeichnet wird. *Basic Interpersonal Communicative Skills* sind in alltäglichen privaten und öffentlichen Domänen üblich und für transaktionale Interaktionen ausreichend (z. B. nach dem Weg fragen, etwas bestellen etc.). Kurz gefasst kommuniziert man Inhalte, die nicht zu komplex sind, in einfach gehaltenen, vorhersehbaren Strukturen. Die verwendete Lexik ist hochfrequent, und auch von generalisierenden Lexemen getragen (*thing, stuff, make*).

11.3.1 Beispiel

Select 1-3 pictures of the attractions you chose (either print them out or include them in your digital presentation).
For each attraction, write down at least three reasons why it is interesting to include in your tour … Offer convincing arguments for your tour and the stops/attractions on your tour: Say why you want to visit the place. "We'd like to visit this place because …"
(Heinz 2019: 10/1)

11.3.1 ist ein Beispiel für *BICS*-Kommunikation und in einem touristischen Kontext angesiedelt. Die Ausführlichkeit der erwarteten Diskurse lässt sich individuell gestalten. Satzbausteine für die eigene Produktion können Lernende dem Aufgabentext entnehmen. Explizite Erwartungen an das Register werden nicht gestellt. Die Aufforderungen zur Versprachlichung sind mit dem grundlegenden *BICS*-Inventar zu leisten. Sprachverwendungen dieser Art bieten Gelegenheit, den individuell verfügbaren Bestand an Rede- und Ausdrucksmitteln in neuen Kontexten anzuwenden.

Cognitive Academic Language Proficiency (CALP) wird in Kommunikationskontexten benötigt, die bildungssprachlich ausgerichtet sind. Typische Domänen für Lernende sind Schule und akademische Ausbildung, gesellschaftliche Diskurse, mediale Diskurse etc. Diesbezügliche Sprachfunktionen beschreiben Operatoren mit einer argumentativen, bewertenden oder erörternden Ausrichtung (*justify, explain*). *CALP*- Input ist gekennzeichnet von einem vielschichtigen Satzbau, der auch reich an idiomatischen Formulierungen sein kann. Mit thematisch spezifischem, niederfrequentem Vokabular ist zu rechnen: Es wird sowohl in mündlichen wie in schriftlichen Diskursen eingesetzt. Bildungssprachliche Kompetenzen benötigt man, um komplexe, dicht formulierte Inhalte zu einer Thematik zu verstehen, Inhalte zu verarbeiten und im betreffenden Themenfeld sprachlich angemessen, präzise und sachbezogen zu kommunizieren. Adressiert wird die bildungssprachliche Ebene in vielen Themen schulischer Curricula. Sie beziehen sich auf Wissensbereiche, über die sich Lernende elaboriert äußern sollen.

11.3.2 Beispiel

M1 … Discuss together what people can do to protect the coral reefs. (Possible answers: not pour chemicals down the drain, not create too much waste, recycle waste …)
M4 While watching, complete the following fun facts. …

4. Moray eels look dangerous but (they are shy and hide in the coral.)
5. Cuttlefish are able (to change the colour of their skin) …
6. The reef protects Australia from ___________________
7. Global warming affects the coral reefs. When there is warm weather, ___________

(Grigoriadou 2019a:13)

11.3.2 gestaltet mit Fachvokabular aus Informationsquellen Arbeitsaufträge, die das Erläutern und Diskutieren anstoßen (Erwartungen der Autorin in Klammern). Die Quellen selbst weisen einen hohen Steilheitsgrad auf. Die Operatoren heben auf reproduzierende und produzierende Sprachfunktionen mit Spezialwortschatz ab. Dieser ist in den Quellen verarbeitet und zum Teil annotiert.

11.3.3 Beispiel

Choose one of the objects and prepare a short talk:
… deluge gun … jaws of life … scott pack …

(Hochbruck 2014: 33)

Nicht immer klar zu trennen sind Bildungssprache und Fachsprache. Eine Unterscheidung scheint dort sinnvoll, wo Spezialwissen einen Diskurs bestimmt, der nach *cognitive professional language proficiency* verlangt. Solchermaßen fachbegrifflich ausgerichtet sind Diskurse in Wirtschaft, Industrie und Handwerk mit einem berufsspezifischen Jargon. Die Fachsprache der Feuerwehr in 11.3.3 ist für Laien schwer verständlich und mit allgemeinen Dekodierungsstrategien wie z. B. *inferencing* kaum zu erfassen. Die Beispiele 11.3.1-11.3.3 deuten darauf hin, dass die Erwartungen an die Formen der Sprachverwendung zumindest auf den folgenden Ebenen verortet werden können:

- *Lexiko-grammatische Ebene:* Grammatische und lexikalische Merkmale sind differenziert auszuführen, zumindest bei schriftlichen Beiträgen sollen sie sich von alltagssprachlichen Realisationen abheben. Die Sprachproduktionen der Lernenden sollen genaue Formulierungen enthalten, umgesetzt durch angemessen komplexe syntaktische Konstruktionen und themenkonforme lexikalische Mittel

- *Funktionale Ebene:* Sie betrifft alle Operatoren einer Aufgabe. Ihre verschiedenen kommunikativen Erwartungen (informieren, zusammenfassen etc.) sollen in den Beiträgen klar erkennbar sein und umfassend ausgeführt werden
- *Strukturelle Ebene:* Sie umfasst alle Aspekte, die geeignet sind, Mitteilungen in eine für Adressatinnen nachvollziehbare Abfolge zu überführen (Gliederung, Einführung, Zusammenfassung etc., wobei auch die Rezeptionsgewohnheiten und Konventionen zu berücksichtigen sind
- *Soziopragmatische Ebene:* Sie fordert nach Berücksichtigung sprachlicher Konventionen beispielsweise im Hinblick auf Register, Ausdrucksformen, Stil, Textsorte und Adressaten
- *Argumentative Ebene:* Sie umfasst die nachvollziehbare und verständliche Anordnung und Abfolge von Aussagen. Allgemein wird eine kohäsive und kohärente Organisation des Beitrags erwartet (vgl. KMK 2012, 30ff)

Die Forderung an Diskursteilnehmende, sprachliche Besonderheiten zu erkennen, Wirkungen zu antizipieren und eine Vorstellung von Erwartungen der Adressatengruppen zu entwickeln (Lucht 2014: 29), wurde in gültige Curricula eingepflegt. Damit geht lehrplankonform vor, wer Aufgaben stellt, die solch eine Vielfalt an Tätigkeiten auslösen. Zur kognitiven Aktivierung tragen diese Sprachhandlungen bei, da sie herausfordernd für Lernende sind.

11.3.4 Planungsleitlinien

Diskurse

- sind mitteilungsbezogen
- werden auf Wort-, Satz- und Textebene realisiert
- treten in mündlichen und schriftlichen Formaten auf
- weisen domänenspezifische Formen auf
- sind kognitiv-kommunikativ strukturiert
- fordern Kohäsion- und Kohärenzerwartungen ein
- fordern Aspekte der Angemessenheit ein

11.4 Prüfliste

Diskurse sind in aller Regel satzübergreifende Redebeiträge während und nach einer Aufgabenbearbeitung. Sie sind in sich verständlich, nachvollziehbar strukturiert und der Situation angemessen formuliert. Ziel von Diskursen ist das Mitteilen, nicht das formelle Üben. Für Mitteilungen kommen verschiedene Formate und Textsorten in Betracht, die alltagssprachlich bzw. bildungs- oder fachsprachlich verfasst sein können.

11.4.1 Elizitation	
Aspekt Diskurs	**Konkretisierung**
1. Strukturelle Aspekte des Formats sollen berücksichtigt werden (z. B. Adressaten, Interaktionsstrategien, Phasenabläufe etc.).	Use the following tips, strategies and language support to plan and deliver your presentation.
2. Verschiedene Diskursebenen werden aufgerufen.	… Talk about the song in class: How do you like the song? Why? … Write an essay of about 300 words on the following topic: …
3. Angemessenheit soll berücksichtigt werden.	Thank your audience and ask for questions.
4. Bildungssprachlicher Sprachgebrauch wird erwartet.	In my presentation … Let's begin/start with … Let me recap …
5. Satzübergreifende Textproduktion wird erwartet.	Write an essay of about 300 words on the following topic:

12 Vermittlungsstrategien

12.1 Grundlagen

Bisher wurde der Entwurf von der didaktischen Perspektive ausgehend betrachtet, welche Kompetenzen in welcher Zusammenstellung vermittelt werden, die im Ergebnis zu den Aktivitäten führen, die durch Leistungserwartungen konkretisiert werden. Für den Unterrichtsverlauf nicht minder bedeutsam sind Vermittlungsstrategien zur Anbahnung der intendierten Kompetenzen und ihrer Modellierung im Unterrichtskonzept. Vermittlungsstrategien sind das Ergebnis von Überlegungen, wie man die angestrebten Kompetenzen im Unterricht erreicht. Es geht um die Frage nach den Verfahren und Techniken, den Impulsen, Lehr-/Lernkonstellationen in einem Entwurf. Zu solchen Vermittlungsstrategien führt das Planungshandeln, das dem Unterrichtsentwurf eine methodische Lehr- und Lernstruktur verleiht. Insofern gehören geplante Interventionen ebenfalls zu zentralen Elementen der Unterrichtsplanung. Sie sollten sich daher im Entwurf wiederfinden.
Unter dem Begriff der Vermittlungsstrategien werden hier die planvollen Gestaltungselemente für die Lernvollzüge subsummiert, welche erwartungsbezogene Kategorien nicht erfassen. Die Felder Kompetenzen und Aufgaben konturieren mit ihren Subkategorien die Erwartungen an die Lernenden sowie die auszuführenden Handlungen. Bei der Betrachtung der Vermittlungsstrategien stehen didaktisch-methodische Entscheidungen von Autor:innen im analytischen Fokus, die Angaben zur Orchestrierung und Choreografie des Lernprozesses enthalten. Erste Informationen hierzu vermittelt die Entwurfstabelle, die jeden Unterrichtsverlauf zusammenfassend dokumentiert. Weitere Daten liefern Arbeitsblätter und Unterstützungsmaterialien. Damit ist angedeutet, dass Vermittlungsstrategien in allen grundlegenden Bestandteilen eines Unterrichtsentwurfs auftreten.

12.1.1 Unterrichtsverlauf		
Einstieg Präsentation Hörverstehenstext. Inhaltliche Erschließung anhand von M2 (gist and detail). Themenspezifisches Vokabular kann hier vorentlastet werden. Überleitung: Let's take a look at Anna's letter of application.	Aufgaben Hörverstehen	Material Track 1 Copy 1, M1

12.1.1 Unterrichtsverlauf		
Hauptphase Lehrkraftvortrag: Annas letter of application. Aufgabe zum Vokabular. Zuordnungsaufgabe (Match the explanations to the different boxes …)	Hör-Lesev- erstehen EA	OHP
Schlussphase Sicherung erfolgt lehrerzentriert im Unterrichtsgespräch oder als Laufüberprüfung. Hierzu werden beide Materialien in Farbe als Lösung im Klassenraum ausgelegt. (nach Eckenroth 2015:10)	EA/PA UG UG	

Die strategischen Entscheidungen in der Spalte Unterrichtsverlauf in 12.1.1 geben einen Dreierschritt der Phasierung vor. Die geplante Gestaltung des Lernprozesses beginnt mit einem einstimmenden Vorlauf, dem sich eine Erarbeitungsphase anschließt. Die Schlussphase ist keine Anwendung, sondern dient der Überprüfung des Erarbeiteten. Erste Hinweis gibt der tabellarische Verlauf zur Stellung der Lehrperson im Vermittlungsformat. In 12.1.1 wird ihr noch in der Schlussphase eine zentrale Position zugewiesen, Teamarbeit oder individuelles Arbeiten sind keine bestimmenden Elemente des Settings.
Andere Anmerkungen im Unterrichtsentwurf deuten darauf hin, dass das von der Autorin konstruierte Lehrverfahren auf weiteren Vermittlungsstrategien aufbaut. Als Sicherungsmaßnahme lässt sich die inhaltliche Erschließung des Hörtextes anhand eines Arbeitsblatts auffassen. Sie wird durchgeführt, um die Inhalte für Lernende verfügbar zu halten, sie zu verankern. Durch die Vorentlastung des Vokabulars stellt die nachfolgende Begegnung mit den Lexemen eine erste Wiederholung der Redemittel dar, eine Konsolidierung wird somit angebahnt. Explizit ordnet die Autorin dem Unterrichtsgespräch (UG) in der Schlussphase eine Sicherungsfunktion zu.

12.1.2 Beispiel
M2: A letter of application. 1. Read the text. Find and underline the English words from the word bank. Use the colour green. 2. Underline any words you don't know. Use the colour red. 3. Add the new words to the word bank. M3. Parts of a letter of application. 1. Match the explanations to the different boxes of Anna's letter of application. 2. Mark the box and/or the explanation with the same colour. (Eckenroth 2015:12f)

M2 in 12.1.2 präsentiert das Beispiel eines Bewerbungsschreibens. Es veranschaulicht, welche Bestandteile im Genre auftreten und welche Aspekte in solch einer Textsorte erwähnt werden. Auch die äußere Form des Genres wird durch das Textbeispiel erkennbar. Die Aufgabenstellung in M3 ist geeignet, Form und Struktur der Textsorte dadurch zu veranschaulichen, dass die Lernenden farbliche Markierungen vornehmen.
12.1.1 und 12.1.2 lassen erkennen, das planbare Strategien zu einem Unterrichtsentwurf gehören. Gerade wenn man einen Entwurf als eine Art Handlungsskript auffasst, in das Autor:innen notieren, was nicht vergessen werden sollte. Tatsächlich zeigen Studien, dass Vermittlungsstrategien den Lernprozess fördern können, z. B. in Form von Feedbackphasen, Interaktionen, Fragestellungen (Lotz/Lipowsky 2015: 102f). Diese Aspekte sind auch Analyseelemente in den hier verwendeten Feldern. Im Folgenden sollen an planbaren Strategien das Vermittlungsformat, die Formen der Veranschaulichung und die Ergebnissicherung näher betrachtet werden.

12.2 Setting

Ein Vermittlungsformat umfasst das Setting, das dem Unterrichtsentwurf unterliegt. Autor:innen entwickeln für das Setting Lernprozesse, halten sie aufrecht, treiben sie voran. Ein Setting fasst entsprechend Interaktionen und andere Lehr- und Lernaktivitäten zusammen. Vermittlungsformate bemessen sich anhand der Positionen und Handlungsaufträge, der Rollen, die der Entwurf Akteuren zuweist. Die Entscheidung für ein Setting wirkt sich auf das Zusammenspiel der Lehr- und Vermittlungsstile aus, auf Lern- und Beziehungsformen in den Planungselementen des Unterrichtsentwurfs.
Ein instruktiver Unterricht erwartet von Schülerinnen und Schülern, dem Lernangebot in der vorgesehenen, geplanten Form zu folgen. Dem entsprechen sie, wenn sie Erläuterungen zur Kenntnis nehmen, Fragen beantworten, auf Impulse reagieren. Frontale Instruktion ist darauf angewiesen, dass Lernende sich an den von der Lehrkraft initiierten Interaktionen beteiligen, ihre Anweisungen beachten und die vorgesehenen Aktivitäten ausführen. Insofern gehen instruktive Formate sehr zielaffin vor. Durch Lenkung und Vorgaben sorgen sie für Orientierung bei Lernenden, deren Selbsttätigkeitskompetenzen noch nicht ausgeprägt sind.
In Teamarbeiten entwickeln Lernende affektive und emotive Fähigkeiten oder schärfen sie aus. Sie sind sich bei der Erarbeitung eines Stoffes gegenseitig behilflich und unterstützen sich in den Szenarien gemeinsamen Lernens. Für andere engagieren sie sich und übernehmen Verantwortung für ihre Aufgabenanteile (Slavin 1989). Positive Effekte sind auf Motivation und Interesselage der Lernenden zu erwarten. Die Arbeitsphasen vollziehen sich ohne regulative Lehrerbeteiligung, sie weisen mehr

Beteiligungsangebote auf, als sie der Unterricht im Klassenverband bietet. Gruppenarbeitsphasen haben dabei den Vorteil, dass Lernende sich ihren Präferenzen gemäß in den Arbeits- und Lösungsprozess einbringen können, was Erfolgserlebnisse wahrscheinlicher macht. Aus lernpsychologischer Perspektive artikuliert sich in Kollaborations- und Kooperationsphasen das Bemühen der Autor:innen, den Klassenverband in kleinere, homogenere Lerngruppen aufzuteilen. Dies geschieht für einen begrenzten Zeitraum, worauf Phasen mit stärkerer Lehrerbeteiligung oder vermehrter Interaktion im Klassenverband folgen. Kooperative Grundformen wie die Projektarbeit benötigen auch einmal den gesamten verfügbaren Lernzeitraum. Beiden Grundformen gemein ist, dass Lernteams nach ihren Lernerfahrungen, ihren Neigungen, Talenten oder Interessenslagen zusammengestellt werden. So sollen sie ihren Fähigkeiten gemäße Lernerfolge erzielen. Soziale Aspekte und Zielsetzungen spielen bei der Zusammenstellung von Lernteams mit verschiedenen kognitiven und emotiven Dispositionen ebenfalls eine Rolle.

Die Notwendigkeit für eine Individualisierung von Lernprozessen hängt damit zusammen, dass manche Lernende in Lernumgebungen besonders erfolgreich sind, in denen das kognitive, explizite Lernen einen hohen Stellenwert hat (DeKeyser/Juffs 2005: 446). Andere profitieren von induktiv-kommunikativen Lernumgebungen, die Lösungshilfen bereithält (Gass/Selinker 2008: 466f). Ebenfalls nicht bei allen Lernenden im vergleichbaren Maße vorhanden sind Motivation, Fleiß, Disziplin und Lernwille. Aus Untersuchungen zum Lernverhalten von Sprachlernenden ist zudem bekannt, dass erfolgreiche Sprachbenutzer kognitive, metakognitive und sozial-affektive Strategien bewusst einsetzen. Weniger gute Lernende hingegen ignorieren sie weitgehend (Rubin 1997). Für einige Teilnehmende an einer Lerngruppe müssen sich Autor:innen folglich spezielle Maßnahmen überlegen. Hierzu gehören auch Schülerinnen und Schüler, die noch über kein ausgereiftes Repertoire an Lernstrategien verfügen. Sie benötigen mehr Unterstützung als Mitschüler:innen, die schon in der Lage sind, eigenständig Lösungspläne bei Aufgaben zu entwerfen (Gehring 2021: 69f). Individualisiertes Arbeiten hilft, auf diese Bedarfe zu reagieren.

Die Veranschaulichung in einem Entwurf ist eine Vermittlungsstrategie zur Förderung des Verständnisses. Inhalte und Aufgaben werden so dargeboten, dass Lernende sie „mit Hilfe ihrer Sinnesorgane und entsprechend ihrer Auffassungsfähigkeit umfassend und zutreffend erkennen können" (Schroeder 2010: 167). Durch Veranschaulichung wird einer zu starken Abstraktion entgegengewirkt. Das entdeckende Verstehen wird gefördert und nachhaltiges Lernen angebahnt. John Sweller hat in seiner *Cognitive Load Theory* dargelegt, dass die Aufnahmekapazität des Arbeitsgedächtnisses begrenzt ist. Während des Wissenserwerbs wird Vorwissen aus dem Langzeitgedächtnis in das Arbeitsgedächtnis überführt und dort mit neuem Wissen verknüpft. Dabei kommt es zu einer Beanspruchung der kognitiven Ressourcen. Veranschaulichende Strategien wie Visualisierung, Strukturierung, Kohärenz, vereinfachte Abbildungen, wirken einer kognitiven Überlastung entgegen. Diese Ele-

mente des Instruktionsdesigns der Materialien und des Lehrinputs reduzieren die kognitive Beanspruchung (Klauer/Leutner 2012 62ff).
Fächerübergreifend herrscht Einigkeit darüber, dass die Sprache in den Materialen angepasst werden muss, damit Lernende Inhalte erfassen können. Passung wird durch Veranschaulichung mitgestaltet. Ein veranschaulichender Input operiert lexikalisch, idiomatisch und syntaktisch auf einer Niveaustufe, die Lernende rezeptiv noch erfassen können. Stephen Krashen hat in den 1980er Jahren dafür die Formel i+1 geprägt und in Beispielen zu seiner Input Hypothese Strategien vorgestellt, wie Lehrkräfte Input veranschaulichen können, damit er verständlich (*comprehensible*) wird (Krashen 1982). Veranschaulichung wirken sich daher direkt auf die geplante Methodik des Unterrichtsplans aus. Dies schließt spontane Veranschaulichungen während des Unterrichtsverlaufs zwar nicht aus. Über die grundsätzlichen Formen der Veranschaulichungen werden Lehrkräfte jedoch bei der Planung entscheiden, da auch Planungsaspekte wie Differenzierung, Medieneinsatz, Didaktisierung des Input etc. betroffen sind.
Die Ergebnissicherung ist in Phasenmodellen der Allgemeinen Didaktik integraler Bestandteil der grundlegenden Planungsstruktur. In der Pädagogik gehört Ergebnissicherung zu den fachübergreifenden Merkmalen von Unterrichtsqualität. Wiater ordnet Ergebnissicherung den Prinzipien zu, die Unterricht regulieren. Erwartet in einem Entwurf werden Maßnahmen, die das erworbene Wissen und Können feststellen und verankern (Wiater 2012: 89). Das Auswerten oder Konsolidieren sind Vermittlungsstrategien, um Lernergebnisse bei den Schüler:innen zu verankern, sie zu sichern. Der Lernerfolg, das Verstehen oder Anwenden, soll sich als eine stabile Fähigkeit entwickeln, die Lernende nicht schnell wieder vergessen. Ergebnissicherung trägt zu einer längeren Verfügbarkeit des Lernstoffs bei, indem eine nachhaltige Verankerung angebahnt wird. In fremdsprachlichen Unterrichtsentwürfe zählen Wiederholung, Aktivierung und Feedback zu den dominierenden Konsolidierungsstrategien.
Nicht alle Vermittlungsstrategien lassen sich im Entwurf festlegen, vor allem solche, die unter die Kategorie Unterrichtsmanagement zu fassen sind. Hierzu zählen beispielsweise situationsbedingte Formen der Kontaktaufnahmen wie z. B. aktives Ermuntern zum Ausprobieren, zum gemeinsamen Erarbeiten der Aufgabe, Denkanstöße geben (Impulse) Anregung, Lösungsansätze zu überprüfen (Bohl et al 2013: 69).

Instruktion	Teamarbeit	Individualisierung

Für Vermittlungsformate oder Settings im hier verstandenen Sinne als Teil der Vermittlungsstrategien findet man in der pädagogischen Literatur mehrere Bezeichnungen. Manchmal werden sie als „Grundformen“ (Meyer 2011) oder „Aktionsformen“ (Gudjons 2011) bezeichnet, neuerdings findet man Begriffe wie „Lernarrangement“, oder „vorbereitete Umgebung, in welcher der Lerner arbeitet“ (Stammermann 2014: 54). Ein Vermittlungsformat kann auch eine Lernsituation sein, d. h. „ein Arrangement von Unterrichtsmethoden und -techniken sowie von Lernmaterialien und Medien“ (Mandl/Reinmann-Rothmeier1999: 5). Die wichtigsten Formate sollen im Folgenden kurz beleuchtet werden.

12.3 Instruktiver Unterricht

Der instruktive Unterricht wird in der Fachliteratur in den drei Varianten Frontalunterricht, direkte Instruktion und Gemeinsamer Unterricht diskutiert.

• Lehrerzentrierter Unterricht (LZU)
Instruktiver Unterricht wird mehr oder weniger gleichgesetzt mit Frontalunterricht: Die Lehrkraft steht vor der Klasse und vermittelt den Lernstoff. Tatsächlich sind die Kennzeichen von LZU Lehrerdominanz durch Steuerung des Unterrichtsgeschehens durch die Lehrperson. Auf der kognitiven und kommunikativen Ebene legt die Lehrkraft Ziele und Aktivitäten fest, strukturell bereitet sie einen von ihr vorgegebenen Phasenverlauf vor.

12.3.1 Beispiel

1. Watch the scene carefully and pay attention to
   - the characters (behaviour, outward appearance, facial expressions) (GROUP 1)
   - the setting (furniture, atmosphere) (GROUP 2)
   - the music (style, volume, how it is integrated into the ‘story’) (GROUP 3)
   - the products (what products are shown, how they are presented) (GROUP 4)
2. Write your results in the table below.

(Rücker 2012:37)

Von LZU geprägt ist 12.3.1 durch die explizite Aufgabenstellung und Gruppenaufteilung. Die Leistungserwartung wird für alle Teams präzise definiert und mithilfe von *keywords* ausgeschärft. Die Form der Ergebnisdokumentation ist durch ein Arbeitsblatt (*table*) vorbereitet und vorgegeben. Eigene Zugangsweisen oder Dokumentationsformen zu überlegen, verlangt die Autorin von den Lernenden nicht. Auf eine ergebnisoffene Phase der Ideensammlung wird zugunsten einer Stoffvermittlung verzichtet, der es um die korrekte Reproduktion dessen geht, was als Lernergebnisse im Planungsprozess der Autorin vorab festgelegt wurde.
In LZU steuert die Lehrkraft für die gesamte Lerngruppe alle Arbeitsphasen, Interaktions- und Kommunikationsprozesse (Meyer 1995: 183). Tendenziell haben dadurch die Instruktions- und Vermittlungsphasen der Lehrkraft einen höheren An-

teil als die Verarbeitungsphasen. Ein an LZU orientierter Fremdsprachenunterricht kann dadurch Gefahr laufen, sprachproduktive Anteile der Lernenden zu stark zu begrenzen (Desi 2006:48).

• Direkte Instruktion (DI)
Die direkte Instruktion ist eine Variante des instruktiven Unterrichts. DI verzichtet auf einige Komponenten frontalen Unterrichtens, andere Komponenten treten neu hinzu. Bei DI bietet die Lehrkraft Inhalte und Problemstellungen dar, erläutert sprachliche und kommunikative Phänomene. Komplexität wird auf die Lernniveaus hin ausrichtet, die sie in der Lerngruppe vorfindet. Eine zu hohe Lehrkraftdominanz verhindert die Verlagerung von Lern- und Arbeitsphasen in binnendifferenzierte Arbeitsformen. Hinzu kommen Aufgabenstellungen, die auf eine Unterweisung folgen und die das Vermittelte in unterschiedlichen Zusammenhängen zur Verarbeitung vorbereiten. Während die Lehrkraft also den Umgang mit dem Lernstoff durch aktive Vermittlung zunächst steuert, wird diese Funktion für den weiteren Unterrichtsverlauf an Aufgaben delegiert. Es entfällt eine Gestaltung des Lösungsprozess vor der Klasse, z. B. durch direkte Lehrer-Schüler-Interaktion.

12.3.2 Beispiel

Einstieg:
Digital life writing is the term used for online self-expression. Can you come up with examples of online self-expression that you know of or have done yourself?

(Heinze 2019: 35)

12.3.3 Beispiel

What you know about London? What do you know about Mumbai?
Informationen werden an der Tafel/auf dem Smartboard notiert. Ggf. liefert die Lehrkraft einige Informationen über Mumbai, wie z. B. Mumbai is the biggest city in India.

(Grigoriadou 2018:10)

In 12.3.2 und 12.3.3 bezieht sich DI auf Wissen, das nicht erarbeitet wird. Die direkte Instruktion sorgt für eine Kontextualisierung und aktiviert Vorwissen als Grundlage für weitere Aktivitäten. Die Erläuterungen der Lehrkraft sind Teil des geplanten Settings und deshalb im Entwurf sichtbar.

• Integrative Instruktion (II)
Eine dritte instruktive Variante ist der integrierte Frontalunterricht, der auch als gemeinsamer Unterricht bezeichnet wird. Lehrkraft und Schüler:innen arbeiten stärker zusammen, allerdings nicht als gleichberechtigte Partnerinnen. Die Lehrkraft behält ihre dominierende Stellung. Als zentrale Akteurin lenkt sie in II wie in LZU das Unterrichtsgeschehen.

12.3.4 Beispiel
Beispielhaft werden einige Wegbeschreibungen mit den Phrasen go along, turn left/right, go straight on, next to etc. gemeinsam geübt: Imagine we are at the London Eye. Can you tell me the way to Trafalgar Square? … Die Lernenden …bearbeiten die Aufgaben auf den Copys in Partnerarbeit. Die Arbeitsergebnisse werden im UG vorgestellt.
(Grigoriadou 2018:10f)

Die Schüler:innen werden in 12.3.4 zunächst als eine mehr oder weniger homogene Lerngemeinschaft wahrgenommen, der die Lehrkraft Unterrichtsstoff darbietet und Trainingsangebote macht. Mit dem Lernstoff differenziert auseinandersetzen können sich die Schüler:innen im Plenum (UG) und in Partnerarbeit. Inhalte und Aufgaben sind für alle Teilnehmenden gleich. Im gemeinsamen Unterricht strebt die Lehrkraft ihre intendierten und im Voraus geplanten Ziele an. Lernstoff wird durch fragend-entwickelte Techniken vermittelt und gesichert: „… einige Wegbeschreibungen …[werden] gemeinsam geübt". Das gemeinsame Arbeiten an einer Aufgabe in potenziell variierenden sozialen Konstellationen (EA; PA, UG) entfaltet sich nach dem „Ich-Du-Wir"- Prinzip (Ruf/Gallin 1998). Auf eine Phase der Einzelarbeit tauschen sich Lernende paarweise aus, in der Variante *think- pair- share* gegebenenfalls noch mit einem weiteren Paar, bevor sie Ergebnisse im Klassenverband vorstellen.

12.3.5 Beispiel	
Hauptphase: Die Schüler erhalten Copy 3… Leistungsstarke Schüler …arbeiten einzeln, leistungsschwächere Schüler arbeiten arbeitsteilig als Partner A und Partner B.	EA Hör-/Leseverstehen Leseverstehen EA/PA
Schlussphase: Die Sicherung kann entweder lehrerzentriert im Unterrichtsgespräch mithilfe des OHPs oder schülerzentriert als Laufüberprüfung erfolgen.	UG (Eckenroth 2015:10)

Im tabellarischen Auszug 12.3.5 setzt die Bearbeitung mit einer Einzelarbeit ein, in der sich Lernende individuell mit dem Problem vertraut machen. Der Austausch mit einem Partner ist in 12.3.5 als Differenzierungsmaßnahme ausgewiesen, bevor die ganze Klasse als Adressatengruppe für die Darbietung von Ergebnissen einbezogen wird. Inhaltlich gibt es für Lernende Gestaltungsspielräume. Den Rahmen des Arrangements gibt die Lehrkraft vor. Gemeinsame Arbeit in den unterschiedlichen Aktivitätsräumen des Unterrichts ist demnach als Partnerschaft umgesetzt, in die sich die Lehrkraft mit einbringt.

12.3.6 Beispiel

Die Schüler bringen in Kleingruppen das Bild und das Zitat in Einklang und formulieren ihre Erkenntnisse als Slogan …

- title (what's the title/name of the text?)
- author (who wrote the story?)
- date (when was the story written/published?)
- setting (when and where is the story set?)
- characters (who are the protagonist, antagonist, and the minor characters?)

Task: 1. Read the short story "A Day's Wait." Write an introductory paragraph for an interpretation in which you give all the pieces of information listed above.

(Tauche 2013: 42)

Die gemeinsame Arbeit in 12.3.6 wird durch eng geführte Textfragen strukturiert. Dadurch sind die Ergebnisse des *introductory paragraph* vorgegeben, ausführliche eigene Zugangsweisen sieht das Aufgabendesign nicht vor. Die prägende Leistungserwartung ist die Reproduktion des Stoffes. Gleichwohl sind die Sozialformen in 12.3.6 zielführend, um Methodenvielfalt zu realisieren. Methodenvielfalt zählt zu den allgemeinen, empirisch belegten Kriterien guten Unterrichts (Terhart 2009: 188). Der Wechsel einer Sozialform dient dann dazu, Lernperspektiven neu auszurichten. Weitere Fähigkeiten, Strategien und Lernstile können einfließen, Lernende finden in der restrukturierten Lernkonstellation einmal mehr Impulse, die ihre Aufmerksamkeit wecken, ihre Konzentration neu bündeln oder sie ermuntern, weitere ihrer Talente einzubringen.

12.3.7 Planungsleitlinien

Instruktion

- Lehrerzentriertheit
- Lehrervortrag
- Lehrer-Schüler-Interaktion
- Gelenkter Methodenwechsel
- Primär reproduktive Arbeitsformen

Folgt man Helmke (2009:49), ist Instruktion in all ihren Facetten eine bedenkenswerte Vermittlungsstrategie für die Unterrichtsplanung. Schulisches Lernen erfordert Anregung, Steuerung, Vorgabe von Aufgaben durch die Lehrperson und die Möglichkeit individueller Lernprozesse für die Schülerinnen und Schüler.

Kooperation	Kollaboration	Reziproker Unterricht

12.4 Teamarbeit

Ein kommunikativer, auf Interaktion ausgerichteter Englischunterricht reagiert mit kooperativen und kollaborativen Arbeitsstrukturen auf diverse Lernumgebungen in einer Klassengemeinschaft (Eisenmann 2018: 70). Traditionell markieren Autor:innen die sozialen Formen in ihren Unterrichtsplänen in einer Spalte des Entwurfs durch verschiedene Kürzel. Sie stehen für Einzelarbeit (EA), Partnerarbeit (PA), Gruppenarbeit (GA), oder Plenararbeit (P). Weitere Bezeichnungen für vergleichbare Sozialformen sind durch die Diskursformen beschrieben, z. B. das Unterrichtsgespräch (UG), die Präsentation, die Diskussion etc. Gehandhabt werden alle Formen mehr oder weniger pragmatisch, indem auf rezeptive Phasen Formen der aktiven Zusammenarbeit der Lernenden folgen. Zusätzlich zu den traditionellen Sozialformen und Diskursformaten findet man verstärkt Verweise auf spezielle kooperative Lernformen, darunter *think-pair-(square)- share* (TPS). Auch dieses Format führt zu einer Aufteilung des Klassenverbands in Leistungsgruppen. Im Gegensatz zu den klassischen Sozialformen strukturieren kooperative Lernformen jedoch auch die Verteilung der Arbeit. Alle Teilnehmenden werden eingebunden und aktiviert.

12.4.1 Beispiel

Using the letters of the term influencer, first think of words you associate with influencers on your own. Afterwards, exchange your associations with your partner and explain them to him/her. Finally, report your associations to the class.

(Oldendörp/Woltin 2020: 35/1)

12.4.1 regt über TPS die einzelnen Teilnehmenden zu einer Hypothesenbildung an (*think*), über die sie dem Partner und einer weiteren Partnergruppe Bericht erstatten (*pair, square*). Häufig folgen in kooperativen Verfahren Phasen, in denen Lernende ihre Hypothesen verteidigen, verändern, mit anderen Hypothesen in Einklang bringen oder abgleichen sollen (*share*).

- Kollaborativer Unterricht

Kollaborativer Unterricht ist ein Arrangement, das Menschen zur gemeinsamen Problemlösung einer Aufgabe zusammenführt, „a situation in which two or more people learn or attempt to learn something together" (Dillenbourg 1999:1). Die Zahl derer, die kollaborativ tätig werden, scheint nicht begrenzt und sicherlich können Lehrkraft und Schüler:innen im Sinne eines *joint teaching* kollaborativ etwas gemeinsam erarbeiten, z. B. die Aufführung eines Theaterstücks, die Interpretation eines Lesetextes, die Auswertung einer unbekannten Quelle. Kollaboration ist außerdem im Plenumsgespräch möglich. Die Lehrkraft kann stärker als in anderen Sozialformen durch spontane Fragen, Impulse, Feedbackstrategien etc. die Interaktion steuern. In Aktivphasen arbeiten vornehmlich die Lernenden zusammen, bearbeiten eine Aufgabe, manchmal zunächst individuell, dann mit ihren Teampartnern. Ergebnisse werden besprochen, verhandelt und zu einer gemeinsamen Lösung zusammengeführt.

12.4.2 Beispiel

1. Read the text about bald eagles.
2. Look up unfamiliar words …
3. With your partner, check online for … further information you can use in a presentation.
4. In your group, prepare a presentation about bald eagles and explain to your class why it is important to protect this animal.

(Schustereder 2015:36)

In Aufgaben nach dem Muster von 12.4.2 können Lernende durch die TPS -Struktur der Arbeitsform Routinen darin entwickeln, wie sie gemeinsam zu eigenen Fragestellungen gelangen. Des Weiteren kann sich die Fähigkeit festigen, aus verschiedenen Perspektiven nach Lösungen der Aufgabenstellung zu suchen. Der Lehrkraft ist es möglich, sich in solchen Phasen als Impulsgeberin oder Ideenlieferantin kollaborativ einzubringen. Dennoch sind Partner- und Gruppenarbeit im Vermittlungsformat Teamarbeit weniger gelenkt als im lehrerzentrierten Unterricht.
Kognitive Konflikte können entstehen, kognitive Barrieren sich auftun, die zunächst dafür sorgen, dass eine Lösung nochmals überprüft und ggf. gemeinsam überarbeitet wird. Dies führt dazu, dass Positionen erläutert, verteidigt, verändert werden müssen (Blömecke 2006: 338). Tatsächlich verhandeln in didaktisch geplanten kollaborativen Formaten Lernende in einer anregenden Aufgabenkonstruktion eigene Deutungen oder Lösungsansätze. Sie arbeiten an einer tragfähigen, gemeinsamen Lösung und sind durch diese Formen selbständigen Arbeitens kognitiv herausgefordert.
Für fremdsprachliches Lernen bedeutsam ist die Tatsache, dass kollaborative Arbeitsformen vielfältige Möglichkeiten für die Schüler:innen vorhalten, die Lernsprache als Arbeitssprache einzusetzen (12.4.3). Vermehrt ist mit Phasen zu rechnen, in denen frei formuliert wird, verschiedene Sprechakte ausgeführt, spontane Sprachverwendungen realisiert und nicht zuletzt kommunikative Hürden erkannt werden, auf die Lernende individuell zu reagieren lernen (Surkamp 2017: 8). Auch ein kooperativer Unterricht kann diese Effekte erzielen.

12.4.3 Planungsleitlinien

Kollaboratives Arbeiten

- Gemeinsames Erarbeiten
- Lösungsfindung auf verschiedenen Arbeitsebenen (*think-pair-share*)
- Lerndifferente Gruppenbildung
- Gemeinsames Errichten der Lösung
- Lernprodukt als Gruppenergebnis
- Primär produktive Arbeitsformen

- Kooperativer Unterricht

In einem kooperativen Unterricht arbeiten die Schüler:innen ebenfalls in Gruppen- oder in Partnerarbeit zusammen, um gemeinsam etwas zu lernen. Sie werden in unterschiedlichen Arbeitskonstellationen tätig und arbeiten dabei mehr oder weniger selbständig. Der Ablauf einer kooperativen Phasierung wird in aller Regel durch die Phasen *think, pair* und *share* (TPS) modelliert (Lyman 1981). Formate kooperativen sozialen Lernens basieren auf Expertenteams und weisen arbeitsteilige Formate wie z. B. Gruppenpuzzle auf. Zudem offerieren sie handlungsbetonte Interaktionsangebote (vgl. Biederbeck 2018).

Die Lernwirksamkeit eines Unterrichtsentwurfs ist allerdings nicht schon dadurch gesichert, dass die Planung Kooperationsformen aufweist. Mitentscheidend ist die Qualität der Aufgabenstellung.

12.4.4 Beispiel

a) Read the text.
b) Choose five points you find most interesting.
c) Now tell your partner what you have found in the text about the Beatles.
d) Now listen to what your partner has found out about the Beatles sights in Liverpool.
e) Discuss together with your partner what made the band become so famous.

(Grigoriadou 2019b: 16/2)

In 12.4.4 müssen beide Partner aktiv zur Lösung beitragen, individuelle Akzentuierungen sind möglich. Es steht ein *workplan* zur Verfügung, nicht alle Teilaufgaben sind reproduktiv lösbar und dennoch niveaugemäß. In 12.4.4 zeigt sich, dass Aufgaben für die Bearbeitung in kooperativen Formen geeignet, wenn sie (Reimann/Mandl 2006: 649f, Winkler 2011: 39ff)

- durch die Aufgabenstellung es jedem Gruppenmitglied ermöglichen, sich im Lösungsprozess aktiv einzubringen
- eine Anforderungsstruktur aufweisen, die eine kooperative Arbeitsteilung stark begünstigt, wenn nicht gar notwendig macht
- ein Maß an Strukturierung aufweisen, das auf die Lernvoraussetzungen der Schüler:innen abgestimmt ist.
- Lernende auffordern, nach einer individuellen Lösung zu suchen
- herausfordernd sind und Neuigkeitswert besitzen, der Interesse und Aufmerksamkeit der Gruppe weckt
- einen Schwierigkeitsgrad aufweisen, der für die Gruppe bewältigbar ist, ohne sie zu unterfordern

In kooperativen Aufgaben ist die Lerngruppe erfolgreich, nicht einzelne Teilnehmende. Die individuelle Leistung ist ausschlaggebend für den Erfolg der Gruppe bei. Explizite Aufgabenstellungen und Materialien für einzelne Gruppenmitglieder unterstreichen die individuelle Verantwortlichkeit und die positive Interdependenz (Slavin 1995). Interdependenz artikuliert sich zudem in der unterstützenden Interaktion und Reflexion der Gruppenprozesse während der kooperativen Tätigkeit (Johnson/Johnson 1999).

12.4.5 Beispiel

Die Schüler erarbeiten in arbeitsteiliger Gruppenarbeit (nach Möglichkeit 7 Gruppen) Informationen zum Arab Spring und stellen diese auf Postern zusammen … Do research on the Arab Spring in Egypt (Group 1), Tunisia (Group 2), Libya (Group 3), Saudi Arabia (Group 4), Yemen (Group 5), Morocco (Group 6) and Jordan/Syria (Group 7). Use the links provided below.2. Answer the following questions: … 3. Create a poster to present the findings of your research. (Eckenroth/Wagner 2012:19)

Arbeitsteiligkeit wird in 12.4.5 gruppenspezifisch, nicht innerhalb einer einzelnen Gruppe umgesetzt. Entsprechend sind individuelle Beiträge in einer Gruppe nicht vorgesehen. Jede Gruppe soll durch kollaborative Recherche eine gemeinsame Antwort auf ihren Teilauftrag finden, die in einer kooperativ zu entwickelnden Präsentation verhandelt werden kann.

12.4.6 Beispiel

1. Work with a partner. Partner A reads the information on his or her flash card.
2. Partner A gives Partner B a short summary of the facts on his or her flash card.
3. Partner B asks questions with the help of the keywords on his or her cue card.
4. Be prepared to present the information to the class.

(Kist 2014:19)

12.4.6 setzt soziale Kooperation voraus, um zu Ergebnissen zu gelangen. Die Teilaufgabe 4 fordert dazu auf, eine Gruppenpräsentation vorzuhalten.

- Reziproker Unterricht

In Entwürfen sind gemeinsame Arbeitsformen die Regel. Dies dürfte mit der Wirksamkeit zusammenhängen, die die Forschung für das kooperative Lernen nachgewiesen hat (vgl. Vollinger u. a. 2018). Studien deuten darauf hin, dass die kooperative Lernform *reciprocal teaching* besonders positive Effekte auf die Lernleistung von Schüler:innen hat (Hattie 2009:213). Beim *reciprocal teaching* nehmen Schüler:innen vornehmlich zum Lesetraining für einen begrenzten Zeitraum die Rolle der Lehrkraft ein und übernehmen Übungsphasen zum Leseverstehen. In anderen Realisationen schließt *reciprocal teaching* mit ein, dass Schüler:innen Inhalte erarbeiten, verstehen und verständlich aufarbeiten. Bevor sie also eine Lehrrolle ausführen, leisten Schüler:innen kognitive und kommunikative Vorarbeit. Ähnlich verhält es sich beim Konzept Lehren durch Lernen (LdL), einer Variante des *recipro-*

cal teaching. Hier vermitteln einzelne Schüler:innen dem Klassenverband Lernstoff. Sie führen in ein Thema ein, präsentieren ein neues Wortfeld oder moderieren eine Aktivität. Bei der Ausrichtung „Wechselseitiges Lehren und Lernen" wird darauf geachtet, dass die Lehrerrolle einmal von allen Teilnehmenden ausgeübt und Gelegenheit gegeben wird, in wechselnden Positionen als Adressaten und als Experten im Lernprozess zu agieren (Theinert 2013).

12.4.7 Beispiel

Work through your assigned profile and do some additional research. Prepare a presentation using the given tips, strategies, and language support …
Die Lehrkraft moderiert die Präsentation sowie das Feedback der Lerner:innen.
(Oldendörp/Woltin 2020:35)

12.4.8 Beispiel

Exchange your draft with a partner. Your partner corrects it.
(Grigoriadou 2018:13)

In 12.4.7 informieren, wie beim *reciprocal teaching* üblich, einzelne Lernende als Expertinnen die Lerngruppe über noch nicht bekannte Inhalte. Im Anschluss daran übernimmt die Lerngruppe in Form von Rückmeldenden eine Grundaufgabe der Lehrperson. Grenzen bei der Ausübung der Lehrrolle setzt die Beteiligung der Lehrkraft als Moderatorin. In 12.4.8 wird die Korrekturaufgabe der Lehrkraft an einzelne Lernende delegiert, wodurch im weiteren Sinne eine wechselseitige Lehr-Lernsituation entsteht. Strukturelle Blaupause des reziproken Lehrens ist die direkte Instruktion durch einen Text mit einer nachfolgenden strukturierten Annäherung.

12.4.9 Beispiel

1. Look at the picture and, with your partner, describe what you see. List useful words. Be prepared to describe the picture to the other groups.
2. With your partner, take notes on what the picture tells you.
3. In your group, explain to the other students what you think the picture is about.

Ask them for their opinion. Talk about possible interpretations and take notes.
(Schustereder 2018a:36)

Ohne Beteiligung der Lehrperson sind in 12.4.9 alle Schüler:innen gehalten, als Exper:tinnen in ihren Kleingruppen nach der Bildrezeption zentrale „Strategien der Textannäherung" in Partnerschaft durchzuführen (Huber 2005). Es gilt, Fragen zum Text bzw. an den Text zu stellen (*describe picture to others*), Textstellen zusammenzufassen, hier für die Gruppeninteraktion (*take notes*). Außerdem befasst sich ein Teil der Aufgaben mit Termini und Wortschatz (*list useful words*). Bei Lesetexten kommt als vierte Strategie hinzu, Vermutungen zur weiteren Textentwicklung zu veranlassen.

12.4.10 Planungsleitlinien

Kooperation

- Individuelle Verantwortung für Teilauftrag
- Gruppeninteraktion
- Wechselnde Gruppenzusammensetzung
- Aushandeln von Lösungen
- Gemeinsames Gruppenergebnis
- Primär produktive Arbeitsformen
- Wechselseitige Lernoptionen

Adaptive Individualisierung	Differenzierende Individualisierung	Entdeckende Individualisierung

12.5 Individualisierender Unterricht

Wegen der Heterogenität von Lerngemeinschaften sind Autor:innen gefordert, die Vielfalt an Lernausgangsbedingungen in der Adressatengruppe ihrer Entwürfe zu berücksichtigen. Für die Annahme, homogene Lerngruppen ließen sich ohne geplante didaktische Maßnahmen realisieren, gibt es keine stichhaltigen Argumente (Bohl/Budde 2017). Daher werden Leistungsanreize individualisiert und variable Lerngelegenheiten in Entwürfe integriert. Die Forschung kann überzeugende Argumente anführen, dass Menschen mit unterschiedlichen Talenten ausgestattet sind, mit denen sie sich Wissen anzueignen oder Probleme lösen (Gardner 1985; Bohl/Budde 2017). Leistungskönnen, Leistungsbereitschaft, Aufmerksamkeitsspanne, strategisches Können sind einige der Dispositionen, die sich bei Lernenden individuell entfalten. In manchen Entwürfen planen Autor:innen daher holistische Aktivitäten ein. Sie beziehen eine Reihe an Fähigkeiten ein, die nicht nur für den Spracherwerb Bedeutung haben.

12.5.1 Beispiel

Draw your own picture of a Sunday afternoon by the river. Think about the following: How many people are on the riverbank?

- Who are they?
- What do they look like?
- What are they wearing? Etc.

(Grigoriadou/Tsouni 2014:13)

12.5.2 Beispiel

Get into groups of five … In groups, you are going to act out a scene from the novel … using your own words.

(Volaric 2015:18)

12.5.3 Beispiel

Lehrkraft … legt entspannende leise Musik auf. Schüler … Die Fantasiereise wird ruhig und langsam vorgelesen oder vorgespielt …
Now take notes on what you have seen/felt/smelt/heard and said during your trip.
(Grigoriadou 2011:9)

12.5.1-12.5.3 aktivieren zunächst nicht-kognitive Talente, lassen Lernende zeichnen, pantomimisch experimentieren oder auf eine Fantasiereise gehen. Die sprachlichen Aktivitäten sind in den Kontext ganzheitlicher Tätigkeiten eingebettet. Das selbst geschaffene Bild zu beschreiben, eine Szene spontan-sprachlich auszugestalten oder Gefühle in eigene Worte zu fassen individuell ausführbar, ohne Vorgabe konkret-funktionaler Leistungserwartungen.
Individualisierend ist einmal mehr ein Unterricht, bei dem die Lernenden einer Klassengemeinschaft sich zur gleichen Zeit mit unterschiedlichen Lernaufgaben befassen. In aller Regel werden sie in Einzelarbeit oder in partnerschaftlichen Formen mit hohen individuellen Anteilen bearbeitet, während die Lehrkraft beratend zur Verfügung steht. Um welche Inhalte oder Aufgabenstellungen es sich im Einzelnen handelt, entscheidet die Art der Individualisierung. Unterschiedliche Materialien und Lernziele für einzelne Lerngruppen sind Grundlage eines individualisierenden Unterrichts. Formate sind Freiarbeit (Themenbörse, Lerntheke), Stationenarbeit/Lernzirkel, Planarbeit (Tagesplan, Wochenplan, vgl. Saalfrank 2012: 80f). Zu einer Steuerung kommt es mittelbar in den vorbereiteten Verfahren, Arbeitsaufträgen und Materialien, die ja mit einer didaktisch-methodischen Intention verfasst wurden

- Adaptive Individualisierung

Nach Lipowsky/Lotz nimmt Individualisierung adaptiven Charakter an, wenn die Lernarbeit sich aus Vorwissen, Interessenslagen oder Leistungsstand der einzelnen Lernenden ableitet. Entsprechende Aufgaben berücksichtigen die vielfältigen Niveaustufen ihrer Adressaten, sind also differenzierend. Sie regen dazu an, sich mit Problemen zu befassen, die innerhalb der Erfahrungsbereiche der verschiedenen Schüler:innen angesiedelt sind und für deren Lösung sie bereits auf Kompetenzen zurückgreifen können. Auch *Scaffolding*-Techniken fallen hierunter, sind es doch Hilfsangebote zur Unterstützung einzelner Lernender, aus denen diese bedarfsgerecht auswählen.
Mit Blick auf die notwendige Passung der Lernangebote weist Helmke auf die schülergesteuerte Individualisierung als Form der adaptiven Individualisierung hin. Sie ermöglicht es Lernenden, die Aufgaben selbst auszuwählen, die für sie machbar und interessant scheinen (Helmke 2013:35). 12.5.4 zeigt Beispiele dafür, wie in einem Entwurf eine schülergesteuerte Individualisierung durch Lernszenarien vorbereitet werden kann.

12.5.4 Scaffolding	
Ergebnissicherung und direkte Instruktion	Schüler bearbeiten Aufgabe 1. Ergebnissicherung im Plenum. Im Anschluss …Aufgabe 2 und Video „How does a GreenScreen work?" zweimal. Ergebnissicherung im Plenum. L erklärt ausgewählte Green Screen App
Kollaborationsmöglichkeiten	Möglichkeiten zur Partner- und Gruppenarbeit … zur gegenseitigen Unterstützung …
Versprachlichungshilfen	… sprachliche Unterstützung bei der Ausarbeitung von Inhalten der Sightseeing Tour.
Individuelle Adaptionsmöglichkeiten	L teilt M2 aus, erklärt Aufgabe 1 und bittet Schüler:innen, diese in PA zu bearbeiten. Ergebnissicherung im Plenum und an der Tafel. (Nagler 2020:35)

Die „optimale Passung" zwischen Lernangeboten und Lernvoraussetzungen (Helmke 2013: 34) ist ein zentrales Anliegen einer adaptiven Individualisierung. Autor:innen können sie neben den in 12.5.4 skizzierten Maßnahmen mit Differenzierungstechniken anbahnen.

- Differenzierende Individualisierung

Differenzierend ist eine Individualisierung, die Angebote für Gruppen mit verschiedenen Niveaustufen macht, indem sie unterschiedliche Aufgaben stellt.

12.5.5 Beispiel
Murmelphase (PA) in schwächeren Lerngruppen; Bearbeitung von Textausschnitten mit unterschiedlichem Schwierigkeitsgrad, Arbeit nur mit Partner oder in Gruppen zur Leistungsdifferenzierung. (Stahlmann 2020:40)

12.5.6 Beispiel
In groups of four students, you are going to plan and present an exciting walking tour through Oxford. Choose between a "Harry Potter tour", a "science and technology tour" or a "museums and parks tour". (Smasal 2016:11)

12.5.5 stellt für die Nutzer des Entwurfs eine Reihe an frei wählbaren Differenzierungsmöglichkeiten zusammen. Es handelt sich um Maßnahmen, die verschiedenen der nachfolgenden Unterkategorien zugeordnet werden können. In 12.5.6 besteht das Differenzierungsangebot darin, aus Themenvorschlägen eine individuelle Auswahl treffen zu können.

Qualität	Quantität	Partizipation	Entdeckende Teilhabe

Wie aus 12.5.5 und 12.5.6 hervorgeht, stehen Autor:innen für die Modellierung von Differenzierungsmaßnahmen mehrere Optionen zur Verfügung. Sie führen zu diversen Zielerwartungen, Inhalten, Hilfsmitteln oder Medien (vgl. Eisenmann, 2019: 62; Kiel/Syring 2018: 71ff). Zu den wichtigen Differenzierungsstrategien gehören Vermittlungsstrategien zur Passung der Qualität, Quantität und Partizipation. Sie fördern organisatorisch Schüler:innen mit individuellen Stärken und Schwächen, Neigungen, Begabungen und Interessen (vgl. Saalfrank/Zierer 2017: 136).

- Qualität

Ein Gestaltungsmerkmal, das zu lernzieldifferenten Aufgabenstellungen führt, ist das Kriterium Qualität. Verschiedene Lernziele in einer Aufgabe wirken sich auf Erwartungen, Methoden und Strategien für die Aufgabenlösung aus. Qualitative Vielfalt äußert sich auf mehreren Ebenen des Anforderungsprofils, darunter die Komplexität der Inhalte bei der Problemdarstellung oder das Maß ihrer Reduktion.

12.5.7 Differenzierung	12.5.8 Standard
Look at the map of London. Choose three sights you know. Tell your partner what you know about them. Say where they are. Use the language help.	Look at the map of Mumbai. Choose three sights. Say where they are. Use the language help.
Optional: Find out about three more sights you do not know much about. Take notes on those sights. [Annotationen] … 10 Downing Street: The British Prime Minister lives here.	Choose three sights, but don't tell your partner which sights you have chosen. Tell your partner how you can get from Crawford Market to these three sights. (Grigoriadou 2018:11)

12.5.7 hält für schwächere Lernende eine Kernaufgabenversion vor, die mithilfe von Annotationen reproduktiv zu bewältigen ist (*language help*). Auch der optionale Aufgabenteil ist durch Annotationen qualitativ entlastet. In der Standardversion 12.5.8 wird produktives, interaktives Sprechen ohne Auswahlmöglichkeit erwartet.

12.5.9 Beispiel
Choose a task 1. Mark, Betty and Mark's cousin, George, are sitting together for dinner …-Write a scene … 2. Think back to your cousin from the beginning of the lesson … Practise your scene and act it out in front of the class. 3. Think about what can go wrong during a visit. Do a pantomime or make a freeze frame. (Draeger 2017:16)

12.5.9 lässt Lernenden die Wahl zwischen kognitiv und ganzheitlich ausgerichteten Aufgaben. Option 3 (*pantomime, freeze frame*) kommt ohne Sprachproduktion aus, setzt jedoch Vorwissen zum narrativen Kontext voraus.
Zu qualitativen Unterschieden führen auch die Genres, mit denen Lernende Arbeitsergebnisse festhalten oder darstellen. Maßgeblich Einfluss auf die Aufgabenqualität nehmen dabei Hilfsmittel, Versprachlichungshilfen oder Strukturierungsvorschläge der Autor:innen. Hierunter einzuordnen ist auch der Textinput. Er kann so verfasst sein, dass die Aufgabe höhere oder weniger hohe Anforderungen an die rezeptiven Kompetenzen stellt. Die Operatoren der Aufgabenstellung definieren die expliziten produktiven Anforderungen sowie die entsprechenden Diskursebenen. Im Hinblick auf die sprachlich-inhaltliche Darbietung von Lernstoff kann es sich als zweckmäßig erweisen, für verschiedene Gruppen in einer Lerngemeinschaft lexikalisch, grammatisch und stilistisch differenzierte Texte zu verfassen. Dies gilt zudem für die Informationsdichte in Quellen und die Art der Informationsdarbietung (z. B. reihend oder vernetzt, als Liste oder als Textparagraf, vgl. Gehring 2021: 63f). In kognitiv anspruchsvolleren Aufgaben kann der Zugriff auf Hilfsmittel begrenzt oder gänzlich ausgeschlossen sein. Das Kriterium Qualität ist zudem betroffen, wenn Autor:innen sich darum bemühen, das Anforderungsniveau im Verlauf des Unterrichtsplans schrittweise zu erhöhen.

12.5.10 Beispiel

Hauptphase:
2. … Look at the pictures and choose five things you want to take with you. Circle them.
3. Discuss your choices with a partner. Agree on five things… Say why you need the things you chose. Write sentences in your exercise book. Use the following phrases: …

Schlussphase:
Die Schüler vergleichen ihre erarbeiteten Verhaltensregeln und sprechen über die möglichen Gefahren von Wildtieren im Nationalpark. (Reinke/Hartmann 2017: 10f)

12.5.10 löst im ersten Schritt reproduktive Ein-Satz-Äußerungen aus. Im zweiten Schritt sollen Äußerungen mit Nebensatz produziert und verschriftlicht werden. Im dritten Schritt ist eine Interaktion geplant, bei der vorausgehende Inhalte und Redemittel produktiv einzusetzen sind. In der Schlussphase fehlen *Scaffolding*-Elemente, die in vorausgehenden Phasen erscheinen *(pictures, phrases)*. Diese Planungsstrategie setzt das Verständnis von *scaffolding* als einer Maßnahme um, die Hilfen absteigend zur Verfügung stellt. Offen bleibt, wie sich schwächere Lernende erfolgreich einbringen können.

• Quantität
Der Bearbeitungsumfang einer Aufgabe beschreibt ihre Quantität. Als Verfahren von Zieldifferenzierung werden Anzahl und Vielschichtigkeit der Aufgaben quantitativ den Erwartungen an die Lerngruppe angepasst.

12.5.11 Beispiel

1. Look at the map of London. Choose three sights you know… Say where they are …
2. Optional: Find out about three more sights you do not know much about. Take notes on those sights.

(Grigoriadou 2018: 11)

12.5.12 Beispiel

Choose one situation … and create a freeze frame. There is no speaking during a freeze frame …
Optional: … The teacher or another student taps participants in the freeze frame on the shoulder … to make a comment.

(Volaric 2017:18)

12.5.11 und 12.5.12 variieren den Arbeitsumfang der Aufträge an die Schüler:innen durch fakultative Aufgaben. Sie sind Zusatzangebot und nicht Teil des grundsätzlichen Lernprozesses. In 12.5.11 sind kognitive Aktivierung und der Umfang der optionalen Aufgabe höher anzusetzen. Individuelle Lösungsstrategien werden angelegt (*find out about three more sights*) und eine schriftliche methodische Strategie integriert (*take notes*). Die Option in Aufgabe 12.5.12 richtet sich ebenfalls an stärkere Lernende, da monologisches Sprechen erwartet wird. Nicht genutzt wird in den Beispielen die quantitative Steuerung durch Zusatzmaterialien.

- Partizipation

Alle Arbeitskonstellationen, in denen Lernende gemeinsam tätig werden, basieren auf sozialer Teilhabe. Das instruktionsbasierte Lehrer-Schüler-Gespräch zählt ebenso dazu wie ein von der Lehrkraft moderiertes Unterrichtsgespräch. Partizipation im engeren Sinne meint Gruppenkonstellationen, in denen primär die Lernenden zusammenarbeiten. Wie bei kooperativen Varianten (*placemat, marketplace* etc.) ist die Lehrkraft Impulsgeberin, Beraterin oder Regisseurin.

12.5.13 Beispiel

With a partner, choose three of the following five tasks.
1. What could a music video for this song look like? Describe some scenes …

(Bastkowski/Voigt 2018: 37)

12.5.14 Beispiel

In groups of 3 or 4, pick one game from the table below and play it for 10 to 15 minutes. Afterwards summarize what the game is about. (Jones/Schmidt 2014:39)

12.5.13 führt Differenzierung auf zwei Ebenen aus. Zum einen wird Unterstützung bei Bedarf durch die Sozialform Partnerarbeit gewährleistet, zum anderen entscheiden die Teams selbst über das Aufgabenniveau, das ihnen zusagt. 12.5.14 führt

Partizipation zu einer kollaborativen Interaktion. Wie in 12.5.13 sind die Erwartungen an die Textsorte in 12.5.14 nicht näher ausgeführt. Die Operatoren *describe* bzw. *summarize* lassen eine reproduktive Ausrichtung vermuten.

- Entdeckende Teilhabe

Eine auf entdeckendes Lernen gerichtete Lernaufgabe setzt Individualisierung dadurch um, dass Schüler:innen interessengeleitet eigene inhaltliche Akzente setzen und Lösungswege beschreiten. In der Regel beschreibt die Lernaufgabe verschiedene Inhaltsfelder, aus denen die Lerner:innen auswählen, bevor sie diese weitgehend selbständig erschließen.

12.5.15 Beispiel

Do some research about the song and its history on the Internet. Comment on whether the music and the performance support the message of the song …

(Hutz 2015: 18)

12.5.16 Beispiel

With your partner, check online for more pictures … and for further information … that you can use in a presentation.

(Schustereder 2019:35/1)

12.5.17 Beispiel

In groups of 3 or 4, pick one game from the table below and play it for 10 to 15 minutes. Afterwards summarize what the game is about.

(Jones/Schmidt 2014:39)

Das entdeckende Moment in 12.5.15 und 12.5.16 kommt in der Quellenrecherche und Quellenauswertung zum Ausdruck, demnach Tätigkeiten, die Erkenntnisse erbracht haben. Mit dem Quellenmaterial gehen die Lernenden problemorientiert um, ohne dass vorgegebene Fragen oder Impulse eine bestimmte Richtung vorgeben. 12.5.17 integriert ein ganzheitliches Entdeckungsensemble in ein Aufgabenformat, das auch fähigkeitsbezogen komplex angelegt ist. Die Beispiele deuten darauf hin, dass entdeckendes Lernen andere Schwerpunkt setzt wie das darbietende, durch adaptive Individualisierung angebahnte Lernen (Lotz/Lipowksy a. a. O.162).

12.5.18 Planungsleitlinien

Individualisierung	
	• Ganzheitliche Aktivierungsanteile • Unterschiedliche Aktivierungsangebote für Lerngruppe • Adressatengerechte Passung • Differenzierung nach Qualität, Quantität, Partizipation • Verfahren entdeckenden Lernens • Aufgabenangebot für einzelne Lernende

12.6 Prüfliste

Überlegungen zum Setting führen zu den Vermittlungs- und Arbeitsweisen in einem Entwurf. Instruktive Settings zeichnen sich durch eine stärkere Lenkung des Lernprozesses durch die Lehrkraft aus. Teamarbeit wird meist kollaborativ, kooperativ oder als wechselseitiges Lehr- Lernarrangement umgesetzt. In kooperativen Arrangements übernimmt jedes Gruppenmitglied eine Teilauftrag für die Gruppenleistung. Individualisierung wird durch Adaptation und durch Differenzierung in einem Entwurf umgesetzt. Lernende finden in individualisierten Arrangements auf sie zugeschnittene Aktivierungs- und Lernangebote vor.

12.6.1 Elizitation	
Aspekt Instruktion	**Konkretisierung**
1. Lehrkraft lenkt und leitet Arbeits- und Interaktionsprozesse.	Watch the scene carefully and pay attention to the characters (behaviour, outward appearance, facial expressions) (GROUP 1) the setting (furniture, atmosphere) (GROUP 2) …
2. Aktivierungsformate lassen kaum Lösungsoptionen zu, Resultate liegen vorab fest.	Die Schüler bringen in Kleingruppen das Bild und das Zitat in Einklang und formulieren ihre Erkenntnisse als Slogan … title (what's the title/name of the text?) author (who wrote the story?) date (when was the story written/published?).
3. Lehrkraft bietet Wissen dar.	Ggf. liefert die Lehrkraft einige Informationen über Mumbai, wie z. B. Mumbai is the biggest city in India.
4. Reproduktion überwiegt.	… title (what's the title/name of the text?) author (who wrote the story?) date (when was the story written/published?)
5. Lernergebnisse sind festgelegt.	… title (what's the title/name of the text?) author (who wrote the story?) date (when was the story written/published?)
6. Lernprozess entfaltet sich kleinschrittig.	… title (what's the title/name of the text?) author (who wrote the story?) date (when was the story written/published?)
7. Fragend-entwickelnde Interaktion dominiert.	… title (what's the title/name of the text?) author (who wrote the story?) date (when was the story written/published?)
8. Lernstandkontrollen während des Unterrichts sind eingeplant.	2. Write your results in the table below.
(Gudjons 2001: 21ff und 51ff; Quittenbau 2016: 15ff)	

12.6.1 Elizitation	
Aspekt Teamarbeit	**Konkretisierung**
1. Lernende interagieren in der Zielsprache.	Discuss together with your partner what made the band become so famous.
2. Selbsttätiges Lernen ist angelegt.	Die Schüler erarbeiten in arbeitsteiliger Gruppenarbeit (nach Möglichkeit 7 Gruppen) Informationen zum Arab Spring und stellen diese auf Postern zusammen.
3. Lernende übernehmen Verantwortung für Gruppenlösungen.	Partner A reads the information… Partner A gives Partner B a short summary … Partner B asks questions … Be prepared to present the information to the class.
4. Lösungsprozesse sind schülergesteuert.	a) Read the text. b) Choose five points you find most interesting. c) Now tell your partner what you have found in the text about the Beatles.
5. Schüler:innen übernehmen Lehraufgaben.	Exchange your draft with a partner. Your partner corrects it.
Aspekt Individualisierung	**Konkretisierung**
1. Lernende können auswählen.	With a partner, choose three of the following five tasks.
2. Scaffolding wird vorgehalten.	Use the language help.
3. Aufgaben aktivieren unterschiedliche Talente.	In groups, you are going to act out a scene from the novel … using your own words.
4. Zur Bearbeitung der Aufgaben sind Materialien verfügbar.	With your partner, check online for more pictures … and for further information.
5. Die Aufgabenstellungen sind differenziert.	Choose a task: **…**Write a scene … Do a pantomime or make a freeze frame.
6. Die Aufgaben stehen im Einklang mit dem Vorwissen der Lerngruppe.	Think back to your cousin from the beginning of the lesson.
7. Entdeckendes Lernen wird gefördert.	In groups of 3 or 4, pick one game from the table below and play it for 10 to 15 minutes.

13 Veranschaulichung

13.1 Grundlagen

Veranschaulichung hat viele Vorläufer, prominent wird sie als eine Vermittlungsstrategie der Reformpädagogik. Wer heute in Entwürfen veranschaulicht, weiß um die Bedeutung einer verständlichen, schülerorientierten Darbietung und Aktivierung. Die Pädagogik zählt Veranschaulichung zu den „Prinzipien der methodischen Gestaltung des Unterrichts“ (Wiater 2008: 5f). Als Vermittlungsstrategie reiht sie sich ein in die Liste planerischer Grundsätze wie Strukturierung und Differenzierung eines Unterrichts, dem es auf Üben, Motivation, kreatives Tätigsein ankommt (Kiel 2008: 14).

Funktionen	Wirkungen	Repräsentationen

Autorinnen und Autoren setzen in ihren Entwürfen mit gewisser Regelmäßigkeit, punktuell oder kontinuierlich, auf veranschaulichende Strategien bei der Formulierung von Arbeitsaufträgen und Impulsen.

13.1.1 Beispiel

1. Use the illustration as an example for your own poster.You can, of course, change things if you like [bildgestützt WG].
2. Remember to make a draft of your poster and check it for mistakes.
3. Practise your presentation. Use M5 to make sure your presentation meets the criteria.

(Smasal 2016:13)

In 13.1.1 erkennbar ist die Strategie, Vereinfachungen des sprachlichen Input vorzunehmen. Dies geschieht durch kurze Sätze, hochfrequenten Wortschatz, begrenzte Informationseinheiten pro Satz, nebenordnende Konjunktion und ein Bildbeispiel. Zudem erfolgt eine Unterteilung der Aufgabe in kleinschrittige Abfolgen. Die Entwicklung eines eigenen Lösungsplans wird den Lernenden nicht auferlegt.

13.1.2 Beispiel

huge amount | große Anzahl//district | Bezirk, Stadtteil//to return the favour | sich revanchieren//legal | rechtens, erlaubt.

(Bastkowski 2015:13)

Der Input in einer Fremdsprache enthält für viele Lernende dennoch Unbestimmtheitsstellen und damit Informationseinheiten, deren inhaltliche Dekodierung durch unbekannte lexikalische, idiomatische etc. Einflüsse zunächst beeinträchtigt wird. Durch Veranschaulichung lassen sich solche Verstehenslücken zumindest verringern, wenn nicht gar verhindern. 13.1.2 nimmt sich des Problems an, indem die Schulsprache zur Veranschaulichung zielsprachlicher Bedeutungen eingesetzt wird.

13.1.3 Beispiel

You are invited to a birthday party, but you still haven't bought a present. The party starts in 30 minutes. What can you do? … In the following, you are going to learn about and discuss Amazon's latest plans to deliver parcels to their customers via drones (M1). Watch the film clip …

(Stöferle 2017:30f)

Sprachliche Handlungen bedürfen aufgrund ihrer Vielfalt an mündlichen Interaktionen, Schreibtätigkeiten oder Sprachmittlungen auch einer Veranschaulichung z. B. durch Kontexte, Situationen, Geschichten. Mithilfe kontextueller und narrativer Einbettungen ist es Lernenden möglich, eine auf individuellen Skripten aufbauende Vorstellung von den Funktionen von Redemitteln in Diskursen zu entwickeln. 13.1.3 verbindet zwei Strategien der Kontextualisierung. Durch eine Warm-up Aktivität wird die Thematik angebahnt, im weiteren Verlauf wird auch der vorausliegende kompetenzorientierte Arbeitsauftrag in den Eingangskontext integriert.

13.1.4 Beispiel

You are going to watch some scenes from the film Merry Christmas (2005). Find out what happens and whether it changes the attitudes of the characters.

(Wagner 2015:81)

13.1.5 Beispiel

Prepare a poster and a short oral presentation (one minute) of your walking tour.
For example: The Oxford University Shop is at 106 High Street. You can buy books, T-shirts and gifts there …

(Smasal 2016:11)

Wie in 13.1.4 umgesetzt kann mit Veranschaulichung reagiert werden, wenn ‚Land und Leute' in das Klassenzimmer geholt werden sollen. Visuelle, verbale und audio-visuelle Informationsträger tragen durch ihre typischen bildbezogenen Veranschaulichungsmethoden dazu bei, dass Kulturen für Schüler:innen in einer künstlichen Lernumgebung erfahrbar werden. Bereits im Anfangsunterricht arbeiten Lehrkräfte mit Realien und Bildmedien. Visualisierungen geben Vokabeln eine Gestalt, sie modellieren 'Gesprächspartnerinnen' oder verbildlichen einen Ausschnitt kultureller Realität. Auf der Textebene sind es Beispiele, wie in 13.1.5, oder Erläuterungen, die Inhalte oder Arbeitsaufträge verständlicher machen.

13.1.6 Beispiel

Listen to the sounds of the jungle. Write down the words that come to your mind. You can use the words on copy 2 for help.

(Matz 2013:16)

Veranschaulichungen nutzen Autor:innen nicht zuletzt, um das Vorwissen der Lernenden zu aktivieren. Damit entwickeln Lernende eine Vorstellung von den Inhalten, Redemitteln und Aufgabenstellungen, die einen Stoff für sie verständlicher werden lässt (Saalfrank/Kollmansberger 2017: 93). Lernende werden beim Erfassen und Begreifen unterstützt. Lernstoff wird ihrem Aufnahmevermögen angenähert und entsprechend aufbereitet. 13.1.6 zeigt, wie Veranschaulichungen Sprachverwendung und Vorerfahrungen der Lernenden zusammenbringen.

Kognitionspsychologisch betrachtet wirkt sich Veranschaulichung positiv auf Behaltensvorgänge aus. Informationen werden nach der *Dual-Code Theory* von Allan Pavio verbal und nonverbal verarbeitet, als semantische Einheiten und als visuelle Schemata. Abgelegt, d. h. kodiert, werden die Informationen also mehrfach und in unterschiedlichen Regionen des Gehirns. Wenn eine nachhaltige Speicherung der Inhalte angebahnt werden soll, liegt es daher nahe, Informationen für die Lernenden verbal und visuell kodiert zu vermitteln (Wiater 2008: 41f). Visualisierungen mit einem eindeutigen Bezug zum Text unterstützen Speicherprozesse offenbar besonders gut, wenn bildhafte Informationen dem Text gegenüber nicht redundant sind und die Bilder Informationen enthalten, die das Vorwissen erweitern, die Schüler:innen also nicht unterfordern (Schnotz 2014: 94f)

Die Forderung nach Veranschaulichung umfasst mehr als Medieneinsatz. Es geht vor allem darum, bei der Vermittlung von Lerninhalten das Verstehensvermögen der Adressatengruppe zu berücksichtigen, ihre Strategien der Informationsaufnahme und -verarbeitung. Zumindest bestimmte Lernergruppen sprechen auf angepasste Lerninhalte an, bevor sie sich den Stoffen widmen und sich mit ihnen auseinandersetzen. Nimmt man die Annahmen von Lernerpräferenzen für bestimmte Wahrnehmungskanäle als Orientierung (z. B. Gardner1983, Vester 1998), wird man das Repertoire an Veranschaulichungstechniken nicht auf eine Rezeptionsform beschränken, sondern mehrere Wahrnehmungskanäle adressieren. Damit „Abstraktes“ konkretisiert und in authentische Lebenssituationen -„real life problems“- eingebettet werden kann, werden bei Veranschaulichung verschiedene Repräsentationsformen berücksichtigt (Weiß 2018:100). In Entwürfen sind diese meist verbal, visuell und kontextuell kodiert. Im Folgenden werden Formen der Veranschaulichung systematisch diskutiert. Unterschieden werden die verbale, die visuelle und die kontextuelle Veranschaulichung einschließlich ihrer jeweiligen Subkategorien.

Überladenheit	Muster	Erläuterung

13.2 Verbale Veranschaulichung

Zu Strategien der verbalen Veranschaulichung zählen Pläne, die anhand linguistischer Eingriffe das Verständnis unterstützen können. In der Planungsstruktur ist die verbale Veranschaulichung in Form von Redundanzen, Musterbeispielen und Erläuterungen auf allen Ebenen eines Entwurfs verankert. Die Darbietung eines Inhalts ist nicht nur eine markante Vermittlungsstrategie des instruktiven Unterrichts. Meist sind es die Lehrkräfte selbst, die den Stoff einführen bzw. vorstellen. Drei Untergruppen werden hierbei angenommen:

- Redundanz

Eine traditionelle Darbietungsweise ist die Präsentation des Stundenthemas, der Lehrervortrag und vergleichbare Textkonfrontationen, sprachlich veranschaulicht durch Überladenheit des Input. Eine Information wird mehrmals in leicht abgewandelter Form verbal präsentiert. Weitere Techniken, die zu Überladenheit führen, sind die Vorgabe von Beispielen, Modellen und Textmustern, die auf das Verstehensniveau der Lerngruppe abgestimmt sind. Auf diese Weise erhalten Lernende mehrfach und über verschiedene Informationskanäle Zugänge zur Information.

13.2.1 Beispiel

If you love shopping, you should definitely go to Grafton Street. There are numerous shops. It is one of the most expensive shopping streets in the world. (Bastowski 2015:12).

Überladenheit leistet 13.2.1 durch lexikalische Elemente satzübergreifend. Dadurch wird erreicht, dass die thematischen Impulse wiederkehrend adressiert werden.

- Muster

Auf allen sprachlichen Entwicklungsstufen wirksam scheint ein Input, der Versprachlichungsoptionen für die Aufgabenlösung im Aufgabentext veranschaulicht.

13.2.2 Elemente der Aufgabenstellung
Describe the scene. Who can you see? What are they doing? What strikes you?
(Schustereder 2018a:38)

13.2.3 Realisierung
Tell your partner how to get to [the sights]. Your partner follows your directions on the map and guesses the sights. Example: I am at Big Ben. Turn right and go straight on. Cross the river and then turn left … Go straight on. My sight is on the right. (Solution: It's the London Eye.)
(Grigoriadou 2018:11)

13.2.4 Formulierungshilfe
Thank your audience and ask for questions: Thanks for your attention/Does anyone have any questions or comments?/I am happy to answer your questions now. (…)
(Oldendörp/Woltin 2020:25/3)

In 13.2.2 können Lernende bei Bedarf Satzbaumuster (*I can see…; they are …; what strikes me is, that…*) aus der Aufgabenstellung als Patterns für eigene Realisierungen übernehmen. 13.2.3 bietet ein ausformuliertes Beispiel zur Veranschaulichung einer Lösungsoption an Darüber hinaus veranschaulicht 13.2.3 den Lösungsplan durch Teilfragen. 13.2.4 enthält Versprachlichungshilfen. Veranschaulicht wird also, wie sich kommunikative Intentionen funktional ausführen lassen.

- Erläuterung

Moderne Lehr- und Lernkontexte setzen vorzutragende Informationen mit Zurückhaltung ein, zumal Deduktion zunächst keine operationalisierbaren kognitiven Aktivitäten entfaltet. Die didaktische Funktion einer Erläuterung besteht darin, alle Lernende mit Informationen zu versorgen, die für nachfolgende Aktivitäten wichtig sind. Erläuterungen eines Sachverhalts im Sinne einer Veranschaulichung sind keine Deduktionen im engeren Sinne. Sie ersetzen keine Schüleraktivitäten, sondern erhöhen durch zusätzliche Informationen eine schülergemäße Passung.

13.2.5 Definition
Einführung einer Definition des Begriffes idiom in einem kurzen Impulsvortrag: An idiom is a group of words. The meaning of the group of words is different from the meanings of the individual words. For example, "To spill the beans" is an idiom meaning to tell a secret by mistake. Anschließend sammeln die Schüler idiomatische Wendungen …
(Schustereder 2016:35)

13.2.6 Erklärung
Job profile: soft skill and definition Ranking Flexible: you can react quickly to change Reliable: you always do what you say you are going to do and do what you are supposed to do … (Steinl 2015:31)
13.2.7 Annotation
to heat: to make sth. warm, hedgerow: Hecke usw. (Usbeck-Frei 2020:30/1)

In 13.2.5 ist die Erläuterung knappgehalten und der Schüleraktivierung vorangestellt. Im Haupttext integrierte Worterklärungen lassen es in 13.2.6 zu, dass Lernende mit Input direkt arbeiten, der sprachlich über ihrem Verstehensvermögen liegt. Annotationen in Ziel- und Ausgangssprache verfolgen das gleiche Ziel. In 13.2.7 sind Vokabelbedeutungen wie üblich außerhalb der Textquelle platziert. Hilfreich scheinen sie für Lernende, die mit dem Inferieren der betreffenden lexikalischen Leerstelle im Text noch überfordert wären.

Image	Mapping	Mischformen

13.3 Visuelle Veranschaulichung

Veranschaulichungen durch Visualisierung können einer kognitiven Überlastung entgegenwirken. Diese Elemente des Instruktionsdesigns von Materialien und Lehrinput reduzieren die kognitive Beanspruchung (Klauer/Leutner 2012:62ff; Minkley u.a. 2018) Das Bildhaft-Anschauliche, ein „Haupttypus des Lernens" (Roth 2011: 62), nutzen unabhängig von der Lernstufe Entwurfsautor:innen in zahlreichen Variationen, darunter Visualisierungen, diskontinuierliche Texten, Graphiken, *flow charts, clips*.
Ein Phänomen nicht nur des fremdsprachlichen Anfangsunterrichts ist die spontane visuelle Veranschaulichung durch die Lehrkraft während des Unterrichtsgeschehens. Sie setzt Gestik und Pantomime ein, um Redemittel oder Fakten zu vermitteln, Wortschatz einzuführen, Kulturroutinen darzubieten, Strukturverläufe zu skizzieren. Anlässe zur Veranschaulichung ergeben sich im Unterricht oftmals unmittelbar aus dem Lernzusammenhang, weil sich ein Bedarf ergeben hat, den Lernstoff anders als in der geplanten Form zu präsentieren. Infolgedessen werden Beispiele angeführt, kommt es zu improvisierten Illustrationen. Für Entwürfe liegen spezifische Strategien zur visuellen Veranschaulichung vor:

13.3.1 Beispiel

Die Lehrkraft präsentiert M 1 auf OHP... M1: Guess where and in which context this picture might have been taken ...
(Eckenroth/Wagner 2012:17)

13.3.2 Beispiel

Describe the painting. Use the phrases in the foreground, in the centre, in the background etc. to build your sentences.
(Grigoriadou 2011:11)

13.3.3 Beispiel

Have a close look at the painting and describe it in detail.
- What is strange about the picture?
- Can you think of any reasons? (The title might help you here.)
- What does the room tell you about its owner?

(Dreyer 2011:21)

- Image

In Englischbüchern ist das Bild oftmals eine Anreicherung, eine optische Zugabe, die eine Unitseite adressatengerecht gestalten soll. In Entwürfen werden Bilder häufiger eingesetzt, um die Stundenthematik zu veranschaulichen oder, wie in 13.3.1, auch das Sammeln spontaner Eindrücke visuell zu unterstützen. In beiden Fällen werden Sprachhandlungen initiiert. Ähnlich verhält es sich bei der Verwendung von Bildern als Lerngegenstand. In 13.3.2 geht es darum, das Training von Navigationspattern durch visuelle Veranschaulichung authentisch zu kontextualisieren. In 13.3.3 ist das Bild Gegenstand von Diskurs und Analyse, die ästhetische Zugänge eröffnen und Reader-Response-Verfahren einleiten.

- Mapping

Das Kartieren ist eine Veranschaulichungstechnik, die Strukturierungsimpulse visualisiert und zu Tabellen, Diagrammen oder *concept maps* führt. Im Kern sollen graphische Elemente Arbeitsabläufe transparent machen und Lernenden dabei helfen, Resultate konzeptuell einzuordnen, damit sie sichtbar und in ihren Zusammenhängen nachvollziehbar bleiben. Speziell *concept maps* (Begriffslandkarten) sind konzeptuelle grafische Formate zur Organisation und Darstellung von Wissen in Kreis- oder Kastenanreihungen. Ihre Beziehungen werden durch graphische Zeichen fixiert. Durch *concept maps* lässt sich eine Veranschaulichung der Kognitionsstruktur erreichen (Gehring 2021:82).

13.3.4 Beispiel

Opinion/claim II. Explanation ...	As far as I'm concerned/.../If you ask me,/... Let me give you an example./Look at .../... (Oldendörp/Woltin 2020: 35/4)

13.3.5 Beispiel

Add the snippets [z. B. I think so, too WG] to the correct category on your discussion card [z. B. agreeing WG] (M2).
(Bastkowksi 2020: 30/1)

13.3.6 Beispiel

Topic ideas	PROS	CONS

(Oldendörp/Woltin 2020: 35/4)

13.3.4 verwendet Tabellen mit Struktur- und Redemitteln, einer abgewandelten Version der Substitutionstabelle. Sie veranschaulichen den Zusammenhang von Sprachfunktionen und Sprachmitteln. 13.3.5 präsentiert visuell eingebettete Äußerungsmuster. Diese Darbietungsform sprachlicher Mittel initiiert die mit 13.3.5 verbundene Tätigkeit. 13.3.6 hält für die Dokumentation eine Tabelle aus linguistischen und graphischen Hilfen bereit, die veranschaulicht, wie Ergebnisse in eine Ordnung gebracht werden.

- Mischformen

Nicht-lineare Texte zeichnen sich dadurch aus, dass sie Informationen in Bild und Schrift darbieten. Sie werden als diskontinuierlich bezeichnet, weil die Inhaltsaufnahme aufgrund der Bild-Schriftkombinationen nicht linear verlaufen kann. Leser sind gefordert, die visuellen und verbalen Informationsträger aufeinander zu beziehen: die Bildunterschrift, die Legende zum Schaubild, die eingeblendete Übersetzung in einem Film etc.

13.3.7 Beispiel

[Attention, please. Beware of bear]
1. Read the sign and fill the gaps. The pictures will help you.
(Reinke/Hartmann 2017:12)

Veranschaulichungsimpulse gehen von der Kombination von Schrift und Bild aus. Die Informationen in 13.3.7 können Lernende mit verschiedenen Rezeptionsstrategien erschließen. Vergleichbares gilt für sequenzielle Texte und audio-visuelle Produkte. In allen diskontinuierlichen Varianten sollen die visuellen Anteile eine Veranschaulichung zur Rezeption und Produktion leisten. Mittlerweile sind die Informationssichtung und ihre Auswertung in Text-Bild-Materialien selbst Gegenstand des Trainings z. B. von Lesekompetenzen (Höwel 2013: 47).

Erzählung	Domäne	Szenario	Kompetenz

13.4 Kontextuelle Veranschaulichung

Ein verschriftlichter Unterrichtsentwurf wird nicht zu Unrecht mit einem Skript oder einem dramatischen Text verglichen (Morine-Dershimer 2012:65). Denn er stellt strukturierte Lernprozessabläufe innerhalb eines Handlungsrahmens dar. Entwürfe folgen einer gewissen Dramaturgie. Interaktionen und Kooperationen sind geplant und schreiten innerhalb eines Aktivierungsrahmens von der Reproduktion zur Produktion. Die Handlung wird von einem Szenario oder einer Thematik bestimmt, einem Kontext also. Dieser kann ein Ereignis vorstellen, ein Erlebnis sein, eine Geschichte, in die sich Lernende hineinversetzen sollen. All diesen potenziellen Realisationen ist gemeinsam, dass es zu Interaktionen kommt. Das Verfahren, das Kontexte herbeiführt, ist die Kontextualisierung.

Konkret geformt werden die kontextuellen Anlässe aus ihren Bestandteilen, die für das Verstehen relevant sind (Barkowski/Krumm 2010:167f). In ihrer Funktion als Handlungsrahmen von Sprachlernaktivitäten initiieren Kontexte eine Form von Authentizität, die von den Lernenden konstruiert wird. Sie wird also nicht zwingend allein von der Alltagsrealität bestimmt. Authentisch sind Kontexte, deren Szenerien und Aktivitäten von den Lernenden als echt empfunden werden. Kontextualisierungen können das Lernen und Behalten fördern. Dadurch, dass Unterrichtsmodelle Inhalte der Lebens- und Erfahrungswelt der Lernenden thematisieren, werden Verknüpfungen mit verfügbaren Wissensbeständen begünstigt. Die Anschlussfähigkeit des Neuen an das Vorwissen ist ein wesentlicher Faktor für nachhaltiges Lernen. In motivationaler Hinsicht bedeutsam ist, dass Kontexte veranschaulichen, für welche sozialen Interaktionen sich das Neue eignet. Dadurch lernen die Schüler:innen neuen Stoff als Inhalte mit Bedeutung für die eigenen Kommunikationsanforderungen kennen (Sass 2017).

Bekannt ist zudem, dass Kontextualisierungen sich positiv auf den aktiven Lernprozess auswirken (Klippel/Doff 2007: 51ff; Nunan 2009: 60). Die Vermittlung und Verarbeitung von Inhalten lassen sich lernwirksam gestalten, wenn das Neue kontextualisiert ist. Bei formalen, dekontextualisierten Varianten müssen Lernende auf andere Weise überzeugt werden, weshalb sie sich mit einem Stoff befassen sollen, dessen kommunikative oder interkulturelle Relevanz im Verborgenen bleibt. Eine Planung scheint sich als überlegen zu erweisen, die das zu erwerbende Wissen in sinnstiftende Kontexte einbindet. Lernende können so die wahrnehmbare Umwelt leichter für sich erschließen (Möller 2012: 43f). 13.4.1 fasst mögliche Kontextformate zusammen:

13.4.1 Kontextformate	
Narrativ	Der Lernprozess wird in einer sinnstiftenden Geschichte eingebettet. Im Unterrichtsverlauf wird der Kontext als thematische Struktur beibehalten, und Aktivitäten werden hierauf bezogen.

13.4.1 Kontextformate	
Genrespezifisch	Kontexte erwachsen aus den Merkmalen einer Textsorte. Zum Genre wird eine Situation oder ein Ereignis, eine Sachlage modelliert oder rekonstruiert, in die eine genretypische Aufgabenstellung eingebettet ist, z. B. die Ausarbeitung eines Dialogs zu einem Redeanlass, das Anfertigen eines Posters mit Ergebnissen etc.
Domänenspezifisch	Kontexte modellieren einen Lebens- bzw. Alltagsbereich aus Facetten der Schülererfahrung. Die Aktivitäten stehen hierzu in Beziehung und können dominieren.
Didaktisch	Kontexte werden durch die Aufgabenstellung und damit verbundene Kompetenzerwartungen gesetzt.
Dramaturgisch	Kontexte sind die thematischen Klammern für holistische Aktivitäten und werden durch Vorstellungen der Lernenden konturiert.

- Erzählung

Handlungsstarke Entwürfe entfalten Aktivitäten innerhalb eines narrativen Handlungsrahmens. Die Imagination der Lernende wird direkt adressiert, sie werden ermuntert, sich auf eine Handlung einzulassen, aus ihr heraus zu handeln, sie aber auch als Umfeld für das eigene Lernen zu nutzen. Das narrative Leitmotiv durchzieht den gesamten Entwurf. Es kann von didaktischen Phasen durchbrochen werden, z. B. um Ergebnisse zu überprüfen, um einzelne Redemittel zu trainieren etc. Im Anschluss daran wird es wieder aufgegriffen.

13.4.2 Beispiel
Einleitung: Mindmap: Activities in National Parks. Hauptphase 1: Imagine you are going on a day trip … Look at the pictures and choose five things you want to take with you. Circle them. Hauptphase 2: …, your trip …can begin. Suddenly, you see a strange sign at the entrance of the Park. Read the sign and fill the gaps. Schlussphase: …, you suddenly find an old and dirty book … You … start to read the first page …: rain has dropped onto the diary, and you can't read all the words. Fill the gaps. (Reinke/Hartmann 2017: 10ff)

13.4.2 bindet klassische Füllformate (*fill the gaps*) in eine lockere Handlungsstruktur. Das Erzählte dient als veranschaulichende Klammer für die Übungsaufträge, die sich dramaturgisch ohne Brüche in das Geschehen einfügen.

- Genre

Aufträge, schülerorientierte Textsorten zu verfassen sind nicht selten zusätzlich an eine Rollenbeschreibung gekoppelt, die weitere Veranschaulichungsimpulse liefert.

13.4.3 Beispiel

For a travel guide for students who are tourists visiting London, write a short informative text about the meaning of Banksy's graffiti.
(Schustereder 2018a:36)

13.4.3 nennt zwar keine genretypischen Merkmale eines *travel guide*, das einbettende, kontextualisierende Szenario (*student tourists*) lässt jedoch die Vermutung zu, dass ein informelles Ergebnis als Textprodukt akzeptiert wird.

- Domänen

Autor:innen nehmen Kontextualisierungen ihrer Unterrichtsskizzen vor, um Lern- und Verstehensprozesse erfahrungs- und authentizitätsnah zu gestalten. Diesem Ziel dient auch eine Kontextualisierung in Domänen. Domänenspezifische Kontexte sind Lebensbereiche, in denen Sprachhandlungen verschiedenster Art und Weise zu erwarten sind. Der Gemeinsame europäische Referenzrahmen nennt vier Bereichsdomänen: den öffentlichen, den privaten, den beruflichen Bereich und das Bildungswesen. Domänenspezifische Verwendungsanlässe veranschaulichen kommunikative Bedeutungen und Funktionen von Redemitteln für kontextuell veranlasste Anwendungen. Lernende werden auf Faktoren und Bedingungen der Umgebung aufmerksam, die mündliche oder schriftliche Interaktionen im betreffenden kontextuellen Feld nach sich ziehen (Murcia/Ohlstain 2000: 11).

13.4.4 Beispiel

Imagine you are on a bike trip in England with a friend.
With the help of role cards, write and act out a dialogue.
M2 Group A: Buying a ticket
M3 Group B: Booking a hotel room
M4 Group C: Making a complaint.
(Hempel/Voigt/Wagner 2015: 18f)

Die von 13.4.4 veranschaulichten Kontexte zur *public domain* des CEFR sollen Lernenden verdeutlichen, welche Sprachhandlungen in einem Domänenbereich hilfreich sind, angemessen und üblich. Im Entwurf sind sie durch *flow charts* näher ausgeführt (Hempel/Voigt/Wagner 2015).

- Szenario

Es wird von einem Sachverhalt bzw. einem Inhaltsbereich bestimmt. Die Aufgabe besteht darin, eine phasenübergreifende Lernumgebung für die Anbahnung bzw. die Aktivierung der erwarteten Kompetenzen zu konstruieren und so sinnstiftend zu wirken. Ein Szenario hält deshalb eine thematische Klammer vor, einen roten Faden, der die aufeinanderfolgenden Lernaktivitäten zusammenhält. Alle Aktivitäten des Szenarios sind auf das Thema ausgerichtet. Sowohl bei der Aufgabenart als auch bei der Aktivierung einer Kompetenz wird eine thematische Adjustierung angestrebt.

13.4.5 Beispiel

Let's do some brainstorming and review your vocabulary about nature and gardening!
- We will write a picture dictation called "A beautiful garden".
- Have you ever heard of "urban gardening"?
  Read a text and learn about urban gardening!
- Then it's your turn to become an artist and draw your own beautiful urban garden.
- Present your artistic gardening ideas in a gallery walk.

(Hammer 2016:11)

In 13.4.5 werden das Wortschatzsammeln, das Zeichnen, Hören, Lesen und mündliche Darstellen in den thematischen Kontext verortet, demnach alle kognitiven und kreativen Tätigkeiten. Im Gegensatz dazu stehen didaktische Ausführungen von Unterrichtsplänen. Bei ihnen steht die Entwicklung einer oder mehrerer Kompetenzen im Vordergrund, ohne dass eine Veranschaulichung anhand erlebnis- bzw. sachorientierter Kontexte erkennbar ist.

- Kontextneutrale Einbettung

Es kommt vor, dass in text- und literaturdidaktischen Entwürfen, ähnlich wie in einigen Unterrichtsplänen zur Vermittlung systemischer Kompetenzen, auf Kontexte verzichtet wird. Stattdessen wird von den Autor:innen ein didaktischer Rahmen gewählt, der sich auf die Strukturierung des Lernprozesses konzentriert.

13.4.6 Beispiel

Einstieg
Impuls: If you were to find a new community different from the one you live in, what would it be like?
Die Schüler besprechen die Frage zunächst in Gruppen, Zusammenfassung im Plenum.
Hauptphase
Zur Vorbereitung auf das Leseverstehen bearbeiten die Schüler in Paaren Copy 1.
Die Schüler lesen nun den Romanauszug und bearbeiten inhaltliche Fragen dazu.
Schlussphase
Die Schüler wählen eine der kreativen Aufgaben auf Copy 3 und bearbeiten sie in Paaren oder Gruppen. Vorstellung der Arbeiten im Plenum.

(Tørnby 2014: 35)

13.4.6 beschreibt den geplanten Unterrichtsverlauf als Abfolge methodischer Bausteine. Sie kennzeichnen die Lernaktivitäten, die ergebnisorientiert formuliert sind. Strukturierung und Progression werden maßgeblich durch die Aufgabenstellung geleistet. Auf einleitende oder überleitende Lenkimpulse, die veranschaulichend sein können, wird in dekontextualisierten Aufträgen weitgehend verzichtet.

13.4.7 Planungsleitlinien	
Veranschaulichung	• Vereinfachungen des Input • Schülernahe Kontexte • Anbindung der Inhalte an Lebenswelt • Musterbeispiele für Aufgabenlösung • Multisensorische Präsentationen • Texterläuternde Visualisierungen • Kontextualisierungen zur Einbettung

13.5 Prüfliste

Veranschaulichungsstrategien sind integrale Bausteine der Planung von Lernprozessen. Sie können sich visuell, verbal, kontextuell oder aus einer Mischung hiervon darstellen. Lernenden nutzen Veranschaulichungen, um zu Einsichten über Situationen, Aufgabenstellungen und möglichen Lösungsansätzen zu gelangen.

13.5.1 Elizitation

Aspekt Veranschaulichung	**Konkretisierung**
1. Lösungsplan wird veranschaulicht.	Describe the scene. Who can you see? What are they doing? What strikes you?
2. Inhalte sind graphisch/visuell veranschaulicht.	With the help of role cards, write and act out a dialogue.
3. Erläuterungen sind verfügbar.	Reliable: you always do what you say you are going to do.
4. Annotationen und Definitionen werden vorgehalten.	to heat: to make sth. Warm; hedgerow: Hecke usw.
5. Beispiele für Aufgabenlösung liegen vor.	Example: I am at Big Ben. Turn right and go straight on. Cross the river and then turn left …
6. Der Plan ist in einen Kontext eingebettet.	Activities in National Parks.

14 Ergebnissicherung

14.1 Grundlagen

Unterrichtspläne weisen aus, welche Phasen der Aktivierung vorgenommen werden. Sie geben an, welche Leistungen erwartet und welches Können gezeigt werden soll. Sie setzen ein Strukturmodell um, das zumindest die drei Phasen Einleitung, Haupt- und Schlussteil ausdifferenziert. Damit eine anleitende, lernunterstützende Komponente des Settings lernförderlich ist, müssen Konsolidierungsstrategien hinzutreten (Hattie 2013: 144).

Wiederholung	Aktivierung	Feedback

Ein klassischer Ort für Konsolidierungsmaßnahmen im instruktiven Unterricht ist das Unterrichtsgespräch (UG), das den „gemeinsamen Austausch von Lehrperson und Lernenden zur Thematik inszeniert“ (Leisen 2007:3f). Im UG ist Gelegenheit, zu einzelnen Lösungsvorschlägen mündlich spontanes Feedback zu geben. Zur Sicherung von Ergebnissen bedarf es daher eines Bündels an weiteren Aktivierungsmaßnahmen. Im Unterrichtsverlauf sind Anwendungs- oder Transferaufgaben und Hausaufgaben zielführend.
Die Ergebnissicherung zählt in verschiedenen Studien zu den basalen Parametern eines guten Unterrichts. Erwähnt unter dem Kriterium der Klarheit wird die „verbindliche Ergebnissicherung“ als ein Merkmal guten Unterrichts. Konsolidierung und Sicherung gelten als Phasen eines auf das Behalten und Anwendens gerichteten „guten“ Umgangs mit dem Lernstoff (Helmke/Schrader 2006:8). Sicherungsphasen in einer Unterrichtsstunde initiieren demnach nachhaltiges Lernen, das in nachfolgenden Sequenzen vertieft wird (Helmke 2007:10).

14.2 Wiederholung

Es gehört mittelbar oder unmittelbar zu den Planungsprinzipien in Entwürfen, immer wieder Gelegenheiten für die Lernenden zu schaffen, sich den Lernstoff so einzuprägen, dass er auch behalten wird. Die Wiederholung von neu Gelernten gilt als „ein wichtiger Bestandteil eines jeden Lernprozesses“ (Hofer, zit. nach Bönsch

2005, 1). Ohne Wiederholung ist nachhaltiges Lernen nicht zu erreichen. Nach Roth ist die Wiederholung das „A und O des Lernens", da Wissen nicht mit einem Mal erworben wird (Roth 2017, 330). Der Fremdsprachenunterricht ist auf Wiederholen und Sichern auf allen Kompetenzebenen angewiesen. Lernende sollen sich an das vielfältige Wissen erinnern und noch später zugreifen können, wenn der erstmalige Erwerb schon länger zurückliegt. Für das Wiederholen muss folglich „gezielt gesorgt werden" (Sambanis/Walter 2019: 15)

14.2.1 Beispiel

Look at the pictures and answer the questions. What does it mean when a person is 'old'? At what age are you old? What, for you, would be a typical characteristic of an old person?

(Steinbach 2021a:30/1)

Im Fach Englisch ist der Beginn einer Unterrichtsstunde oftmals für die Wiederholung reserviert. Inhalte aus vorausgehenden Lerneinheiten oder, wie in 14.2.1 angelegt, konzeptuelles Vorwissen werden durch verbale Impulse aufgerufen.

14.2.2 Beispiel

Read the text and note down keywords about the most important information.
You can circle or underline the information in the text.
2. What information do you find most interesting? Name your top three and give reasons for your choices.
3. Work together in your expert group and create a poster on your topic.

(Bastkowski 2015:12)

In 14.2.2 geht es darum, das erarbeitete Wissen umzuwälzen, d. h. zu festigen und anzuwenden (*circle, note down, name top three, create poster*). Zur Konsolidierung der Inhalte folgen in 14.2.2 Wiederholungen der „most interesting information". Sie werden in den Aufgaben 2 und 3 von 14.2.2 in eine Sprachfunktion integriert und anschließend für die Ausführung eines Textgenre aufgerufen. Alternativen zur Wiederholung ergeben sich in Übungsphasen, Problemlösungsphasen und Hausaufgaben (Lüders/Quittenbaum 2019).

In den Anforderungsbereichen der Bildungsstandards werden Operatoren benannt, die reproduzierende Tätigkeiten auslösen, wozu das Wiederholen bekannter Inhalte im weiteren Sinne zählt. Studien weisen darauf hin, dass Schüler:innen mehrere Wiederholungsphasen benötigen, bis sie Inhalte durchdringen. In sprachbezogenen Unterrichtsplänen ist die Wiederholungsphase fester Bestandteil der Phasenstruktur (Gassmann 2013: 114). Im Sinne des „verteilten Lernens" werden Pläne empfohlen, die stoffliche Wiederholungen auf mehrere Wochen verteilen (Pelz 1997: 72). Voraussetzung auch hier ist, dass nicht mechanisch, sondern themen- und kontextbezogen wiederholt wird (Gudjons 2006: 131ff). Das Übungsinventar sollte so gestaltet sein, dass das zu Wie-

derholende oder zu Festigende in verschiedene Abläufe eingebunden ist und nicht nur einem Muster folgt (Schirp 2011: 106). Sind die Wiederholungen eines bestimmten Inhalts in unterschiedliche Kontexte und Verarbeitungsformen eingebettet, wird die Verknüpfung mit anderen Inhalten verstärkt, das Erinnern für die Schüler:innen leichter (Roth 2017: 330). Diese Formen des angemessenen Wiederholens gelten als „intelligente" Versionen, da sie Transferangebote beinhalten (Helmke 2007: 10).
Aus den genannten Gründen ist eine Vorstellung, wonach „consolidation … normally occurs at the end of the lesson" (British Council 2014), in der deutschen Planungskultur unterrepräsentiert. Wiederholung findet statt, wenn sie geboten scheint. Dies ist immer dann der Fall, wenn Lernende mehr Sicherheit im Umgang mit dem Neuem gewinnen sollen.

Wiederkehrende Wiederholung	Fokussierte Wiederholung	Dokumentierte Wiederholung

- Wiederkehrende Wiederholung

In Unterrichtsentwürfen können regelmäßige Wiederholungsphasen eingeplant sein, die Lernende auffordern, das bisher Vermittelte zu rekapitulieren. Werden sie in Anlehnung an die Lernforschung konzipiert, initiieren Wiederholungsphasen unterschiedliche Aktivitäten. Je nach Phase sind sie reproduktiv oder produktiv gestaltet, kooperativ oder individuell, schriftlich oder mündlich, als Lern- oder als Testaufgabe. Wichtig ist, dass die Wiederholung des Lernstoffs mehrmals angestoßen wird.

14.2.3 Beispiel

M1: Watch the film clip [Amazon Prime Air] What is it about? … Watch the clip a second time. Complete the following sentences using the chunks from the box.
M2: 1. Match the words or phrases … Draw lines …
M3: 1 Collect positive and negative aspects … Take down key words. 2. Get together with a partner and exchange your ideas … 3. Get together with another pair. Again, exchange your ideas and decide … 4. Name a spokesperson and present your ideas in class.
M4: Write an article for your English school magazine …say what you think about [Amazon Prime] … give reasons for your opinion …

(Stöferle 2017:31f)

14.2.3 ist gekennzeichnet durch eine durchgängige Wiederholungsstruktur. Die Quelle Filmclip wird zweimal präsentiert. Die Informationen werden in M1 gesichtet, in einem Pool vorgehalten und in einem Einsetztext gefestigt. Diese Aktivität dient gleichzeitig der Wiederholung von Redemittel durch Einsetzen und, in M2, durch Zuordnung. In M3 werden Argumente der Sammelaktivität aus M1 und des Fülltextes M2 nochmals aufgerufen und sollen mit Gegenargumenten gespiegelt werden. In M4 werden Argumente ein weiteres Mal gefestigt, diesmal durch ihre Verwendung in einer Textproduktion.

- Fokussierte Wiederholung

Diese Vermittlungsstrategie hat ihren Platz im Entwurf, erstreckt sich jedoch nicht über die gesamte Phasenstruktur. Ihr didaktischer Ort ist eine Schrittfolge der Erarbeitung oder Vertiefung, wo sie auf zentrale Inhalte fokussiert, die beherrscht werden sollen. Insofern ist M1 von 14.2.3 auch ein Beispiel für eine fokussierte Wiederholung.

14.2.3.b Beispiel

M1: Watch the film clip [Amazon Prime Air] What is it about? … Watch the clip a second time. Complete the following sentences using the chunks from the box.

- Dokumentierte Wiederholung

In Evaluierungsbögen für Unterrichtsbeobachtungen wird Wert auf eine schriftliche Ergebnissicherung gelegt. An Bewertungskriterien listet etwa das Bayerische Realschulnetz „Entwurf und Ausführung des Tafelbilds und des Hefteintrags bzw. andere Form der schriftlichen Fixierung“ auf (Bayerisches Realschulnetz 2021). In einer Handreichung des IFBQ zur Unterrichtsbeobachtung wird als Erwartung formuliert: „Die Lerninhalte und Lernergebnisse werden von den Lernenden zusammengefasst und/oder festgehalten (z. B. durch Wiederholungen oder Mindmaps)“ (IFBQ 2016: 64).

14.2.4 Beispiel

Die SuS bearbeiten die erste Aufgabe … Present your ideas for the biography. Der gefundene Konsens sollte an der Tafel festgehalten werden.
(Hahn 2019:40)

14.2.5 Beispiel

Im Anschluss an den Film wird in den Arbeitsgruppen Aufgabe 1 auf Copy 2 (unter M6) bearbeitet. Die Ergebnisse werden in Form einer Mindmap auf OHP gesichert, ein bündelndes Fazit wird ergänzt (siehe Lösungsvorschlag auf Copy 3).
(Wagner 2015:40)

14.2.6 Beispiel

Read the text and note down keywords …
What information do you find most interesting? Name your top three …

Keywords	My top 3 1. _____ because _____… (Bastkowski 2015:12)

14.2.7 Beispiel

Discuss the questions above in class and collect suggestions and ideas …do the research… write your part of Shakespeare's biography. (Hahn 2019 40/1)

In 14.2.4-14.2.7 drückt sich ein Bewusstsein für das schriftliche Dokumentieren von Zwischen- oder Endergebnissen aus. Hinweise zum Anfertigen eines Tafelanschriebs wie in 14.2.4 sind zwar selten. Dennoch sind sie als „bewährte Möglichkeit der Ergebnissicherung" (Gudjons 2006:66) eine Option in Entwürfen. 14.2.5 nutzt den Anschrieb durch die Lehrkraft hierzu zum Stundenende unter Verwendung einer Mindmap-Struktur. Als konsolidierende Schüleraktivitäten sind Tafelanschriebe kaum vorgesehen. Die schriftliche Dokumentation von Ergebnissen führen Lernende wie in 14.2.6 in vorgegebenen, vorstrukturierten Arbeitsblättern zum Einfüllen durch. In Schlussphasen werden, wie in 14.2.7 vorgegeben, schriftliche Festigungsprozessen durch freiere Textproduktionen initiiert.

14.2.8 Planungsleitlinien	
Wiederholung	• Verschiedene Möglichkeiten zum Umwälzen eingeführten Wissens • Mehrere Gelegenheiten im Entwurf • Mündliche und schriftliche Phasen • Mediale Aufbereitung zur individuellen Bearbeitung • Kontextualisierungen

14.3 Aktivierung

Je nach Zielsetzung einer Konsolidierungsphase lassen sich als Vermittlungsstrategien zum Üben *(practise)*, Anwenden (*application*) und Transferieren (*transfer*) unterscheiden. Damit ist angedeutet, dass Verarbeitungen von Stofflichem zur Festigung und Sicherung des Neuen beitragen:

Übung	Anwendung	Transfer

Übung
Seit der audiolingualen Methode ist der Pattern Drill bekannt, bei dem ein linguistischer Schwerpunkt wiederkehrend verwendet wird. Das Pattern soll sich einschleifen, d. h. automatisieren, damit Lernende es nutzen können, ohne überlegen zu müssen. Es gibt Änderungen in der Übungsstruktur, der Schwerpunkt der Aktivität bleibt unverändert. Imitation und Nachahmung in Form von Übungen sind im Anfangsunterricht akzeptierte Aktivierungsmuster. Lernenden soll über das Vor- und Nachsprechen, über Lücken- und Einsetzübungen zu Sicherheiten im Umgang mit Aussprache, Rechtschreibung oder Grammatikelementen verholfen werden (Hutz 2018: 147). Das Wiederholen wird zudem als bewährte Vermittlungsstrategie für das Habitualisieren von Ausspracheroutinen aufgefasst. Grund-

sätzlich scheint Zurückhaltung beim mechanischen Wiederholen von sprachlichen und thematischen Inhalten didaktisch angebracht. Erfahrungen zeigen, dass mechanisches Wiederholen nur eine begrenzte Wirksamkeit entfaltet (Gehring 2021). Favorisiert wird „intelligentes" Üben, das durch Bereitstellung verschiedener Aktivitätsformate ausgewählten Lernstoff vielfältig und kognitiv anregend zu trainieren verspricht (Helmke 2006).

14.3.1 Beispiel

M3 Here are some phrases used in the Grand Central Terminal clip. Match up the beginnings on the left (1-7) with the endings on the right (A-G).

…

M4 Plan a one-minute presentation about a sight in New York City …
Use some of the phrases in M3 to help you.

(Shatwell 2020:16/3)

14.3.1 entspricht den Merkmalen des intelligenten Übens. Die Konsolidierung ist kognitiv orientiert, die Lernenden sollen den linguistischen Lernstoff (M3) zur Vorbereitung einer produktiven Tätigkeit reproduzieren (M4). Hierzu muss eine Auswahl getroffen und im erwarteten Lernprodukt (*one-minute presentation*) verwendet werden.

Als Präsentationstechnik zur Unterstützung von Dekodierungsprozessen tritt Wiederholung in Phasen mit rezeptiven Aktivitäten auf. Vor allem bei Unverstandenem scheint sich mehrmaliges Lesen oder Hören positiv auf das Textverständnis auszuwirken (Vanderbilt 1999: 174).

14.3.2 Beispiel

Take notes… Listen a second time, then answer the questions below … Listen a third time and check your answers.

(Schubert 2016:18)

14.3.2 bindet die wiederholten Rezeptionsvorgänge an konkrete Arbeitsaufträge, wozu auch die Überprüfung der erreichten Ergebnisse zählt. Durch mehrfache Präsentation des Inhaltsträgers bietet sich für Lernende die Option, sich auf die Textbereiche zu konzentrieren, die bei der vorausgehenden Präsentation unverstanden blieben oder überhört wurden. Insofern liegt hier ein kognitiv anregendes, ‚intelligentes' Wiederholen vor.

Zur Festigung von Lerninhalten gibt es in Entwürfen Wiederholungsphasen, die durch das Zusammenführen verschiedener Kompetenzen entstehen und auf diese Weise Anwendungsstrukturen anlegen.

14.3.3 Beispiel

1. Read your text and underline what you can do outdoors in Louisiana.
2. Note down your TOP 7 of the most important information.
3. Share your list with a partner and agree on the TOP 5 activities you can do outdoors.

(Bastkowski 2016:11)

In 14.3.3 folgen auf eine Phase, in der die Lernenden Argumente markieren, weitere, in der alle Teilnehmenden mit kooperativ verhandelten Ergebnissen arbeiten. Trainiert wird in drei ähnlich gelagerten Teilaufgaben die Verwendung von Informationen (*outdoor activities*), die den Schüler:innen als Textinhalte vorliegen. Die sprachlichen Aktivitäten bleiben in allen Varianten reproduktiv. Die ausgewählten Inhalte können Lernende interaktiv einsetzen, ohne Änderungen vornehmen zu müssen. Das kollaborative Design in Verbindung mit dem Aufrufen unterschiedlicher methodischer Strategien (*underline, note down, share, agree on*) verhilft der Wiederholungsübung zu einer authentischen Kontextualisierung.

• Anwendung

Nachhaltiges oder intelligentes Lernen geht von Aktivierungsformaten aus, die zu einer veränderten Verwendung des Neuen veranlassen. Die „Gedächtnispfade", die Vernetzungen von Wissenseinheiten herbeiführen, können vertieft werden, weil sich andere Verwendungszusammenhänge eröffnen (Spada/Kiesel 2017: 404). Sie sind zwar inhaltlich und strukturell nicht völlig neu. Aber einiges, was in vorausgehenden Aktivitäten erprobt wurde, muss jetzt anders bewertet und gelöst werden. Allerdings sind Lösungsstrategien für alle erkennbar, die mit den Formaten in den vorausgehenden Phasen umzugehen lernten.

14.3.4 Beispiel

Imagine your cousin plans to visit you ... What are you doing to get ready for his/her visit?
1. With a partner, collect ideas.
What does he/she like to do? -What does he/she like to eat? – Is there anything he/she can't eat or doesn't like? -What are his/her hobbies? ...

(Draeger 2017: 13ff)

14.3.5 Beispiel

Think back to your cousin from the beginning of the lesson ...
Mark, Betty and Mark's cousin, George, are sitting together for dinner.
• With your partner, imagine what happens.
• Write a scene ...

(Draeger 2017:13ff)

14.3.4 besteht aus einer Übungsphase, auf die eine Anwendungsphase 14.3.5 folgt. Die Übungsphase (*collect ideas*) wird genutzt, um inhaltliche Aspekte Schritt für Schritt zu sammeln, wozu Fragen zu jeweils einem inhaltlichen Aspekt gestellt werden. In der Anwendungsphase 14.3.5 können Lernende individuell auf den in 14.3.4 entstandenen Inhaltspool zugreifen. Die Anwendung ist grundsätzlich offen für andere Lösungen.

- Transfer

Übertragungsaufgaben reaktivieren das erlernte Wissen nur mittelbar. Wesentliche Anforderungen kommen hinzu, die in vorausgehenden Phasen nicht in Erscheinung traten.

14.3.6 Beispiel

Look at the picture and, with your partner, describe what you see... In your group, explain to the other students what you think the picture is about... Talk about possible interpretations and take notes.
(Schustereder 2018a:36)

14.3.7 Beispiel

Die Schülerinnen und Schüler sichern die Beschreibung der Werke sowie ihre durch die Diskussion erarbeiteten Interpretationen in einer individuellen Sicherungsphase schriftlich ...
For a travel guide for students who are tourists visiting Boston, write a short informative text about the meaning of Banksy's graffiti.
(Schustereder 2018a:36)

14.3.6 und 14.3.7 sind Repräsentanten einer Praxis- bzw. einer Transferphase. Während es in 14.3.6 genügt, das Wahrnehmbare zu versprachlichen, reicht es in 14.3.7 nicht mehr, nur die vertrauten Strukturen anzuwenden. Potenziell müssen Lernende neben dem im Entwurf entwickelten Wissen für eine Lösungsstrategie zusätzlich erworbenes Wissen einsetzen, das weder reaktiviert oder thematisiert wurde.

14.3.8 Planungsleitlinien

Sicherung durch Aktivierung

- Mehrere Aktivitätsformate in Plan
- Automatisierende und kognitivierende Aktivierung
- Verschiedene Verwendungszusammenhänge
- Verschiedene Komplexitätsstufen

14.4 Feedback

Lehrkraft	Peers	Materialien

Feedback umfasst alle Formen der Rückmeldung von Schüler:innen und Lehrkräften (Hattie Clarke 2019: 3). Lehrkräfte geben ein bilanzierendes, d. h. summatives Feed-

back in ihren Korrekturanmerkungen von Tests oder Leistungsaufgaben, mit denen sie einen ausgewählten Lernstoff abgefragt haben. Formatives Feedback äußert sich in Form kontinuierlicher Rückmeldungen an Lernende. Sie erfahren, während ein Lernprozess noch im Gange ist, wo sie gerade stehen, und was sie tun können, um sich den Leistungserwartungen weiter anzunähern. Dieses Feedback kann aus Verstärkungen bestehen oder aus Nachfragen, Vertiefungsimpulsen im Anschluss an Äußerungen etc. Korrigierte erste Lösungsentwürfe gehören dazu, solange sie, wie bei Portfolios, Bestandteil des Lernprozesses sind, nicht dessen Abschluss.
Während eines fremdsprachlichen Unterrichtverlaufs kommt es häufig zu spontanem Feedback nach Schülerbeiträgen in der Zielsprache. Präsent im Unterricht sind *recasts,* mündlich vermittelte Wiederholungen, bei der die korrigierte Version eines fehlerbesetzten Schülerbeitrags von der Lehrkraft zurückgespielt wird. In der Fremdsprachendidaktik wurde Feedback oft im Zusammenhang mit Strategien der Fehlerkorrektur der Lehrkraft thematisiert (Gehring 2021: 59ff). Andere Formen des korrektiven Feedbacks vollziehen sich auf der schriftlichen und digitalen Ebene (Nassaji/Kartchava 2017). Ein Beispiel ist die Positivkorrektur, bei der Lehrkräfte oder Übungsprogramme Verbesserungsvorschläge in Lernertexten einfügen. Schriftliches Feedback wird außerdem über das *process writing* realisiert. Es durchläuft die Stufen Erstentwurf, Feedback, überarbeiteter Zweitentwurf (Ur 2012: 160).
Feedback hat im fremdsprachlichen Unterricht die Funktion, Impulse für die Anbahnung und Weiterentwicklung einer normgerechten Sprachverwendung zu setzen. Eine weitere Aufgabe des Feedbacks besteht darin, Lernenden Hilfestellungen an die Hand geben, wie sie ihr Lernen selbst verbessern können (Bastian 2014:7). Um dies zu leisten, befasst sich Feedback nicht nur mit der Lösungsqualität. Ebenso sensibilisiert es für Lösungsstrategien bei der Aufgabenbearbeitung sowie für Techniken der Informationsbeschaffung oder -darstellung, für Formen des Aushandelns. Feedback richtet sich daher auf Lernergebnisse und gleichermaßen auf den Lösungsprozess. Damit ist nicht gemeint, Lernerbeiträge oder Lernverhalten ausschließlich qualitativ einzuordnen, zu beurteilen. Feedback besteht aus Rückmeldungen, die relevante Facetten des Lernens im Kontext von Aufgabenstellung, Lösungserwartung und Lösungsplanung hinsichtlich ihrer Stärken und Verbesserungsmöglichkeiten beschreiben. In anderen Worten kommunizieren Lehrkräfte durch Feedback ganzheitliche Optimierungsansätze des individuellen Lernverhaltens.

- Lehrperson

Lehrkräfte überprüfen durch Fragen oder Aufgaben, wie Lernende mit einem neu vermittelten Wissen umgehen können. Gegebenenfalls verbessern sie oder geben Korrekturhinweise, äußern sich zu Lösungsvorschlägen oder moderieren Klassendiskurse hierzu. Für Lernende ist das Lehrkraftfeedback insofern eine Hilfe, als sie erfahren, wie ihr Beitrag einzuschätzen ist, welche positiven oder negativen Aspekte von einer Expertin wahrgenommen wurden. In Entwürfen können von der Lehrkraft durchgeführte Feedbackphasen explizit als solche ausgewiesen sein. Entsprechende Lehrtechniken (korrigieren, nachfragen, umformulieren, impulsieren etc.) sind auch für die Sicherung von Ergebnissen zielführend. Im Korpus sind keine Phasen ausgewiesen, in denen benannt wird, wie Lehrkräfte Feedback geben sollen. Jedoch sind Sozialformen wie das Unterrichtsgespräch oder das Plenum in der Verlaufstabelle Gelegenheiten für ein Lehrerfeedback.

14.4.1 Beispiel

Which poem did you like best and why? Do you have any other ideas about how a poem can be written? (Matz 2013:13)

14.4.2 Beispiel

Die Schüler erklären die Bedeutung einiger der gesammelten deutschen Idiome auf Englisch. (Schustereder 2016:35)

14.4.3 Beispiel

Im Unterrichtsgespräch werden nun Möglichkeiten gesammelt, wie man Pilar Díaz Garcías Lebenssituation verbessern könnte. (Schubert 2016:16)

In 14.4.1-14.4.3 kann die Lehrkraft aufgrund der offenen Sozialform durch Impulstechniken, Verbalisierungs- und Korrekturtechniken Ergebnisse editieren und sichern. An welche Techniken im Einzelnen die Autor:innen bei der Planung konkret gedacht haben, erschließt sich nicht. Abgesehen von Fragen (14.4.1) werden potenzielle Diskursverläufe nicht näher ausgeführt.

- Peers

Planautor:innen integrieren Peer-Feedback in ihre Entwürfe, damit Lernende selbst Ergebnisse und Lernverhalten in der Klasse einschätzen. Hinsichtlich der Vorteile des Feedbacks durch Mitglieder der Lerngruppe wird darauf verwiesen, dass Schüler:innen Rückmeldungen zu verschiedenen Aspekten ihres Beitrags erhalten. Die Einschätzungen der Lerngemeinschaft können recht heterogen ausfallen, was gegebenenfalls zu vielfältigeren Perspektiven auf das Evaluationsprodukt führt. Peer-Feedback soll die Sichtweise der Lehrkraft ergänzen, sie nicht ersetzen (Wilkening 2016:29).

14.4.4 Beispiel

Die Gruppen stellen ihre Lieder in Kurzvorträgen vor. Ggf. ergänzen die Kontrollgruppen die Ergebnisse. Im Anschluss sollte eine kurze Evaluation der Präsentationen folgen. (Hutz 2015:17)

14.4.5 Beispiel

Listen to your classmates' presentations and give feedback on them. Did the presenter use expressions for describing sights? … Which presentation did you like best? Say why. (Shatwell 2020:16/3)

14.4.4 und 14.4.5 sehen mündliches Peer-Feedback vor, wobei 14.4.4 diese Phase als Option markiert. 14.4.5 entlastet durch Frageimpulse die geplante Rückmeldeschleife, sodass sich Lernende verschiedener Leistungsstufen äußern können.

- Materialien

Für eine selbsttätige Überprüfung der geleisteten Tätigkeiten liegen Schüler:innen häufig Lösungsblätter vor. Sie enthalten die erwarteten Resultate, manche informieren über strategische Aspekte der Lösungsplanung und -durchführung. Beispielsweise geschieht dies anhand einer Checkliste oder eines Fragekatalogs. Beide Formate verweisen auf die Inhalte, die in den Produkten Erwähnung finden sollten. Qualitative Aussagen finden Lernende außerdem in *rubrics*. Diese Formen von Bewertungsrastern beschreiben verschiedene Ausführungsqualitäten einer Leistung.

14.4.6 Beispiel

Watch the video https … Compare and add to your findings. (Köpf 2017a:43)

14.4.7 Beispiel

M5 Feedback. Listen to the other groups. Think about the following questions:
Are the sights interesting? … – Are the directions clear and easy to follow? …- Is the poster easy to understand? … – Is the presentation interesting?

(Smasal 2016:13)

14.4.8 Beispiel

MY GRAMMAR LEARNING DIARY Date
Today I worked on the following grammar topics: …
The most helpful thing I learned was …

(Köpf 2017b:37)

14.4.9 Beispiel

1. Listen carefully to the other groups, then mark the feedback sheet below for each group.
1. Could you understand the dialogue easily?
   ☐ Yes ☐ Most of it ☐ Partly ☐ No
   Notes ____________________

(Hempel/Voigt/Wagner 2015: 19)

14.4.6 wird als Informationsquelle nach der Aufgabenbearbeitung angeboten, um individuelle Ergebnisse zu editieren, zu überarbeiten. Lernende erhalten mittelbar eine Rückmeldung zur Qualität ihrer Leistung. 14.4.7 präsentiert eine Feedback-Liste für Rückkoppelungsprozesse in der Lerngemeinschaft. 14.4.8 gibt Lernenden Kriterien in die Hand, die sie anleiten, Aspekte ihres Lernprozesses zu reflektieren und ggf. der Lehrkraft mitzuteilen. 14.4.9 besteht aus skaliertem Feedback. Die Aussagen lassen sich durch individuelle Notizen ausdifferenzieren.

14.4.7 Planungsleitlinien

Erfolgssicherung	
	• Phasenverteilte Wiederholungen des Vermittelten • Verschriftlichungen • Aktivierende Sicherungsmaßnahmen • Feedbackformen • Übersichten über das Gelernte • Präsentationen des Erarbeiteten • Evaluierungsstrukturen

14.5 Prüfliste

Festigung und Sicherung sind feste Bestandteile in Entwürfen. In den Verlaufsbeschreibungen sind sie selten explizit ausgewiesen. Die Vermittlungsstrategien werden häufig implizit realisiert. Zum einen durch die Konstruktion der Unterrichtsphasen selbst, in denen es zu Wiederholungen und Vertiefungen kommt. Zum anderen durch Sozialformen, die offen für Konsolidierungs- und Feedbackstrategien sind. Alternativ oder flankierend gibt es Materialien für die Lernenden zur selbstregulierten Evaluation, die wiederholende und festigende Prozesse anstößt.

14.5.1 Elizitation

Aspekt Erfolgssicherung	Konkretisierung
1. Konsolidierung ist phasenübergreifend.	… note down keywords… circle or underline the information in the text. … name your top three [information] … create a poster on your topic.
2. Inhalte der Wiederholung werden verschriftlicht.	Die Ergebnisse werden in Form einer Mindmap auf OHP gesichert, ein bündelndes Fazit wird ergänzt.
3. Stoffliches kommt auf verschiedenen kognitiven Stufen zur Anwendung.	… describe what you see… In your group, explain to the other students what you think the picture is about… Talk about possible interpretations and take notes.
4. Feedback ist möglich.	1. Listen carefully to the other groups, then mark the feedback sheet below for each group.

15 Anwendung der Analyseaspekte

Eine Entwurfsanalyse dient zwei Zielen. In akademischen Lehrkontexten soll sie Impulse geben, Unterrichtspläne systematisch zu beleuchten. Dieses Verfahren soll zu Erkenntnissen führen, wie Unterrichtspläne konstruiert sind, welche Strukturen sie aufweisen können und in welcher Weise sie Aspekte des Lehrens und Lernens umsetzen. In einem weiteren Schritt können die Ergebnisse im Lichte theoretischer Ansätze diskutiert werden.
Das zweite Ziel einer analytischen Unterrichtsplanung besteht darin, Felder, Kategorien und Unterkategorien herzuleiten und zu definieren. Im Zusammenspiel mit ausgewerteten Beispielen aus evaluierten Unterrichtsplanen oder ausgehend von den Merkmalslisten der einzelnen Felder sollen die Kategorien Autorinnen und Autoren dabei unterstützen, Unterrichtspläne in einer systematischen Abfolge und analysebasiert selbst zu entwerfen.
Die Kategorien modellieren einen Arbeitsplan für eine mögliche Entwurfsstruktur. Nach der Festlegung der Ziele und Leistungserwartungen folgt als zweite Entwurfsphase die Gestaltung der Aufgaben, Arbeitsaufträge und Interaktionsformate. Im dritten Planungsschritt geht es um die Auswahl und Integration der Lehrstrategien zur Umsetzung der vorausgehenden Felder. Im Unterrichtsalltag kommt es vor, dass nur einzelnen Felder analysiert werden müssen. Die Merkmalslisten können hierzu ebenfalls eine Orientierung sein. Wenn alle Merkmale theoretisch verankert sind, können sie dabei unterstützen, die Festlegung eines Planungsschrittes im Unterrichtsentwurf fachlich zu legitimieren.

15.1 Phasierung

Für die Planung einer Unterrichtsstunde gibt es eine Vielzahl an Möglichkeiten. Die Entwurfsanalyse konzentriert sich auf drei Arbeitsabschnitte. Der Einfachheit halber wird das Vorgehen in diesem Kapitel EEE-Verfahren genannt. Die drei Es bedeuten *elicit, examine* und *evalua*te. Sie bezeichnen die Phasen der Datenermittlung (Elizitation), der Untersuchung der Daten (Elaboration) und ihrer Auswertung (Evaluation) E.

Elicit/ Elizitation	Examine/ Elaboration	Evaluate/ Evaluation

In den vorausgehenden Kapiteln wurden drei Felder theoretisch hergeleitet und ihnen Subkategorien zugewiesen. Damit wurde eine theoretische Einbindung der Datenlisten geleistet. Für eine Entwurfsanalyse ist sie zweckmäßig, damit subjektive Betrachtungen minimiert und die Schwerpunkte legitimiert werden. Darauf aufbauend erfolgte die Zusammenstellung von Kodierregeln bzw. Merkmalen. Damit konnte untersucht werden, wie sich die Planungselemente des Entwurfs zum zugehörigen Feld verhalten. Die Zuweisung von Beispielen von Konkretisierung aus einem oder mehreren Plänen schließlich führte zu Belegen, wie die einzelnen Planungsaspekte in den Entwürfen didaktisch und methodisch umgesetzt wurden.

• Elizitation (*elicit*)

Der erste Schritt einer analytischen Unterrichtsplanung ist wiederum die Sichtung und Zusammenstellung von Daten. Sie finden sich im tabellarischen Unterrichtsentwurf und in den Materialien für die Lernenden.

15.1.1 Beispiele für die Datensammlung

	What do you know about Dublin?
Erwartungen/ Kontext	You are going to read some extracts from a novel set in 1861. It is about a girl who lives with her family next to a lighthouse. It is written in the form of a diary. You are going to learn about the life she leads, her family and her duties as the daughter of the lighthouse keeper (Hesse 2014:13).
Design	Zur Einstimmung hören die Schülerinnen und Schüler das Lied. Währenddessen beantworten sie die Fragen im Arbeitsblatt.
Konsolidierung	Zur Wiederholung schauen sich die SuS die Arbeitsanweisungen eines Blackout Poem genau an. (Grigoriadou 2020:10)
Veranschaulichung	Folie mit einer Karte; Tafelanschrieb.
Setting	Mind-Map im Blitzlicht-Verfahren; think-pair-share etc.

In 15.1.1 werden einige Beispiele aus tabellarischen Entwürfen den vorgestellten Analyseaspekten zugeordnet. Ziel ist es, nochmals exemplarisch darzustellen, wie Autor:innen die Umsetzung der jeweiligen Analyseaspekte in einem Plan vorgenommen haben. In den tabellarischen Verlaufsplänen findet man viele beschreibende Textstellen. Die Autor:innen haben sie eingefügt, um Empfehlungen an die Nutzer:innen mitzuteilen, wie sie eine Phase fokussieren oder ausgestalten können. Die Spalten eines solchen tabellarischen Entwurfs enthalten darüber hinaus konkrete Handlungsaufforderungen, die Plannutzende an die Lernenden adressieren sollen. Schließlich sind im tabellarischen Entwurf Hinweise festgehalten zu Sozialformen, Medieneinsatz und Methodenformate. Es kommt vor, dass strategische Anregungen oder Aufforderungen aufgeführt sind, z. B. als Impuls zur Aktivierung des Vorwissens oder zur Konsolidierung.

Für eine Datenanalyse benötigt man alle Textstellen zu einem Analyseaspekt. Erst dann lassen sich genauere Aussagen formulieren. Eine nur exemplarische Aufnahme eines Konkretisierungsbeispiels, wie in 15.1.1, lässt noch keine Schlussfolgerungen zu. Insbesondere kann noch nicht ermittelt werden, wie prägend ein Analyseaspekt für die Entwurfsstruktur ist.

• Elaboration (*examine*)
Der zweite Analyseschritt besteht aus der Untersuchung der ermittelten Daten zu den Analyseaspekten. Nun müssen die Daten einzeln betrachtet, beschrieben werden. Besonderheiten und Schwerpunkte der Daten zu einem Analyseaspekt werden beleuchtet, eingeordnet und in einen didaktischen Gesamtzusammenhang gebracht.

15.1.2 Beispiel für die Datensichtung

Analyseaspekt	Elizitation	Elaboration
Operatoren beschreiben funktionalen Sprachgebrauch	Describe the painting in detail.	Reproduktive Operatoren Keine spezifischen Redemittel erwartet Keine Versprachlichungshilfen
	Present your findings.	Das Genre “presentation” unspezifisch ohne Erwartungen bezüglich Struktur, Register, Visualisierung, Länge Optionen möglich Sprachgebrauch vorhersehbar Keine Evaluation geplant

Der Analyseaspekt ‚funktionaler Sprachgebrauch‘ ist in 15.1.2 umgesetzt. Die verwendeten Operatoren beschreiben recht genau die Sprachhandlungen, die Lernende ausführen sollen. *Describe* und *present* sind Operatoren, die sich auf vorhandene, vorliegende Quellen beziehen (*painting*). Lernende müssen demnach nichts Eigenes entwickeln, es genügt, das zu versprachlichen, was die Quelle visualisiert.
Eine Bedingung für die erfolgreiche Ausführung der Operatoren ist die Verfügbarkeit geeigneter Redemittel. Zwar werden diesbezüglich keine Anforderungen gestellt. Auch repräsentieren die Operatoren *describe, present* ein reproduktives Anforderungsprofil. Jedoch sind Lernende, die ein Bild beschreiben sollen darauf angewiesen, sprachlich im Bild zu navigieren. Redemittel wie z. B. *in the middle/centre, in the bottom right-hand corner* etc. müssen den Schülerinnen und Schülern in 15.1.2 bekannt sein. Das Genre ‚*presentation*‘ wird nicht weiter ausgeführt. Dies hat den Vorteil, dass Lernende ihre eigenen Vorstellungen zum Genre oder ihre Vorerfahrungen damit einbringen können. Die kognitive Barriere, die mit einer genauen Leistungserwartung entsteht, wird so vermieden.

Evaluation (*evaluate*)
Für die Bewertung von 15.1.2 muss die Lernstufe bekannt sein, für die der Entwurf konzipiert wurde. Vor diesem Hintergrund wird man zweckmäßigerweise die

Gründe abwägen, die für und gegebenenfalls gegen die Ausführungen des bzw. der Analysemerkmale sprechen.

15.1.3 Einordnung der Ergebnisse			
+	Reproduktive Operatoren Keine spezifischen Redemittel erwartet Lösungsoptionen möglich, Sprachgebrauch vorhersehbar	Keine sprachliche Unterstützung Keine Klärung des Genres Keine Evaluationsphase	–

Für 15.1.2 bzw. 15.1.3 kann festgehalten werden, dass Lernende sich auf die Ausführung einiger weniger Operatoren konzentrieren können. Kognitive Barrieren sind nicht zu überwinden, sodass mit einem erfolgreichen Abschluss der Teilaufgaben für die meisten Lernenden zu rechnen ist. Allerdings gibt es für das Beschreiben keine sprachliche Unterstützung seitens der Entwurfsautor:innen. Wenn Lernenden Redemittel zur individuellen Versprachlichung von Bildimpulsen zur Verfügung stehen, können sie diese in einem authentischen Sprachereignis einsetzen. Versprachlichungslücken ließen sich unmittelbar schließen. Gerade schwächere Lernende könnten daher an der kommunikativen Lösung der Aufgabe scheitern. Der Kontext einer eindimensionalen Sprachhandlung (*describe*) scheint grundsätzlich geeignet, um an das Genre heranzuführen, indem einige Kriterien für die Präsentation benannt werden. Der Aufgabenkontext bietet die Möglichkeit, neben methodischen Kompetenzen auch kommunikative anzubahnen. Bezüglich der Präsentation spricht nichts dagegen, Redemittel z. B. für die Einleitung, Überleitung oder für die Anbindung von Informationen vorzuhalten. Vor diesem Hintergrund zeigt sich, dass die Autor:innen manche Lernchancen des Merkmals ‚funktionaler Sprachgebrauch' nicht ausschöpfen. Auf der Grundlage der verfügbaren Daten gehört dazu auch der Verzicht, Lernenden eine Möglichkeit für Rückmeldungen einzuräumen.

Die Evaluation ist ein integrales Element der kompetenzorientierten Unterrichtsplanung. Ob diese Feststellung aufrechterhalten bleiben kann, wird erst die Evaluation weiterer Analyseaspekte ergeben. Diese Gesamtevaluation fasst die Teilergebnisse einer Analyse zusammen. Hier werden die wichtigsten Aspekte nochmals kritisch gewürdigt. Bedingt durch die mehrdimensionale Sicht auf Einzelphänomene des Entwurfs werden manche Facetten mehrmals und unter verschiedenen Fragestellungen diskutiert. Daher sind Aspekte, die in vorausgehenden Teilanalysen in Erscheinung treten, nochmals vor diesem Hintergrund zu würdigen. Beispielsweise kann es im Sinne eines funktionalen Sprachgebrauchs sein, wie in 15.1.2 primär reproduktive Operatoren einzusetzen. Lernende haben so Gelegenheit, sich an neue Sprachfunktionen zu gewöhnen und ihre kommunikative Kraft nachzuvollziehen. Der Forderung nach kognitiver Aktivierung würde ein Fokus auf reproduktiven Operatoren dagegen nicht gerecht. In der Gesamtevaluation werden solche funktionalen Kollisionen vor dem Hintergrund des Entwurfs thematisiert.

15.2 Entwürfe

Die diskutierten Felder und die ihnen zugeordneten Teilkategorien sollen im Folgenden an zwei Unterrichtsplänen zusammenfassend angewendet werden. Gegenstand der Analyse sind zwei Unterrichtspläne aus Gehring 2021.

15.2.1 Unterrichtsplan ‚Aufgabennahe Grammatikarbeit'

Zielstellung: Vorstellen, einüben und konsolidieren, ergebnisorientierte Leistungserwartungen.
Operatoren: Notieren, ausfüllen, zusammenstellen, formulieren.

	Artikulation	**Stoffliche Entwicklung/Konkretisierung**
1 Kontextualisierung	**Step 1** Aktivierung Vorwissen	Have you ever answered questionnaires? What was the last questionnaire about? Do you remember any questions?
	Step 2 Hinführung Aktivierung Vorwissen Note making	I'm going to distribute a questionnaire in a minute. You can find out what kind of person you are. But at first, scribble down a few questions you'd expect in it, please. SuS sammeln in Partnerarbeit, berichten. L. notiert an TA.
	Stundenthema	What sort of a person am I?
2 Erarbeitung	**Step 3** Verstehen/Reagieren Rezeptive Annäherung T1	Find T1. Tick the right answers in questions 1 to 7, please Then add up all your points.
	T1	What sort of person are you? 1 Are you good at entertaining? __ well (2p) ___ badly (1p) 2 How do you usually dress? ___simply (2)___fashionably (1) How do you usually talk to your parents? __politely, in a friendly way (3) __rudely (2) __often angrily (1) usw. (v. Ziegesar 1992:24)

	Artikulation	Stoffliche Entwicklung/Konkretisierung
2 Erarbeitung	**Step 4** Reproduzieren Auswertung Questionnaire Sicherung	 Let's see how many points we've all got. Let me answer question 1 first. I tell jokes badly. So I only get one point. What about you? SuS lesen vor.
	Step 5 Vertiefung Pair work Präsentation Sicherung	 Please find more questions that fit to the answers. Let's do Nr 1 together. Write down three more questions and two answers. Make questions for our questionnaire out of them. SuS machen Vorschläge oder ordnen vorgegebene Fragefragmente zu, z. B. Do you tell stories (well/badly)? Can you sing ___? Do you play cards? … SuS stellen vor.
3 Verarbeitung	**Step 6** Ausgestaltung Präsentation	 Let's make a questionnaire for your teachers now. The topic is: What sort of teacher are you? Write down 5-7 questions. Offer two answers. Write down points behind each answer. Write a short evaluation also (two/three categories, one sentences for each category. SuS stellen Fragen zusammen.
4 Bewusstmachung	**Step 7** (language focus)	 1 Please complete the sentences in T2. 2. Look at the sentences in the questionnaire again. Then complete the rules in T3.
	Step 8 Follow up activity **Step 9** Durchführung, Präsentation	 Make groups of 4. Write 8 activities on blue cards and 8 adverbs on orange cards. (Example T 4) Put all the cards together. One person takes a blue and an orange card and mimes what is on them. The others guess what he/she is doing.

	Artikulation	Stoffliche Entwicklung/Konkretisierung		
	T2 How to deal with a questionnaire? 1. Select the questions (careful) 2. Use questions only that are written (good) 3. Make sure the questions can be understood (easy) 4. Don't ask people to answer the questions (quick) 5. People should answer the questions (silent)	T3: Rules a) Adverbs describe ___ people do or should do things b) Most adverbs are formed by adding ___: Examples are ______ and _____ The adverb from "good" is ____	T 4 Act out the adverb ask a question answer a question play cards usw.	 slowly angrily loudly nervously

(Aus Gehring 2021)

15.2.2 Unterrichtsplan ‚Bildbeschreibung und -analyse'

Zielstellung: Dialogische Textproduktion, Analyse, Perspektivenübernahme.
Operatoren: Beschreiben, erörtern, vorfassen.

	Artikulation	Stoffliche Entwicklung/Konkretisierung
1 Kontextualisierung	**Step 1** • Einstimmung • Stummer/verbalisierter Bildimpuls Room in New York • Vorwissen	Take a look at the picture. What is going on in the picture? [https://www.edwardhopper.net/room-in-new-york.jsp] SuS stellen Vermutungen an, z. B. *the couple is at home, in a hotel room …*
	Step 2 Hinführung Leistungserwartungen (TA)	The painting has a lot to tell us. Let's have a closer look at it. Later on you are going to give a presentation and write a text about the painting. But before that, you are going to • make assumptions about thoughts, feelings in painting. • analyze body language in the painting. • analye the construction of the room. • analyze functions of colours.

	Artikulation	Stoffliche Entwicklung/Konkretisierung
2 Earbeitung	**Step 3** • Vorbereitung fragengeleitete Analyse Step 4 • group work • AB1	On the transparency you will find some elements of the painting that you should focus on (AB 1). Answer the first question, then add two more, with answers for both.
	AB1 Group 1: Focus on heads:	G1: A: What are they thinking/feeling? B: You: C: You
	Group2: Focus on bodies/body language	G2: A: What is significant about their body language? B: You: C: You
	Group3: Focus on room	G3: A: What can you say about the size of the room? B: You C: You:
	Group 4: Focus on colouring	G4: A: How can these colours be characterized? B: You: C: You:
	Step 5 Auswertung/ Sicherung	SuS erkennen: Distanz zwischen Figuren, schauen sich nicht an, Berührung ausgeschlossen, Personen kommunizieren nicht, sind selbstversunken, geschlossene Körperhaltung etc.
	Step 6 panel discussion	1 As a group, prepare a short presentation of your findings 2 Present your findings to the class. 3 The class is invited to ask questions to the group
3 Verarbeitung	**Step 7** Aufgabenstellung	You work as a volunteer at the Sheldon Museum of Art in Lincoln, Nebraska. Hopper's Room in New York is exhibited there. They've asked you to write a paragraph for the website, in which you explain what the painting is about to new visitors. Write about 250 words.
	Step 8 Language focus	Let's focus on art specific vocabulary and on some specific aspects of language use now.
In Anlehnung an Thomson 2010:212ff und Sheldon Museum of Art.		

16 Analysefeld Kompetenzen

16.1 Kompetenzentwicklung

A) Aufgabennahe Grammatikarbeit

Die Zielvorstellungen sind unkonventionell aufgeführt. Anstelle konkret formulierter Erwartungen im Sinne von Leistungserwartungen (Lernende verfassen Notizen …) werden sprachliche Handlungen benannt, die im Unterrichtsplan angebahnt bzw. aufgerufen werden. Inhaltliche oder methodische Zielsetzungen sind nicht aufgeführt. Ob diese dennoch im Plan repräsentiert sind, ergibt sich aus der Kategorisierung der geplanten Tätigkeiten nach Fähigkeiten.

Auf der Grundlage von 15.2.1 betrachtet, basiert der Plan auf folgenden Leistungserwartungen:

16.1.1 Leistungserwartungen	
Inhaltlich	SuS beschäftigen sich mit Fragebögen zu Präferenzen und Einschätzungen.
Kognitiv-kommunikativ	SuS zeigen rezeptive Fähigkeiten, indem sie einem Fragebogen Informationen entnehmen.
	SuS zeigen Kompetenzen im produktiven Schreiben, indem sie Fragen selbst entwerfen und schriftlich festhalten.
	SuS zeigen Kompetenzen im systemischen Bereich, indem sie Lückentexte zur Verwendung von Adverbien ergänzen.
Methodisch	SuS zeigen methodische Fähigkeiten, indem sie Lückentexte vervollständigen, selbst Fragen nach vorgegebenen Patterns entwerfen, eine Dramatechnik anwenden.

Die Lernenden sollen einen grammatischen Schwerpunkt durch Beschäftigung mit er Textsorte Fragebogen erfassen und selbst in kommunikativen Anlässen verwenden. Hierzu füllen sie einen didaktisierten Fragebogen aus und entwerfen selbst Fragen nach dem Muster des Ausgangstextes. In der Verarbeitungsphase stellen sie Fragen zu einem Bogen mit einem ähnlichen Thema zusammen, finden die Regularität des grammatischen Schwerpunktes. Der dramapädagogische Abschluss des Entwurfs besteht darin, eine adverbial näher bestimmte Tätigkeit pantomimisch auszuführen.

16.1.2 Elizitation	
Aspekt Kompetenzen	**Konkretisierung**
1. …beschreiben kommunikative Erwartungen an die Lernenden.	I'm going to distribute a questionnaire in a minute. It is to help you find out what kind of person you are. But first write down a few questions you'd expect in it, please.
2. …werden integrativ angebahnt.	Tick answers, SuS lesen, stellen vor, stellen Fragen zusammen, setzen Aussagen pantomimisch um.
3. … werden als Erwartungen an Lernende kommuniziert.	Leistungserwartungen: dealing with a questionnaire, writing questions, completing description.
4. …umfassen die Verwendung ausgewählter sprachlicher Mittel.	T: Let me answer question 1 first. I tell jokes badly… What about you?
5. … umfassen inhaltliche Ergebnisse.	What kind of person are you? What sort of teacher are you?
6. … umfassen methodische Erwartungen.	Umgsang mit Genre Fragebogen.
7. …sind outputorientiert.	SuS stellen Statements für einen Fragebogen zusammen. Describing how people do or should do things.
8. … sind für verschiedene Lernerniveaus ausgelegt.	SuS machen Vorschläge oder arbeiten mit vorgegebenen Fragefragmenten.

- Elaboration

Aus der Neuformulierung der Kompetenzen ergibt sich in 16.1.2 eine integrative Kompetenzbeschreibung, die in den Aufgaben umgesetzt werden (1). Es gibt einen sprachlichen Schwerpunkt, der komplex entwickelt wird. Die Lernenden aktivieren nicht nur systemische Kompetenzen, sondern sie hören, lesen, kommunizieren und schreiben. Die wesentlichen Aktivitäten zur Kompetenzentwicklung sind funktional: *Write questions, tick answers, make questions, make a questionnaire.* Auch dadurch kommt es zur Integration der Akzentuierungselemente in eine Reihe weiterer Fähigkeiten aus rezeptiven, produktiven und methodischen Erwartungen (2/6). Deutlich in 16.1.2 erkennbar ist das Anliegen des Plans, die Kompetenz im Umgang mit Adverbien zu entwickeln. Dafür spricht eine Akzentuierung, die sich über den gesamten Planungsverlauf erstreckt (4). Den Lernenden wird der sprachliche Schwerpunkt der Unterrichtseinheit jedoch nur am Rande mitgeteilt, im Zusammenhang mit der Darbietung der Leistungserwartung in T2-T4 (3). Die Kompetenzentwicklung ist in einen durchgehenden Kontext eingebunden, sodass inhaltliche Aspekte eine Rolle spielen (5). Hinsichtlich des Genre Fragebogen werden methodische Kompetenzen vorausgesetzt, zum einen Wissen über die Textform zum anderen Fähigkeiten, Textstrukturen zu erkennen und zu übertragen (6). Angestrebt werden individuelle Äußerungen, die sich für das verwendete Genre eignen (7). Die Möglichkeit, individuell zu formulieren, kann als Angebot für verschiedene Lernniveaus aufgefasst werden (8).

- Evaluation

Der Raum für produktive Kompetenzen bleibt auf eng gefasste Arbeitsaufträge zum Genre begrenzt, er wird für Lernende nicht geöffnet, um sich zum Genre selbst oder zu den Genreprodukten der Lerngruppen äußern zu können. Präsentation und Evaluation sind damit methodisch gering ausgeprägt. Die Verarbeitungsphase des Schlussteils ist kognitiv ausgerichtet, mit einem starken Akzent auf formalen Aspekten (T3). Sie schließt jedoch mit einem holistischen Auftrag (T4), der das Spektrum integrativer Fähigkeiten erweitert.

B) Bildbeschreibung

Die Art der Kompetenzdarstellungen aus 16.1.1 wurde auch für das Beispiel Bildanalyse übernommen. Auf der Grundlage von 15.2.2 betrachtet, basiert der Plan auf folgenden Leistungserwartungen:

16.1.3 Leistungserwartungen	
Inhaltlich	SuS beschäftigen sich mit Bildkonstituenten des Gemäldes Room in New York.
Kognitiv-kommunikativ	SuS zeigen rezeptive Fähigkeiten im Bereich des Sehverstehens, indem sie einem Gemälde Informationen entnehmen.
	SuS zeigen Kompetenzen im produktiven Sprechen, indem sie Fragen zum Bild formulieren.
	SuS zeigen Kompetenzen im produktiven Sprechen, indem sie Bedeutungen kooperativ verhandeln.
	SuS zeigen Kompetenzen im produktiven Schreiben, indem sie Antworten schriftlich festhalten.
	SuS zeigen Kompetenzen im produktiven Schreiben, indem sie eine Bildanalyse verfassen.
Methodisch	SuS zeigen methodische Fähigkeiten, indem sie eine Präsentation durchführen.

Die Lernenden sollen über die Analyse der Figuren, des Raums und der Farbgebung im Bild *Room in New York* zu Erkenntnissen gelangen. Hierzu sollen sie in einen Sachtext verfassen.

16.1.4 Elizitation	
Aspekt Kompetenzen	**Konkretisierung**
1. …beschreiben kommunikative Erwartungen an die Lernenden.	Making assumptions about thoughts, feelings in painting. Analyzing body language in the painting. Analyzing the construction of the room. Analyzing functions of colours. Presenting findings. Writing an analytical text about painting.
2. …werden integrativ angebahnt.	On the transparency you will find some elements of the paintings that you should focus on (AB 1). Answer the first question, then add two more, with answers for both: Group 1: Focus on heads. Group 2: Focus on bodies/body language. Group 3: Focus on room. Group 4: Focus on colouring.
3. … werden als Erwartungen an Lernende kommuniziert.	Leistungserwartungen: making assumptions …
4. …umfassen die Verwendung ausgewählter sprachlicher Mittel.	Focus on art-specific vocabulary.
5. … umfassen inhaltliche Ergebnisse.	Group 1: Focus on heads … Group 2 …
6. … umfassen methodische Erwartungen.	… prepare a short presentation. … write a paragraph for the website.
7. …sind outputorientiert.	… prepare a short presentation. … write a paragraph for the website. … SuS erkennen: Distanz zwischen Figuren.
8. … sind für verschiedene Lernerniveaus ausgelegt.	… GA; presentation, text for website.

- Elaboration

Die Kompetenzen setzen ihren Schwerpunkt auf mündliche und schriftliche Textprodukte. Mit individuellen produktiven Versprachlichungen kann gerechnet werden. Dies ist zum einen dann der Fall, wenn die Gruppeninteraktionen in der Zielsprache durchgeführt werden. Zum anderen ist die Präsentation offen für produktiven Sprachgebrauch. Das Textprodukt für das Museum kann mit den Ergebnissen aus den Schülerkooperationen verfasst werden (1). Kommunikative und kognitive Beiträge der Lernenden basieren auf einem Bündel an Fähigkeiten (2). Über die Leistungserwartungen werden die Lernenden schon nach der Einstimmungsphase informiert, sodass sie hierzu Vorwissen aktivieren können. Die für die Beschreibung der Leistungserwartungen gewählten Operatoren bestätigen den komplexen Charakter der Kompetenzkonzeption (3). Fokussierungen auf spezifische sprachliche Elemente sind nicht vorhanden, eine Sprachverwendung im Sinne des Einübens bestimmter Redemittel wird nicht intendiert, sie ist jedoch im ausgelagerten *language focus* angelegt. Der Verzicht auf Sprachhilfen veranlasst Lernende, bei Bedarf selbst Redemittel zu recherchieren, die Lehrkraft kann individuelle Lernstände ermitteln (4). Sprachliche Handlungen sind das Ergebnis von erfolgreich realisierten rezeptiven, produktiven und methodischen Fähigkeiten, die auf konkrete Bildinhalte gerichtet sind (5). Methodische Kompetenzen müssen aufgerufen werden, um drei Genre-Produkte zu leisten, zu denen keine konkreten Gestaltungshilfen vorliegen (Bildanalyse, Präsentation, Website-Text) (6). Die Kompetenzerwartung, zwei Textsorten zu verfassen (mündlich, schriftlich) ist outputorientiert, da Produkte angestrebt werden (7). Diese können in der Gruppe erarbeitet werden, konkrete sprachliche Erwartungen, welche individuelle Lösungen beeinflussen könnten, gibt es nicht (8).

- Evaluation

Die frühzeitige Präsentation der Leistungserwartungen begünstigt die Aktivierung des Vorwissens. Die Lernenden erhalten noch vor der Erarbeitung Gelegenheit zur Hypothesenbildung. Der hohe Anteil an potenziell produktiven Redeanteilen gibt Lernenden mit einer differenzierten Ausprägung kommunikativer Kompetenzen Gelegenheit, produktive Tätigkeiten im Zusammenhang mit der Beschäftigung mit einem Kunstwerk auszuführen. Insbesondere methodische Kompetenzen sind nicht näher dargestellt, sodass unklar bleibt, in welcher Weise und auf welchen Ebenen auf der Basis welcher Teilfertigkeiten diese gezeigt werden sollen. Auch zur Bildanalyse fehlen konkrete Kompetenzdarstellungen, namentlich zu den Anteilen von deskriptiven und explizit analytischen Herangehensweisen. Der Entwurf wendet sich an erfahrene Lernende, die mit der Textanalyse vertraut sind. Der hohe Anteil an kooperativen Anteilen begünstigt eine Differenzierungsoptionen durch Partizipation. Die Leistungserwartung *making assumptions* wird nicht näher ausdifferenziert, sodass eine gewisse Beliebigkeit der Antworten zulässig scheint.

16.2 Prozess-/Produktorientierung

A) Aufgabennahe Grammatikarbeit

16.2.1 Elizitation	
Aspekt Orientierung	**Konkretisierung**
1. Die Phasen sind aufbauend gestaltet.	(Collect questions.) Tick statements in text. Read out results. Find more questions for Text T1. Make a questionnaire on your own Find rule. Describe mimes (doing sth. +Adjective+ ly).
2. Die Lernaufgaben sind durch Teilschritte strukturiert.	Hinführung, rezeptive Annäherung, Reproduktion, Vertiefung, Ausgestaltung, Durchführung.
3. Teilschritte beziehen sich auf sprachliche Aspekte.	Make questions for your questionnaire (response options as adverbs). Make a questionnaire. Guess what your partner is doing.
4. Teilschritte beziehen sich auf inhaltliche Aspekte.	What kind of person are you? What sort of teacher are you?
5. Teilschritte beziehen sich auf organisatorische Aspekte.	Leistungserwartungen werden mitgeteilt (Step 2); Ablauf follow up-activity wird erläutert (Step 7/8).
6. Der erwartete Outcome wird durch Planungselemente vorbereitet.	SuS lesen und bearbeiten Fragebogen, lesen Antworten vor (+Adverb) erarbeiten selbst Fragen (+ Adverb-Antworten); beschreiben Pantomime mit Adverb.

- Elaboration

Trotz des Akzents auf einem sprachlichen Mittel (Adverb) modelliert der Plan einen Prozess. Die Sprachfunktion, zu sagen, wie Menschen etwas tun, ist aufsteigend angelegt. Der Prozess entwickelt sich von der Rezeption zur Produktion (*find T1*, *tick answers*) (1). Während der Rezeption werden die Schüler:innen induktiv und aufgabenbezogen mit Grammatikphänomen konfrontiert, woran sich eine produktive Aktivität anschließt (Step 4, Step 5) (2) Es folgen Tätigkeiten zur Sicherung (Step 7; T2) und Bewusstmachung des grammatischen Schwerpunktes (Step7), woran sich eine kreative Abschlusstätigkeit anschließt (Step 8/9/T4) (3). Es wird darauf geachtet, dass die Schüler:innen den Schwerpunkt gemeinsam mit authentischen, durch die Thematik der Fragebögen zusammengehaltenen Inhalten trainieren, isolierte

Übungssätze gibt es nicht (4). Die Mitteilung über Leistungserwartungen gibt einen Einblick in die Struktur der Arbeitsaufträge. Es gibt einen *workplan* mit Hinweisen für die Schüler:innen, in welcher Reihenfolge sie die Aufgaben bearbeiten können (5). Formulierungen und Design des Fragebogens in T1 können Schüler:innen zur Orientierung nutzen, Hinweise hierauf fehlen. Es kommt zu einer Bezugnahme auf T1, zumal die Arbeitsaufträge zum Genre passen. Eine Vorbereitung wird durch die Erarbeitung von Fragen geleistet (6). Die Möglichkeit, zusätzlich das Genre Fragebogen als Outcome zu entwerfen, ist im Plan nicht vorgesehen.

- Evaluation

Als Bruch angesehen werden kann die Verengung der sprachlichen Tätigkeit in Step 8/9 von der pantomimischen und interaktiven Ausführung von T4 auf das Ausfüllen von Lücken in T2 und T3. Mit automatisiertem Wissen kann der Lückentext indes nicht bearbeitet werden. Dies liegt daran, dass T2 authentische Handlungsanweisungen für den Umgang mit einem Fragebogen enthält, T3 stellt eine zusammenfassende Betrachtung einer Regel dar. Fraglich bleibt die Kognitivierung nach einem intensiven funktionalen Umgang mit Adverbien. Denn die Regularität des sprachlichen Fokus musste beherrscht werden, um die funktionalen Aktivitäten ausüben zu können. Insofern wäre der didaktische Ort dieser Phase, wenn sie denn überhaupt nötig ist, weiter vorne im Konzept zu verorten.

B) Bildanalyse

Die Lernenden äußern sich spontan zu Room in New York, sie werden über die Leistungserwartungen des Entwurfs informiert und bearbeiten danach in Gruppen Fragen zum Gemälde, deren Ergebnisse sie der Lerngruppe präsentieren. Im Sinne einer Verarbeitung verfassen sie dann einen Text zum Gemälde für Museumsbesucher.

16.2.2 Elizitation	
Aspekt Orientierung	**Konkretisierung**
1. Die Phasen sind aufbauend gestaltet.	Making assumptions about thoughts, feelings in painting. Analyzing body language in the painting. Analyzing the construction of the room. Analyzing functions of colours. Presenting findings. Writing an analytical text about painting.
2. Die Lernaufgaben sind durch Teilschritte strukturiert.	Kontextualisierung, Erarbeitung, Verarbeitung; language focus.

16.2.2 Elizitation	
Aspekt Orientierung	**Konkretisierung**
3. Teilschritte beziehen sich auf sprachliche Aspekte.	Answer the first question … As a group prepare a short presentation of your findings … Present your findings to the class … The class is invited to ask questions to the group or give comments … write a paragraph for the website.
4. Teilschritte beziehen sich auf inhaltliche Aspekte.	Group 1: Focus on heads. Group 2: Focus on bodies/body language. Group 3: Focus on room. Group 4: Focus on colouring.
5. Teilschritte beziehen sich auf organisatorische Aspekte.	Leistungserwartungen werden mitgeteilt (Step 2); Ablauf Analyseaufgabe wird erläutert (Step 3); kurze Einführung der Aufgaben (Step 4, Step 6, Step 7).
6. Das erwartete Produkt wird durch Planungselemente vorbereitet.	You will find some elements of the paintings that you should focus on… group1 …short presentation … write a paragraph.

- Elaboration

Der Plan entwickelt sich hin zu den Produkten Präsentation und Website-Text. Da die Produkte nicht lediglich eingefordert werden, liegt eine prozessorientierte Struktur vor. Für diese Einordnung sprechen zudem die einzelnen Schrittfolgen in den jeweiligen Phasen, die auf die Gestaltung der Produkte vorbereiten (1). Zunächst wird auf inhaltliche Kernaspekte hingewiesen, die in der Gruppe identifiziert werden sollen. Danach soll eine Auswertung erfolgen, die der Autor als Information für die Plannutzenden inhaltlich konkretisiert. Die Ergebnisse können die Lernenden für das Produkt Website-Text nutzen und potenziell durch weitgehende Reproduktion der Inhalte das Produkt finalisieren (2). Voraussetzung ist, dass Zwischenergebnisse festgehalten werden, wofür es im Plan allerdings keinen Hinweis gibt. Sprachliche Teilschritte werden vorgegeben (*answer question, present, ask questions, give comments, write paragraph*). Sprachliche Unterstützung oder Veranschaulichungen hierzu fehlen, es ist jedoch ein *language focus* angekündigt (Step 8) (3). Inhaltliche Aspekte sollen in Gruppen erarbeitet und durch individuelle Schwerpunktsetzungen konkretisiert werden (4). Auch hierzu liegen keine Redemittel zur Verwendung vor. Zu einer organisatorischen Strukturierung führt die Bekanntgabe der Leistungserwartungen. Zur Umsetzung werden Arbeitsschritte vorgegeben. Sie skizzieren, wie die Lösungsplanung methodisch angelegt werden kann (5). Auf der Basis der Ergebnisse aus der vorausgehenden Gruppenarbeit kann die Präsentation durch ihre Wiedergabe erfolgen. Die Ergebnisse können auch in den Text einfließen, sodass Lernende dieses Produkt ebenfalls mit Hilfe der Ergebnisse aus vorausgehenden Phasen inhaltlich errichten können (6).

- Evaluation

Der Plan hat eine klare Kompetenzstrukturierung, wozu die Elizitation und Einordnung von Daten gehören (*body language, room, colouring*). Auch kommt es offenbar darauf an, die Schüler:innen zu einer auslegenden Einordnung der ermittelten Daten zu führen. Auf einer ersten Stufe wird dies angebahnt, indem alle Gruppen interpretative Schlussfolgerungen bezüglich ihres Gemäldeschwerpunkts ziehen sollen (*what are they thinking, what is significant, how can colours be characterized*). Ausgewiesen schülerorientiert ist die Option, eigene Fragen an das Bild zu richten. Zu dieser Option gibt es keinen spezifizierten Erwartungshorizont, Anwenderinnen oder Anwender des Plans müssen einen eigenen verfassen. Anleitungen fehlen zudem für die zusammenfassende, kritische Stellungnahme im Sinne eines prozessorientierten Herangehens, realisiert z. B. durch Ausweitung der Aufgabenstellung vermittels Leitfragen oder zusätzlicher Inhalte. Ihre Präsentationen müssen Schülerinnen und Schüler ohne sprachliche Unterstützung zusammenstellen. An dieser Schnittstelle ist ein Übergang des Lernarrangements vom Prozess zum Produkt erkennbar. Der Website-Text zu einem authentischen Museum ist begrenzt realitätsbezogen, da den Lernenden keine Sachinformationen zu Bild, Autor und Epoche vorliegen, die sie für das Verfassen des Genres nutzen könnten. Im vorliegenden Anforderungsprofil der Schlussphase überwiegen inhaltlich reproduktive Kompetenzen, die den Prozesscharakter wieder stärker hervorheben. Hinsichtlich der Progression wird die Dynamik durch die Öffnung der Aufgabe für Reproduktionen etwas zurückgenommen. Auffällig ist das Fehlen von sprachlichen Hilfen. Gerade für den Website-Text wäre hierdurch eine Öffnung für komplexe Produkte erreichbar.

16.3 Vorwissen

A) Aufgabennahe Grammatikarbeit

16.3.1 Elizitation	
Aspekt Vorwissen	**Konkretisierung**
1. Vorwissen wird kontinuierlich aktiviert.	Step 1: Name questions. Step 2: Write questions you'd expect. Step 3: Tick the right answer … Step 5: Let's do Nr 1 together. … Find T1. Tick the right answers in questions … Please find more questions that fit to the answers. … Write down 5-7 questions. … Write a short evaluation. 1. Please complete the sentences in T2. 2. Look at the sentences in the questionnaire again. Then complete the rules in T3:

16.3.1 Elizitation	
2. Die Aktivierung von Vorwissen ist auf mehrere Wissensformen ausgerichtet.	Fokus liegt auf Aktivierung sprachlichen Vorwissens (ohne Genrewissen, Präsentationswissen).
3. Die Versorgung mit Vorwissen für nachfolgende Tätigkeiten wird explizit vorgenommen.	Step 8: Write 8 activities … (für Step 8). Step 9: T2: How to deal with questionnaire (für T3).
4. Die Ergebnisse einer Aktivierung von Vorwissen werden fixiert.	Step 2: L notiert an Tafel (TA).
5. Vorwissen wird erwartet.	Step 3: Umgang mit true/false-statements. Verstehen von Adverbien (T1). Umgang mit Fragebogen. Step 5: Ordnen (Fragefragmente); write evaluation. Step 9: Umgang mit gap-activity (T2/T3); pantomimische Umsetzung von Satzimpulsen.

- Elaboration

Eine Aktivierung von Vorwissen geschieht kontinuierlich in Form expliziter und impliziter Phasen (1). In der Einstimmungsphase wird explizit deklaratives und prozedurales Wissen gesammelt. Im weiteren Verlauf wird kontinuierlich auf Wissensbestände der Lerngruppe aufgebaut, die nicht explizit rekonstruiert werden (2). Der sprachliche Fokus wird zunächst deklarativ -durch Wiedererkennen- entwickelt und später auch prozedural entfaltet. Grammatikbegriff und Formulierung für die Bestimmung der Regel (T3) werden vorgegeben, sodass Lernende kein strategisches Wissen einbringen, d. h. die Regularität in den Satzbeispielen nicht selbst elizitieren und abstrahieren müssen (3). Auf die Dokumentation von Vorwissen wird weitgehend verzichtet (Step 2) (4). Die Leistungserwartungen setzen voraus, dass das erworbene deklarative Wissen (Grammatik) sowie prozedurales Wissen (Genres, Übungsformate, Operator *evaluate*, pantomimisches Talent) bei den Schüler:innen verfügbar sind (3/5).

- Evaluation

Der Bedeutung des Vorwissens wird der Entwurf bedingt gerecht. Zwar wird Wissen systematisch aufgebaut, sodass es als prozedurales Vorwissen für nachfolgende Tätigkeiten genutzt werden kann (z. B. T1 in Step 3 nutzbar für Step 5, 6 und 7). Dies trifft einmal mehr auf die gemeinsame Bearbeitung in Step 3 und 4 zu. Allerdings werden nur in Step 7 (Bewusstmachung) didaktische Maßnahmen zur Wahrnehmung des so entwickelten Vorwissens ergriffen. Nicht alle Lernende erhalten Klarheit darüber, welches Vorwissen sie zu welchem Arbeitsaspekt bereits besitzen. Nachdem der Entwurf sich an beginnende Lernende richtet, sollte ihr Vorwissen durch Aktivierung grundsätzlich gewürdigt werden. Andererseits ist die enggeführte Progression eine Hilfe, implizites Vorwissen einzubringen.

B) Bildanalyse

16.3.2 Elizitation	
Aspekt Vorwissen	**Konkretisierung**
1. Vorwissen wird kontinuierlich aktiviert.	Implizite Aktivierung, explizit begrenzt auf Einstimmung.
2. Die Aktivierung von Vorwissen ist auf mehrere Wissensformen ausgerichtet.	Implizite Aktivierung situativ, Step 1: Vermutungen anstellen; deklarativ AB1; prozedural Step 6, presentation; Step 7 Website -Text. Meta-kognitiv, Step 7 Perspektivenwechsel.
3. Die Versorgung mit Vorwissen für nachfolgende Tätigkeiten wird explizit vorgenommen.	Brainstorming, Konkretisierung und Vertiefung in GA.
4. Die Ergebnisse einer Aktivierung von Vorwissen werden fixiert.	Wird nicht erwähnt, ist jedoch angelegt (Leistungserwartungen in Step 2, AB1 in Step 4).
5. Vorwissen wird erwartet.	Strategien des Sehverstehens; Organisation der GA; analytisch-interpretative Kompetenzen; Genrewissen.

• Elaboration

Festzustellen ist, dass Vorwissen erwartet, aber kaum aktiviert wird. Eine Ausnahme ist die Kontextualisierungsphase (Step 1). Zu Rückbeziehungen auf diese Form von Sammlung erster Eindrücke kommt es im weiteren Verlauf nicht (1). In den Leistungserwartungen (Step 2) wird das Vorwissen konkret benannt, über das Lernende verfügen sollten. Darin kann man eine Form der Aktivierung sehen, zumal konkrete Referenzaspekte benannt werden (*face, room, colours*). Prozedurale analytische Fähigkeiten werden nicht näher ausgeführt. Aus der Art und Weise, wie die Gruppenaufträge und die Erwartungen formuliert sind, geht jedoch hervor, dass es nicht allein um das Beschreiben des Bildes geht (2). Es gibt eine Reihe von Methoden zur Fokussierung des Vorwissens (Brainstorming etc.). Welche analytischen Instrumente bzw. Strategien im Einzelnen angewendet werden sollen, bleibt offen (3). Die Rekonstruktion des Vorwissens und allgemein der Umgang damit sind primär mündlich oder implizit (4). Vorwissen wird offenbar auch zu den Textgenres erwartet, da den Lernenden keine Informationen zu einer Präsentation vorliegen. Unspezifisch bleibt die Arbeitsform Gruppenarbeit (Gruppengröße, Form der Ergebnisfixierung, Arbeitsteilung etc.), auch hier werden Vorerfahrungen mit dieser Sozialform vorausgesetzt (5).

• Evaluation

Die geringe Bedeutung der Aktivierung von Vorwissen ist angesichts ihrer Bedeutung für Lernprozesse kritisch zu sehen. Als eine Erklärung mag man darauf verweisen, dass es sich um Aufgaben mit einem hohen Maß an kognitiver Aktivierung handelt, die auf Hilfen und Support weitgehend verzichten. Dies könnte eine Erklärung dafür sein, dass Schülerinnen und Schüler ihr Vorwissen selbst rekonstruieren müssen. Offen bleibt, ob dies allen in einer Lerngruppe gelingt.

16.4 Gesamtevaluation

A) Aufgabennahe Grammatikarbeit

16.4.1 Zusammenfassung	
• Funktionales Erwartungskonzept • Integrative Kompetenzstruktur • Aufgabennahe Kompetenzeinbettung • Strukturierte Entwurfsentfaltung • Fokussierte Kompetenzentwicklung • Aktivierung kognitiver Kompetenzen • Holistische Elemente	• Fokus auf systemischer Kompetenz • Geringe Progression der Leistungserwartungen • Gering ausgeprägte Anwendungsoptionen • Wiederkehrende Fokussierungsmuster auf ausgewählte Kompetenzen • Stark gelenkte Kompetenzentwicklung • Unsystematische Aktivierung von Vorwissen

Der Plan akzentuiert den Umgang mit Adverbien, die Lerntätigkeiten werden aufgabenbezogen kontextualisiert und initiiert. Die Akzentuierung ist offen und funktional konzipiert. Grundsätzlich können weitere Fähigkeiten aufgerufen bzw. angebahnt werden.

Jedoch ist das Modell stark auf das Einführen und vor allem das Üben eines grammatischen Phänomens ausgerichtet. Diese Zielsetzung wird durch die prozessorientierte Phasierung ergebnisorientiert entwickelt. Die Lernenden erhalten ausreichend Gelegenheit für das Trainieren und in eingeschränktem Maße für das Anwenden. Diese Einschränkung ergibt sich, weil keine herausfordernde Integration der neu angelegten systemischen Kompetenzen mit vorhandenen Fähigkeiten angestrebt wird. Die Kompetenzentwicklung ist noch nicht optimal auf die Bedarfe moderner Curricula zugeschnitten. Um dies zu erreichen, müsste sich die hohe Anzahl von Einfüllübungen verringern. Dies kann geschehen, indem das Produkt Fragebogen als Lernergebnis deutlicher in den Mittelpunkt des Unterrichts rückt. Das Genremuster T1 müsste dann zu dem Adverb-Pattern weitere Antwortmuster enthalten. Eine Öffnung kann bewirken, dass die Ergebnisse der Wissensaktivierung in der

Einführungsphase (Step 1 und Step 2) im weiteren Verlauf mehr Berücksichtigung finden. Dann haben Lernende auch Gelegenheit, ihre Ideen einzubringen, indem sie individuell formulieren.
Das grammatische Phänomen in T1 kann mit der *Follow-up-* Aktivität in Step 8 an einen *language focus* delegiert werden, der auf die Schlussphase folgt. Vorstellbar ist außerdem, T3 ohne Informationslücken als *Scaffold* vorzuhalten. Schließlich scheint es möglich, nach Verkündung der Leistungserwartungen in Step 2 durch direkte Instruktion verschiedene Patterns für einen Fragebogen vorzustellen. Mehr thematische Wahlmöglichkeiten in Step 5 führen zu variantenreicherem Output der Lernenden.
Noch ungenutzt bleiben digitale Möglichkeiten. Digitale Kompetenzen bahnen Arbeitsaufträge an, die online-basierte Fragebogen-Tools integrieren. Eine Alternative ist eine Matrix, die online bearbeitet wird. In beiden Fällen können Lernende Daten authentisch ermitteln (Klassenverband, Parallelklassen, Freundeskreis etc.) und forschend bzw. entdeckend tätig werden. Didaktische Maßnahmen müssen noch sicherstellen, dass alle Lernende die Aufgabe bearbeiten können. Sowohl der Fragebogen als auch die authentisch ermittelten Ergebnisse der Recherche sind Bestandteile des präsentierten Produkts in der Schlussphase.
Ein überarbeitetes Konzept der Kompetenzentwicklung im Unterrichtsentwurf könnte wie folgt aussehen:

16.4.2 Leistungserwartungen	
Inhaltlich	SuS beschäftigen sich mit der Datenermittlung und -auswertung durch Fragebögen zu Präferenzen und Einschätzungen.
Kognitiv-kommunikativ	SuS zeigen rezeptive Fähigkeiten, indem sie einem Fragebogen und einem Sachtext Informationen entnehmen.
	SuS zeigen Kompetenzen im produktiven Schreiben, indem sie themen-basierte Fragen selbst entwerfen.
	SuS zeigen Kompetenzen im produktiven Schreiben, indem sie Fragebögen in einem Online-Format erstellen.
	SuS zeigen Kompetenzen im monologischen Sprechen, indem sie Fragebogen und Datenauswertung präsentieren.
Digital	SuS zeigen digitale methodische Fähigkeiten, indem sie einen Online-Fragebogen erstellen, mit einem Online-Fragebogen Daten ermitteln und auswerten.
Systemisch	SuS zeigen systemische Kompetenzen, indem sie die Funktion des Adverbs beschreiben und Lückentexte hierzu ergänzen.

B) Bildanalyse

16.4.3 Zusammenfassung	
• Hoher Anteil an produktiven Kompetenzen • Integration eines komplexen Kompetenzgeflechts • Durchgängige Prozessorientierung • Fragegeleitete Kompetenzentwicklung • Kompetenzerweiterung durch Rollenübernahmen • Kognitive Aktivierung	• Methodische Kompetenzen unpräzise • Genres (Outcome) nicht definiert • Kaum Aktivierung von Vorwissen • Komplexe Operatoren ohne Didaktisierung • Geringer Input für inhaltliche Kompetenzen • Methodische Kompetenzen unklar • Sprachliche Unterstützung • Anbahnung auslegender Bildzugänge

Der Plan fordert sprachliche und methodische Kompetenzen in einer weitgehend aufsteigenden Progression ein. Im Schlussteil ist eine Rückführung der Progression auf reproduktive Kompetenzen erkennbar. Die Modellierung setzt auf der Satzebene an, die kommunikativ alle Lernende aufgrund der individuellen Gestaltungsoptionen leisten können. Dies gilt auch für Step 3 mit der Aufforderung, selbst Fragen zu formulieren. Der Erwartungshorizont des ersten Gruppenauftrags ist kommunikativ konkreter formuliert, die Operatoren beschreiben hier komplexe Umsetzungen sprachlicher Kompetenzen. Allerdings ist das kommunikative Arrangement in der Lerngruppe angesiedelt, sodass hier mit Hilfen oder Formulierungsmustern stärkerer Lernender zu rechnen ist. Weniger Spekulationen müsste man anstellen, gäbe es für diese Phase sprachliche Hilfen oder weitere inhaltliche Impulse nach Art der Fragen zur Aufgabe. Die Auswertungshinweise in Step 5 können durch Beantwortung der Fragen nur zum Teil erfüllt werden. Was die interpretatorischen Anteile angeht (Distanz, selbstversunken) könnten Leitimpulse die Auslegungskompetenzen der Lernenden unterstützen. Kritisch zu sehen ist der Verzicht auf eine kunsthistorische Einordnung des Gemäldes. Durch Zusatzmaterialien oder Rechercheaufträge hätte diese angebahnt werden können. In diesem Zusammenhang ist wiederum festzustellen, dass digitale Kompetenzen nicht aufgerufen werden. Die erwähnte Kompetenz zum Perspektivenwechsel ist von Bedeutung, da aus einer spezifischen Rolle heraus ein Text verfasst werden soll, welche den Lernenden unbekannt sein dürfte. Vor diesem Hintergrund könnten Zusatzinformationen die Rollenübernahme konkreter erfassbar machen.

Ein überarbeitetes Konzept der Kompetenzentwicklung im Unterrichtsentwurf könnte wie folgt aussehen:

16.4.4 Leistungserwartungen	
Inhaltlich	SuS beschäftigen sich mit *Room in New York,* von Edward Hopper.
Kognitiv-kommunikativ	SuS zeigen rezeptive Fähigkeiten (Sehverstehen), indem sie einem Gemälde Informationen entnehmen.
	SuS zeigen Kompetenzen im produktiven Schreiben, indem sie themen-basierte Fragen selbst entwerfen und notieren.
	SuS zeigen Kompetenzen im monologischen Sprechen, indem sie Ergebnisse vor der Klasse präsentieren.
	SuS zeigen Kompetenzen im produktiven Schreiben, indem sie einen Sachtext zum Gemälde verfassen.
Methodisch	SuS zeigen Kompetenzen des Sehverstehens, indem sie Inhalte eines Gemäldes identifizieren und versprachlichen.
	SuS zeigen analytische Kompetenzen, indem sie spezifische Inhalte eines Gemäldes wahrnehmen und einordnen.
Digital	SuS zeigen digitale methodische Fähigkeiten, indem sie eine Online-Recherche durchführen.
Sozial	SuS zeigen kooperative Kompetenzen, indem sie zu Gruppenergebnissen aktiv beitragen.
Systemisch	SuS zeigen systemische Kompetenzen, indem sie kunstspezifische Fachvokabular verstehen und verwenden.

Weiterführende Literatur

Gudjons, H.: Methodik zum Anfassen. Unterricht jenseits von Routinen. Bad Heilbrunn 2006.

Hallet, W.: Lernen fördern Englisch. Kompetenzorientierter Unterricht in der Sek I. Klett: Kallmeyer 2011.

Hattie, J./Clarke, S.: Visible Learning. Abingdon; New York 2019.

Helmke, A.: Was wissen wir über guten Unterricht? 2007, 1-17. Online unter https://www.bildung.koeln.de/imperia/md/content/selbst_schule/downloads/andreas_helmke_.pdf

Paechter, M./Stock, M./Weirer, W. (Hrsg.): Kompetenzorientierter Unterricht, Opladen und Toronto 2019.

17 Analysefeld Aktivierung

17.1 Aktivierungskonzept

A) Aufgabennahe Grammatikarbeit

17.1.1 Elizitation	
Aspekt Aktivierung	**Konkretisierung**
1. Aktivierung wird durch Lernaufgaben geleistet.	Let's make a questionnaire for your teachers now. The topic is: What sort of teacher are you? Write down 5-7 questions. Offer two answers. Write down points behind each answer. Write a short evaluation also (two/three categories, one sentences for each category.
2. Lösungspläne werden ausgehandelt.	Please find more questions that fit to the answers. Let's do Nr 1 together. Write down three more questions and two answers. Make questions for our questionnaire out of them.
3. Es gibt Lösungsoptionen.	Write down 5-7 questions. Offer two answers.
4. Es gibt kognitive Barrieren.	Write down 5-7 questions. Offer two answers. Aber auch: Genre ist vorgegeben.
5. Lernende präsentieren Ergebnisse.	SuS lesen vor. SuS machen Vorschläge. SuS stellen vor. SuS stellen Fragen zusammen.
6. Lernende evaluieren Ergebnisse.	Keine Hinweise
7. Informationsmaterialien werden selbsttätig erschlossen.	Keine Hinweise
8. Genrewissen wird erwartet.	Genre ist vorgegeben und vereinfacht.

- Elaboration

Im Zentrum der Einheit steht eine Aufgabe, in der es darum geht, das Produkt bzw. das Genre Fragebogen zu errichten. Teil der Aktivierungsstruktur ist die implizite Anbahnung des Umgangs mit Adverbien. Der grammatische Fokus wird in den einzelnen Gestaltungselementen nicht explizit erwähnt. Jedoch sind die Aktivitäten so gestaltet, dass die Lernenden sehr häufig mit der Verwendung adverbialer Konstruktionen befasst sind. Nach Abschluss der Präsentationsphase wird im Sinne eines sprachlichen Fokus eine weitere Konsolidierung in Kombination mit einer Bewusstmachungsphase angeschlossen (T2/T3). Sie hat zum Ziel, Lernende zur Wahrnehmung der Regularität zu führen, die für die Umwidmung von Adjektiven in Adverbien gültig ist (1). Die vorausgehenden Aufgaben geben eine genaue Ausführung vor. Eigene Lösungspläne zu entwickeln, ist nicht vorgesehen (2). Lediglich bei der Sammlung von Beispielen können die Lernenden sich austauschen und individuelle Vorschläge kollaborativ entwerfen. In dieser Phase gibt es linguistische Lösungsoptionen (3). Auch die kognitive Barriere, eigene Ideen zu versprachlichen, ist hier angesiedelt. Aufgrund der Verfügbarkeit von Versprachlichungsbeispielen ist sie niedrig gehalten (4). Häufig haben Lernende Gelegenheit, Zwischenergebnisse zu präsentieren, die im Sinne einer Überprüfung oder Konsolidierung aufgerufen werden. Eine Präsentation von eigenständig entwickelten Fragebögen ist nicht vorgesehen. Ob diese leistbar sind, bleibt offen. Die Lernenden arbeiten mit nur einer Genrevariante, Beispiele für Alternativen des Genres werden nicht aufgeführt. Das Fragebogenmodell aus der Präsentationsphase bleibt das einzige Arbeitsmaterial, sieht man einmal vom Lückentest des *language focus* ab (5). Evaluationen oder ein selbständiger Umgang mit Informationstexten sind nicht vorgesehen (6/7). Das Genre Fragebogen wird bereits in Step 3 eingeführt, die Schüler:innen können es als Vorlage nutzen (8).

- Evaluation

Der Entwurf ist kontextuell durchorchestriert, die Lernenden haben so stets einen ‚roten Faden', an dem sie sich orientieren können. Auf das durch den Kontext aufgerufene Weltwissen können die Schüler:innen immer wieder zurückgreifen. Die Lerngruppe wird induktiv an die grammatische Problematik herangeführt und frühzeitig in sprachliche Handlungen eingebunden. Die kommunikative Progression ist moderat, sodass die meisten Lernenden ohne Differenzierungsmaßnahmen aktiv werden können. Sie haben jedoch kaum Gelegenheit, die Unterrichtsstunde durch eigene Beiträge mitzugestalten. Obwohl eine Aufgabenorientierung erkennbar ist, bleibt das Training des grammatischen Patterns in allen Phasen dominant. Dadurch rückt die schülernahe Thematik in den Hintergrund und auch die Arbeit mit dem Genre bietet für Lernende wenig Raum für eigene Vorstellungen. Individuelle Äußerungen zur Thematik können Lernende ebenfalls kaum leisten. Verknüpfungsimpulse mit den Beständen des mentalen Lexikons werden nicht gegeben. Anwendungsbereich (Step 6) und *Follow-up*-Aktivität sind nicht ausgestaltet, um freie sprachliche Verwendungszusammenhänge zu initiieren, wie es in aufgabenorientierten Konzepten üblich ist.

B) Bildanalyse

17.1.2 Elizitation	
Aspekt Aktivierung	**Konkretisierung**
1. Aktivierung wird durch Lernaufgaben geleistet.	On the transparency you will find some elements of the paintings that you should focus on (AB 1).
2. Lösungspläne werden ausgehandelt.	Answer the first question, then add two more, with answers for both. ... prepare a short presentation.
3. Es gibt Lösungsoptionen.	...What are they thinking/feeling? ... How can these colours be characterized? ... write a paragraph for the website, in which you explain what the painting is really about.
4. Es gibt kognitive Barrieren.	They've asked you to write a paragraph for the website, in which you explain what the painting is really about.
5. Lernende präsentieren Ergebnisse.	...Present your findings to the class. ... write a paragraph for the website.
6. Lernende evaluieren Ergebnisse.	3 The class is invited to ask questions to the group.
7. Informationsmaterialien werden selbsttätig erschlossen.	GA.
8. Genrewissen wird erwartet	Präsentation, Museumstext.

• Elaboration

Der Plan ist aufgabenbasiert. Die Schüler:innen sollen ein Bild analysieren und zu einem Outcome gelangen, der sich als *gap* darstellt. Die Lernaufgabe hat mehrere Teilziele, die jeweils ein Produkt darstellen (Analyse, Präsentation, Text) (1). Eine wesentliche Arbeitsform ist die kollaborative Gruppenarbeit, in der analytische Annäherungen an das Bild gemeinsam erfolgen und ein Ergebnis gefunden werden muss. Ein Ansatzpunkt liegt jeder Gruppe vor, weitere können selbst bestimmt und ausgeführt werden (2). Obwohl die erwarteten Ergebnisse im Plan aufgeführt sind, bietet die Aufgabenform (offene Fragen) Möglichkeiten für verschiedene Lösungen. Dies gilt einmal mehr für die Präsentation, die Gruppenfragen und für das Produkt Website- Text (3). Die in Gruppenarbeit durchzuführenden analytischen Zugänge erfolgen ohne Unterstützung durch Zusatzfragen oder Hilfsimpulse, wodurch kognitive Barrieren entstehen. Auch der Website-Text verlangt eine analytische Perspektivierung ohne eine veranschaulichende Einbettung (4). Eine Präsentation der Gruppenergebnisse ist vorgesehen, hinzu kommt die Umwälzung im individuell verfassten, eigenständigen Text (5). Unspezifisch bleibt die Evaluationsphase, die Klasse wird aufgerufen, Fragen zu stellen, nicht aber explizit Meinungen zu äußern (6). Eine selbständige Erschließung des Gemäldes ist in der Gruppenarbeitsphase möglich, sie kann jedoch auch umgangen werden. Sachinformationen liegen nicht vor (7). Grundsätzlich besteht Bedarf an Informationen zur Gestaltung des mündlichen und schriftlichen Produkts. Diesbezüglich muss bei den Schüler:innen Wissen vorhanden sein (8).

- Evaluation

Die Aufgabe ist produktiv konzipiert und komplex konstruiert. Die Schüler:innen sind in der Mehrzahl an Tätigkeiten aktiv damit befasst, visuell wahrgenommene Facetten zu versprachlichen, auszulegen und mitzuteilen. Die Aufgaben von G1 und G4 haben einen höheren produktiven Anteil durch ihren Fokus auf die Auslegung. G2 und G3 lassen sich durch das Beschreiben der betreffenden Bildinhalte lösen, damit sind sie eher reproduktiv. Es ergeben sich Differenzierungsmöglichkeiten. Kognitive Barrieren entstehen dadurch, dass es keine Veranschaulichungen oder sprachliche Hilfen gibt, auf die Schüler:innen bei der Umsetzung der Textprodukte zurückgreifen können. Dadurch ergeben sich vor allem für G1, G4, für Präsentation und Website-Text kognitive Akzentuierungen.

17.2 Anforderungsbereiche

A) Aufgabennahe Grammatikarbeit

17.2.1 Elizitation	
Aspekt Design	**Konkretisierung**
1. Operatoren bilden verschiedene Anforderungsprofile im Plan ab.	tick add write down complete
2. Planstruktur folgt einer Progression, sie ist aufsteigend.	At first, scribble down a few questions you'd expect in it, please Find T1, tick answers. Make questions for our questionnaire. Make a questionnaire for your teachers now. The topic is: What sort of teacher are you? SuS stellen Fragen zusammen (Präsentation).
3. Holistische Elemente unterstützen Sprachhandlungen.	One person takes a blue and an orange card and mimes what is on them. The others guess what he/she is doing.

- Elaboration

Die Operatoren und damit die handlungsanleitenden Verben vermitteln eindeutige Handlungsanweisungen. Dabei sind *add, tick, complete* als reproduktive Tätigkeiten zu werten. Die Offenheit der Erwartung des Operators *write down* wird dadurch verringert, dass die eingeforderte Sprachhandlung durch weitere Angaben zu Textform und Umfang der Sprachhandlung präzisiert wird (*5-7 questions*) (1). Die Stunde beginnt mit produktiven Operatoren, wird dann von reproduktiven abgelöst. Ab Step 5 wechseln produktive und reproduktive Operatoren. Ihr Spektrum löst Tätigkeiten aus, die zu Ergebnissen auf der Wort- und auf der Satzebene führt. Mehrere Leistungen sind durch Verwendung einzelner Lexeme zu erfüllen. Freiere Äußerungen sind in den Ausführungen des Operators *write* grundsätzlich möglich, aber wenig wahrscheinlich. Die Satzebene wird nicht überschritten, das Genre kommt ohne Fließtext aus (2). Der Entwurf schließt mit einer holistischen Aktivität, die keine neuen kommunikativen Herausforderungen an die Lernenden stellt (3).

- Evaluation

Deutlich modellieren die Operatoren eine moderat ansteigende Progression von der Rezeption zur Produktion und dadurch von reproduktiven zu produktiven Handlungen (*tick/write*). Die Bewusstmachung fokussiert wieder auf einer reproduktiven Handlung, die sprachlich mit einzelnen Vokabeln zu leisten ist. Es lässt sich argumentieren, dass diese Phase aus der Aufgabenstellung ausgelagert ist, sodass auch die Progression nicht weiterentwickelt werden musste. Betrachtet man sie als integralen Teil des Unterrichtsplans, steht sie für eine Rückentwicklung der Progression auf eine reproduktive Leistungsstufe. Dies ist in einem Entwurf, der ansteigend konzipiert ist, unüblich. Desiderate bleiben Operatoren, die längere Phasen freien Sprachgebrauchs initiieren und neues Wissen mit bestehendem Wissen vernetzen.

B) Bildanalyse

17.2.2 Elizitation	
Aspekt Anforderung	**Konkretisierung**
1. Operatoren bilden verschiedene Anforderungsprofile im Plan ab.	What's going on in the picture (describe). What are they thinking? (Explain). Present findings. Write text about painting.
2. Planstruktur folgt einer Progression, sie ist aufsteigend.	Answer the first question, then add two more, with answers for both. … prepare a short presentation … write a paragraph.
3. Holistische Elemente unterstützen Sprachhandlungen.	… What are they thinking/feeling? … what is significant about their body language?

- Elaboration

Die Operatoren markieren produktive Tätigkeiten von unterschiedlicher Komplexität. Die Kontextualisierung ist wegen ihrer didaktischen Funktion auf reproduktive Äußerungen ausgerichtet. In der Erarbeitungsphase definieren Operatoren sowohl reproduktive als auch produktive Sprachaktivitäten auf der Satzebene. Die Thematik ist durch konkrete Fragen definiert. Satzüberschreitende Texte sind durch *present* und *write* angelegt (Step 6/7). Im Gesamtbild modellieren die Operatoren ein komplexes Anforderungsprofil (1). Aufsteigend sind die Anforderungen insofern, als Äußerungen sich von der Satzebene hin zur Textebene und von reproduktiv-produktiven Beiträgen hin zu genuin- produktiven entwickeln sollen (2). Die grundsätzlich mögliche Ausweitung des Entwurfs um eine holistische Komponente (z. B. *freeze frame*) wird nicht umgesetzt (3).

- Evaluation

Die Operatoren definieren ein ausgewogenes Verhältnis von Anforderungen an die kommunikativen Kompetenzen der Lernenden. Die produktiven Operatoren werden in vorausgehenden Arbeitsphasen vorentlastet, worauf sich die Schülerinnen und Schüler stützen können. Die Texte in Step 6 und Step 7 sind nicht näher beschrieben (Textlänge, Einleitung, Hauptteil etc.), sodass sich alle Lernende ihrem Leistungsvermögen gemäß daran versuchen können. Hinzu kommt, dass es hohe Anteile an Formen der Zusammenarbeit gibt. Bildintentionen sind leicht zu erfassen und zu versprachlichen, soweit dies durch das Beschreiben geleistet werden kann. Die Operatoren *characterize* und *explain significance* sind nicht vorentlastet. Dies könnte die Komplexität der Antworten beeinflussen.

17.3 Design

A) Aufgabennahe Grammatikarbeit

17.3.1 Elizitation	
Aspekt Design	**Konkretisierung**
1. Zwischenresultate bereiten das Endprodukt vor.	Tick the right answers … Let me answer question 1 first. I tell jokes badly. So I only get one point. What about you? … Write down three more questions and two answers… Make questions for our questionnaire out of them Let's make a questionnaire for your teachers now. The topic is: What sort of teacher are you? Write down 5-7 questions.

17.3.1 Elizitation	
Aspekt Design	**Konkretisierung**
2. Das Lernergebnis kann ohne das Erarbeitete erstellt werden.	Let's make a questionnaire for your teachers now. The topic is: What sort of teacher are you?
3. Die Erwartungen an das Lernergebnis sind bekannt.	I'm going to distribute a questionnaire in a minute. You can find out what kind of person you are … Let's make a questionnaire for your teachers now.
4. Lerner:innen können Gruppenwissen nutzen.	Write down three more questions and two answers (pair work).
5. Lernende können Hintergrundinformationen nutzen.	T3: Rules a) Adverbs describe ___ people do or should do things …
6. Es sind mehrere Lösungsvarianten möglich.	Write down 5-7 questions … Write a short evaluation also (two/three categories, one sentences for each category.
7. Das sprachliche Register kann frei gewählt werden.	Make questions for our questionnaire.

- Elaboration

Die Aufgabenlösung, Aspekte für einen Fragebogen zusammenzustellen, wird durch rezeptive Tätigkeiten vorbereitet. Die Lernenden lesen und füllen aus, die Lehrkraft gibt ausführliches und korrektives Feedback zu den Ergebnissen. Auch die nachfolgenden Formulierungsversuche der Lernenden werden gesichert. Die auf diese Weise gefestigte Produktionskompetenz wird anschließend an einem Genrebeispiel mit einer ähnlichen Thematik angewendet (1). Die skizzierten Abfolgen bilden einen Prozess ab, der die benötigten Kompetenzen engstufig aufbaut, ohne weitere Kompetenzen zu integrieren. Insofern wird das Produkt prozessorientiert vorbereitet (2). Zur Darstellung von Leistungserwartungen kommt es mit der Vorstellung eines Arbeitsauftrags. Die Lernenden erfahren nur schrittweise, was von ihnen erwartet wird. Offen bleibt, ob die im Plan aufgeführte Stundenthematik kommuniziert wird (Step 2). Die Thematik der Anwendungsphase wird sprachlich, nicht inhaltlich vorentlastet. Jedoch ist die Themenstellung nahe am Fragebogen der Einführungsphase. Lernende können durch kleinere lexikalische Veränderungen des Ausgangstextes (*what sort of… are you?*) die Anwendung leisten (3). Step 5 und Step 8 enthalten Gruppenarbeitsphasen, Einzelarbeit herrscht ansonsten vor, Gruppenwissen kann nicht mehr genutzt werden. Allerdings versetzt die Planung die Lehrkraft in eine dominante Position mit der Möglichkeit, Wissen bereitzustellen (4). Den Ausgangstext können Lernende als Hintergrundwissen nutzen, die dessen strukturelle und linguistische Nähe zur Anwendungsaufgabe erkannt haben. Explizite Hinweise hierzu fehlen. T3 dagegen kann die Mehrheit der Lernenden als Hintergrundinformation für die Regelformulierung einsetzen, da diese bereits im Vorlauf bewusst gemacht wurde (5). Für die Formulierungen in Step 5 sind individuelle Lösungen zu erwarten, innerhalb eines linguistischen Rahmens, der Optionen begrenzt (6). Bildungs- oder fachsprachliche Register werden nicht aufgerufen (7).

• Evaluation

Prozessorientiert und ohne auffällige Brüche modelliert sind die rezeptiven und produktiven Phasen. Lernende können eine genaue Vorstellung von den Anforderungen entwickeln, bevor sie selbst sprachaktiv werden. Für stärkere Lernende sind die Tätigkeiten nach dem Übergang zur Produktionsphase aufgrund der nahezu identischen Lösungsstrukturen kaum herausfordernd. Lediglich die Themenstellung ist neu. Neben der unklaren Erwartungsstruktur für die Lernenden am Stundenbeginn sind es die fehlenden Hintergrundinformationen zur inhaltlichen Themenstellung, die Lernende bei der Ausführung der Aufgaben einschränken. Sie können nur versprachlichen, was sie bereits wissen, neue Informationen zu verarbeiten wird ihnen nicht ermöglicht. Auch die fehlenden Kooperationsmöglichkeiten zeigen, dass inhaltliche Aspekte nicht an erster Stelle stehen. Dies überrascht, zumal die Thematik nicht nur schülernah ist, sondern in den Aktivitäten bereits einmal aufgegriffen wird.

B) Bildanalyse

17.3.2 Elizitation	
Aspekt design	**Konkretisierung**
1. Zwischenresultate bereiten das Endprodukt vor.	SuS stellen Vermutungen an. Group 1: Focus on heads … Group 2: Focus on bodies/body language … Group 3: Focus on room … Group 4: Focus on colouring.
2. Das Lernergebnis kann ohne das Erarbeitete erstellt werden.	They've asked you to write a paragraph for the website, in which you explain what the painting is really about to new visitors.
3. Die Erwartungen an das Lernergebnis sind bekannt.	Presenting findings. Writing an analytical text about painting.
4. Lerner:innen können Gruppenwissen nutzen.	Step 4: group work; Step 6: panel discussion.
5. Lernende können Hintergrundinformationen nutzen.	Keine Materialien verfügbar.
6. Es sind mehrere Lösungsvarianten möglich.	… write a paragraph for the website, in which you explain what the painting is really about.
7. Das sprachliche Register kann frei gewählt werden.	Keine Hinweise.

• Elaboration

Im strengen Sinne leitet bereits der Impuls in der Kontextualisierung das Endprodukt ein, es werden jedoch keine Notierungen vorgenommen. Die arbeitsteilige Gruppenarbeit führt zu Ergebnissen, die sowohl für die Vorbereitung der Präsentation als auch des individuellen Textes hilfreich sind, der in Step 7 gefordert wird (1). Das Lernergebnis bzw. Produkt Website-Text kann trotz der Möglichkeit, erarbeitete Inhalte aus vorausgehenden Phasen einzusetzen als eine Transferleistung gelten. Lernende können eigenständig formulieren und Argumente einsetzen, die nicht vorbereitet wurden. Eine methodische Vorentlastung findet nicht statt, die kommunikative Ebene ist mündlich, nicht jedoch schriftlich vorentlastet (2). Als Lernergebnis wird das Thema für einen nicht näher benannten Text vorgegeben. Es bleibt den Schüler:innen überlassen, wie sie diesen strukturieren und mit Inhalt füllen. Die zentrale Arbeitsform ist die Gruppenarbeit, in dieser Konstellation kann viel Gruppenwissen ausgetauscht und eingesetzt werden. Ähnlich verhält es sich mit dem Unterrichtsgespräch (*panel discussion*), das ebenfalls Gruppenwissen offenlegt (4). Weder zum Bild selbst noch zur kunsthistorischen Einordnung liegen Informationen vor. Auch Sichtweisen der Lernenden hierzu werden nicht aufgerufen (5). Verschiedene Lösungen sind beim Verfassen des Textes wahrscheinlich (Step 6), da Lernende aufgefordert sind, ihre individuellen Sichtweisen einzubringen. Wegen des Verzichts auf die Vorgabe sprachlicher Hilfen ist auf der kommunikativen Ebene mit unterschiedlichen Resultaten zu rechnen (6). Erwartungen an das Register werden nicht kommuniziert (7).

• Evaluation

Das Design des Entwurfs führt die Schüler:innen in mehreren Schritten hin zur Präsentation und zum Endprodukt. Teil des Prozesses ist eine fokussierte Betrachtung relevanter Bildinhalte, für ihre Auslegung gibt es jedoch keine Hilfen. Grundsätzlich ist dies kritisch zu sehen, da die interpretativen Anteile von Aufgaben kognitiv anspruchsvoll sind. Hilfsangebote, auch methodischer Art, könnten der Tendenz entgegenwirken, dass Lernende anstelle von begründeten Aussagen sich auf Vermutungen einlassen. Das Endprodukt kann sowohl auf der Grundlage des Erarbeiteten als auch im Sinne einer unabhängigen Transferleistung verfasst werden. Insofern ist eine kognitive Aktivierung gegeben, ohne dass sie weniger gute Lernende benachteiligt. Eine kulturelle Auseinandersetzung zur Anbahnung ästhetischer Kompetenzen unterbleibt allerdings. Als Kunstobjekt ist das Gemälde an der Peripherie angesiedelt, entsprechende Informationstexte fehlen ebenso wie eine interaktionale Thematisierung.

17.4 Diskurs

A) Aufgabennahe Grammatikarbeit

17.4.1 Elizitation	
Aspekt Diskurs	**Konkretisierung**
1. Strukturelle Aspekte des Formats sollen berücksichtigt werden (z. B. Adressaten, Interaktionsstrategien, Phasenabläufe etc.).	Let's make a questionnaire … Write down 5-7 questions. Offer two answers. Write down points behind each answer. Write a short evaluation also (two/three categories, one sentences for each category.
2. Verschiedene Diskursebenen werden aufgerufen.	Let's see how many points we've all got. Let me answer question 1 first. I tell jokes badly. So I only get one point. What about you?… Please find more questions that fit to the answers. Let's do Nr 1 together …
3. Angemessenheit soll berücksichtigt werden.	Write down 5-7 questions.
4. Bildungssprachlicher Sprachgebrauch wird erwartet.	Write down 5-7 questions.
5. Satzübergreifende Textproduktion wird erwartet.	Write down 5-7 questions.

- Elaboration

Die Lernenden werden auf zentrale Gestaltungsmerkmale des Genres hingewiesen, die es zu berücksichtigen gilt. Zudem liegt ihnen mit T1 ein Beispiel vor, auch wenn darauf nicht nochmals verwiesen wird. Im Plan können verschiedene Diskursebenen identifiziert werden. Sie sind reproduktiv (*tick … complete*) und produktiv angelegt (*scribble down, write, guess*). Das Genre selbst kann mit einzelnen Sätzen errichtet werden. Texte werden nicht verfasst, auf Kohäsion bei der Zusammenstellung der einzelnen Sätze muss geachtet werden, um die Intention des Genres auszuführen. Angemessenheit bezieht sich im Entwurf auf Klarheit der Aussagen, umgesetzt durch Fragen, die eindeutig zu beantworten sind (a/b). Soziolinguistische Aspekte der Sprachverwendung werden nicht thematisiert. Es gibt auch keine Hinweise auf bildungssprachliche Erwartungen für die selbst formulierten Sprachanteile. Auch wenn eine aufgabenorientierte Grundhaltung erkennbar ist (*let's make a questionnaire*), so werden im Plan primär Aktivitäten aufgerufen, die sich auf die Übung und Konsolidierung des grammatischen Fokus konzentrieren. Dies führt zu einer kleinschrittigen Progression und einer lehrerzentrierten Vorgehensweise.

• Evaluation

Die Diskursebene ist reproduktiv modelliert. Freie Äußerungen durch Lernende bleiben die Ausnahme, Aspekte der Angemessenheit, die für das gewählte Thema zumindest in Erwägung gezogen werden sollten, bleiben außen vor. Die dringlichere Diskurskomponente einer Integration des neuen Stoffes in satzübergreifende Sprachhandlungen unterbleibt. Insofern können Lernende nur schwerlich die kommunikative Funktion des Lerninhalts durch eigenes Erproben erfahren.

B) Bildanalyse

17.4.2 Elizitation	
Aspekt Diskurs	**Konkretisierung**
1. Strukturelle Aspekte des Formats sollen berücksichtigt werden (z. B. Adressaten, Interaktionsstrategien, Phasenabläufe etc.).	You work as a volunteer at the Sheldon Museum of Art in Lincoln … write a paragraph for the website, in which you explain what the painting is really about to new visitors.
2. Verschiedene Diskursebenen werden aufgerufen.	Answer the first question, then add two more, with answers for both … present finding … write paragraph.
3. Angemessenheit soll berücksichtigt werden.	Keine Hinweise.
4. Bildungssprachlicher Sprachgebrauch wird erwartet.	Keine Hinweise.
5. Satzübergreifende Textproduktion wird erwartet.	… present findings … write paragraph.

• Elaboration

Einen Hinweis auf Adressatengemäßheit gibt der Arbeitsauftrag in Step 7 (*you work as a volonteer* …). Worauf zu achten ist, wenn man für Besucher:innen schreibt, wird nicht mitgeteilt. Auch zur Strukturierung einer Präsentation für die Mitlernenden gibt es keine Informationen (1). Die Schüler:innen verfassen mündliche und schriftliche Texte in der Fremdsprache, monologisch und interaktiv, auf Satzebene und satzübergreifend (2). Explizite Hinweise auf angemessenes Sprachverhalten werden nicht gegeben (3). Ein bildungssprachlicher Sprachgebrauch außerhalb der in den Aufgaben benannten Lexeme wird nicht eingefordert (4). Zwei Texte (*presentation, paragraph*) sind als satzübergreifend ausgewiesen (5)

• Evaluation

Die Bildanalyse ist auf der kommunikativen Ebene von funktionalem Sprachgebrauch gekennzeichnet. Lernende sind erfolgreich, wenn sie Antworten geben. Ergebnisse präsentieren und Inhalte in einem Text vermitteln. Kompetenzen zur Strukturierung der Textprodukte oder zur angemessenen Vermittlung von Inhalten werden nicht angebahnt. Dies ist kritisch zu sehen, da die Schüler:innen miteinander interagieren und ihren Text an unbekannte Adressatinnen und Adressaten richten sollen (*visitors*).

17.5 Gesamtevaluation

A) Aufgabennahe Grammatikarbeit

17.5.1 Zusammenfassung	
• Schülernahe Thematik • Aufgabennähe • Inhaltliche Erwartungen werden mitgeteilt • Schritt-für-Schritt-Entwicklung • Reproduktive und produktive Elemente	• Angemessenheit • Genrewissen • Anwendung und Transfer • Genrespezifik

Dem Entwurf gelingt es, einen grammatischen Schwerpunkt in eine aufgabennahe Konzeption zu integrieren. Wegen der sprachlichen Fokussierung kann diese nicht aufrechterhalten werden. Jedoch wäre eine Anwendungsphase umsetzbar, in der Lernende den Schwerpunkt aufgabenbezogen einsetzen können. Die Progression ist nicht kontinuierlich ansteigend, bei der Bewusstmachung fällt sie auf reproduktive Phasen zurück, die Schlussphase unterstützt keine am Thema orientierte Anwendung. Die Übungsfunktion tritt in den Aktivitäten deutlich zu Tage, das Fehlen von Sachinformationen führt dazu, dass Lernende keinen Erkenntnisgewinn über die Thematik erhalten. Auch eine zusätzliche Rezeptionsaktivität wird so verhindert. Ihre Ergebnisse können Lernende vorstellen, sie erhalten jedoch kein Klassen-Feedback. Das Genre spielt keine Rolle mehr und auch zur Thematik können sich die Lernenden nicht äußern. Eine freie Sprachverwendung im Sinne eines Zusammenwirkens von grammatischem Schwerpunkt und individuellem mentalen Lexikon ist nicht möglich.

• Ausblick
Ein Aktivierungskonzept, das verschiedene Leistungsebenen berücksichtigen möchte, wird auf einer stärkeren Ausgestaltung der Aufgaben ausgerichtet sein.

• Genres mit verschiedenen sprachlichen Varianten

How do you usually talk to your parents? __politely (3) __rudely (2) __often angrily (1)	What is your favourite hobby? __watch animals (1) __play ball games (2) __ hang out with friends (3)	What films do you like? __ drama __ comedy ___crime	usw.

• Breitere Themenauswahl
Bei einer variantenreicheren Themenstellung können sich Lernende einbringen, die sich von einem speziellen Thema nicht angesprochen fühlen oder hierzu keine Erfahrungen beitragen können.

• Hintergrundinformationen
Die Aktivierung mehrerer Kompetenzen setzt voraus, dass entsprechende Impulse gesetzt werden. Hintergrundinformationen für die inhaltliche Gestaltung der Fragebögen werden gelesen und ausgewertet und auf diese Weise entsprechende Kompetenzen aufgerufen. Darüber hinaus stellen sie Informationen bereit, die Lernende für ihre Fragebogenversionen nutzen können. Auf diese Weise entstehen auch sprachlich vielfältigere Produkte.

• Sprachliche Unterstützung
Ein linguistisches Unterstützungsangebot kann Versprachlichungsprobleme vermeiden. Darüber hinaus wird eine Erweiterung kommunikativer Kompetenzen begünstigt.

• Präsentation- und Evaluationsphase
Das Präsentieren verlangt die klare Strukturierung und Kommunikation der Informationen, auch wenn diese visuell verfügbar sind. Die Evaluation fördert die kognitive Aktivierung, indem ein anspruchsvolles, auf freie Sprachverwendung gerichtetes Anforderungsprofil integriert wird.

• Durchführung einer Fragebogenstudie
Das Genre dient der Datenermittlung und -auswertung und ist damit eine Ressource für entdeckendes Lernen. Lernenden können erkennen, dass man mit der Textsorte zu belastbaren Ergebnissen gelangt.

B) Bildanalyse

17.5.2 Zusammenfassung	
• Inhaltliche Erwartungen werden mitgeteilt • Schritt-für-Schritt-Entwicklung • Satzübergreifende Mitteilungen • Reproduktive und produktive Elemente • Rollenspezifischer Transfer	• Angemessener Sprachgebrauch • Genrewissen • Hintergrundinformationen • Anleitung zur Bildinterpretation • Navigationspatterns • Erweiterung der Diskurskompetenz

Die Anforderungsprofile der Aktivierungsphasen liegen im mittleren Bereich. Anspruchsvolle Operatoren sind selten. Die Fragen für die Gruppenarbeit repräsentieren unterschiedliche Komplexitätsstufen zwischen Reproduktion und Produktion. Für die interpretativen Zugänge gibt es keine Unterstützung, sodass die Lösung vom Gruppenwissen abhängig ist. Zur ästhetischen und kunsthistorischen Dimension des Gemäldes liegen den Schüler:innen keine Informationen vor und sie werden diesbezüglich auch nicht angesprochen. Orientierungsimpulse zur Strukturierung oder Konzeptualisierung der eingeforderten Texte fehlen. Interaktionen und verschriftlichte Texte an vorgegebene Adressatengruppen tragen das Aktivierungskonzept. Hinweise für ein angemessenes Sprachverhalten wären zu erwarten gewesen.

• Ausblick
Eine redaktionelle Überarbeitung des Aktivierungskonzepts könnte zur Integration folgender Gestaltungsmerkmale führen:

• Hintergrundinformationen
Texte zu Gemälde und Autor sind zusätzliche Gesprächsanlässe. Sie erweitern die Thematik um Aspekte der kulturellen Bildung und die funktionalen Möglichkeiten für die Lernenden.

• Unterstützung
Eine Bildinterpretation kann von Informationen profitieren, in denen die Schüler:innen interpretatorische Herangehensweisen beispielhaft nachvollziehen können. Gegebenenfalls wäre auch eine *concept map* oder ein Flussdiagramm in Erwägung zu ziehen, die grundlegende Strukturen darbieten. Ein Versprachlichungspool hilft, komplexe Inhalte präziser und angemessener zu kommunizieren.

• Genrewissen
Die eingeforderten Genres haben feste Strukturen. Diese kennenzulernen und selbst anzuwenden wäre für die Lernenden ein Zugewinn an prozeduralem Wissen.

- Kreative Ausweitung

Der Gemäldedarstellung eignet sich für kreative Einlassungen, sodass die Schüler:innen aufgefordert werden können, die Szenerie narrativ weiterzuentwickeln, dialogisch auszugestalten und zu inszenieren.

- Feedback

Eine Feedbackrunde bietet sich an, weil Lernerprodukte entstanden sind, über die sich die Lerngruppe austauschen möchte. Insofern wären für beide Texte Präsentationen einzuplanen, ggf. im Rahmen eines *gallery walk*. Ein schriftlich vorliegender Referenzrahmen vermittelt Anforderungen an eine Evaluation und listet die Bezugspunkte auf.

- Bildvergleich

Das Gemälde ist typisch für die Kunst von Edward Hopper. Eine ästhetische Fokussierung kann durch Vergleich mit anderen seiner Werke oder seiner Epoche angebahnt werden.

Weiterführende Literatur

Celce-Murcia, M./Olshtain, E. Discourse and Context in Language Teaching: A Guide for Language Teachers, Cambridge 2000.

Gehring, W.: Mit den Künsten Englisch unterrichten. Bad Heilbrunn 2017.

Gibbons, P.: Scaffolding Language, Scaffolding Learning. Teaching Second Language Learners in the Mainstream Classroom. Portsmouth 2002.

Janks, C. J. (Hrsg.): Researching Classroom Discourse. A Student Guide. London 2020.

Speight, S.: Basic Conversation. Strategies – situations – dialogues. Stuttgart 1986.

Walsh, S. (Hrsg.): Exploring Classroom Discourse: Language in Action. London 2011.

18 Analysefeld Vermittlungsstrategien

18.1 Setting

Das Setting kann in den drei Varianten Instruktion. Teamwork und Individualisierung gestaltet werden. Jede dieser Varianten wird einzeln betrachtet.

A) Aufgabennahe Grammatikarbeit

18.1.1 Elizitation	
Aspekt Instruktion	**Konkretisierung**
1. Lehrkraft lenkt und leitet Arbeits- und Interaktionsprozesse.	Find T1. Tick the right answers. Let me answer question 1 first. I tell jokes badly. So I only get one point. What about you? Please find more questions that fit to the answers. Let's do Nr 1 together. Write down three more questions and two answers.
2. Aktivierungsformate lassen kaum Lösungsoptionen zu, Resultate liegen vorab fest.	Find T1. Please find more questions that fit to the answers. Let's do Nr 1 together.
3. Reproduktion überwiegt.	Please find more questions that fit to the answers. Let's do Nr 1 together. Write down three more questions and two answers.
4. Lernergebnisse sind festgelegt.	Let's make a questionnaire for your teachers now. The topic is: What sort of teacher are you?
5. Lernprozess erfolgt kleinschrittig.	Tick the right answers. Let's see how many points we've all got… find more questions that fit to the answers… Write down three more questions and two answers… Make questions for our questionnaire out of them.
6. Fragend-entwickelnde Interaktion dominiert.	Have you ever answered questionnaires? What was the last questionnaire about? Do you remember any questions?
7. Lernstandkontrollen während des Unterrichts sind eingeplant.	1. Please complete the sentences in T2 2. Look at the sentences in the questionnaire again. Then complete the rules in T3: … Write 8 activities on blue cards and 8 adverbs on orange cards.

- Elaboration

Der Unterrichtsentwurf ist zugeschnitten auf die Lehrkraft. Sie initiiert die zentralen Lernschritte und gibt genaue Vorgaben zu den Tätigkeiten. Interaktionen werden grundsätzlich von der Lehrkraft angestoßen, freiere Diskurse sind in diesem Konzept schwer zu realisieren (1). Dies hängt auch damit zusammen, dass die Lernplanung kleinschrittig angelegt ist, unter anderem erkennbar am Design des Arbeitsblattes und an der Gestaltung der Arbeitspläne, die ebenfalls von der Lehrkraft vorgestellt und unter ihrer Anleitung durchgeführt bzw. ausgewertet werden. T1 legt die Lernergebnisse vorab fest, da jeweils nur eine Lösung intendiert ist. Diese liegt auf der Wortebene, längere Äußerungen sind nicht intendiert. Die Versprachlichungsimpulse in der Einleitung (*have you ever…, what was… about…*) können ebenfalls mit Einzelwörtern beantwortet werden (2). Trotz der Aufgabe an die Schüler:innen, selbst Fragen zu entwerfen, ist das Setting primär reproduktiv, denn auch bei den Fragen kann man sich an T1 orientieren (3). Die Vorgabe der Patterns, der grammatische Schwerpunkt und die ähnlichen Themenstellungen in T12 und Step 6 lassen eigenständige Formulierungen kaum zu. An keiner Stelle im Unterrichtsplan wird Lernenden Gelegenheit zur freien Umsetzung von Operatoren zur Meinungsäußerung gegeben, ein nachgerade klassisches Merkmal instruktiven Unterrichts (4). Der grammatische Schwerpunkt wird über 8 Schrittfolgen umgewälzt, gesichert und vertieft (5). Häufig tritt die Lehrkraft als Interaktionspartnerin für einzelne Lernende oder für die Klasse in Erscheinung. Auf diese Diskurse einer integrativen Instruktion folgen meist weitere kleinere Arbeitsaufträge. Die Lehrkraft ist dabei stets involviert. Dies führt auch dazu, dass Veränderungen in den Sozialformen kaum Einfluss auf Methodik oder Diskursformen haben (6). Als Lernstandkontrollen aufzufassen sind Step 7 und Step 8 (7).

- Evaluation

Ein eng geführtes Setting kann sinnvoll sein in Lerngruppen, die sich von einem instruktiven Design besser betreut fühlen. Lernende mit Schwierigkeiten, Inhalte eigenständig zu erfassen und auszuwerten, gehören dazu. Vor diesem Hintergrund gibt das Unterrichtskonzept einen strukturierten Rahmen vor, durch die primär reproduktiven Aktivitäten und die kleinschrittige Vorgehensweise werden Sicherheiten geschaffen, Erfolgserlebnisse können sich bei schwächeren Lernenden einstellen. Die aktive Beteiligung der Lehrkraft kann durch Erläuterungen für zusätzliche Klarheit sorgen und Einsichten anbahnen. Stärkere und autonomere Schüler:innen werden durch das Setting in ihren kommunikativen Möglichkeiten eingeschränkt. Die Sprachhandlungen sind vorhersehbar und damit primär reproduktiv. Eigenständige Sprachhandlungen sind kaum möglich.

B) Bildanalyse

18.1.2 Elizitation	
Aspekt Instruktion	**Konkretisierung**
1. Lehrkraft lenkt und leitet Arbeits- und Interaktionsprozesse.	What is going on in the picture? … The painting has a lot to tell us. Let's have a closer look at it … On the transparency you will find some elements of the painting that you should focus on (AB 1) … Answer the first question, then add two more, with answers for both … 1 As a group, prepare a short presentation of your findings …
2. Aktivierungsformate lassen kaum Lösungsoptionen zu, Resultate liegen vorab fest.	Group 1: Focus on heads … Group2: Focus on bodies/body language … Group3: Focus on room … Group 4: Focus on colouring …
3. Reproduktion überwiegt.	What is going on in the picture? What is significant about their body language? … What can you say about the size of the room?
4. Lernergebnisse sind festgelegt.	SuS erkennen: Distanz zwischen Figuren, schauen sich nicht an, Berührung ausgeschlossen, Personen kommunizieren nicht, sind selbstversunken, geschlossene Körperhaltung etc.
5. Lernprozess erfolgt kleinschrittig.	Keine Hinweise.
6. Fragend-entwickelnde Interaktion dominiert.	Keine Hinweise.
7. Lernstandkontrollen während des Unterrichts sind eingeplant.	Step 5 Auswertung. Step 8 language focus.

Prinzipiell ist der Plan ohne Beteiligung der Lehrkraft umsetzbar. Die instruktiven Anteile sind organisatorischer Natur. Sie beschränken sich auf die Bekanntgabe der Arbeitsaufträge, strukturieren damit den Lernprozess. Auf eine schriftliche Vermittlung als Alternative wird verzichtet. Dies spricht dafür, dass die Lehrkraft in den Lernprozess eingebunden sein soll (1). Bei der Bearbeitung der Arbeitsaufträge gibt es interpretatorischen Spielraum. Bedingt durch die Offenheit der Aufgabenstellung sind mehrere Lösungsoptionen angelegt, nicht zuletzt sprachliche (2). Die Gruppenaufträge schließen reproduktive Tätigkeiten mit ein, die wesentlichen Beiträge sind jedoch nur produktiv zu leisten (3). Laut Planung sind konkrete Lösungen im Blick, die jedoch nicht kleinschrittig angebahnt werden. Sie sind als offener Erwartungshorizont aufzufassen, dafür spricht auch das „etc." (4/5). Interaktionsszenarien unter aktiver Beteiligung der Lehrkraft sind nicht ausgewiesen. Die Umsetzung des Plans kann schülerzentriert erfolgen (6). Step 5 und Step 8 liefern der Lehrkraft Informationen zum Stand der im Entwurf intendierten Wissensaneignung (7).

• Evaluation

Eine instruktives Lernarrangement kann nicht erkannt werden. Gleichwohl wird der Lernprozess gesteuert, die vorgegebenen Analysefragen können jedoch individuell erweitert werden. Dieses didaktische Motiv kollidiert mit einer lehrkraftdominanten Verlaufsstruktur. Auch wenn ein Erwartungshorizont vermuten lässt, dass vorab fest Ergebnisse erzielt werden sollen, ist Raum gegeben für ungeplante Sichtweisen der Lernenden. Diese Öffnung gilt auch für den Website-Text.

A) Aufgabennahe Grammatikarbeit

18.1.3 Elizitation	
Aspekt Teamarbeit	**Konkretisierung**
1. Lernende interagieren in der Zielsprache.	SuS machen Vorschläge oder ordnen vorgegebene Fragefragmente zu … stellen vor… stellen Fragen zusammen.
2. Selbsttätiges Lernen ist angelegt.	Stellen Fragen zusammen.
3. Lernende übernehmen Verantwortung für Gruppenlösungen.	Keine Hinweise.
4. Lösungsprozesse sind schülergesteuert.	Keine Hinweise.
5. Schüler:innen übernehmen Lehraufgaben.	One person… mimes … The others guess …

• Elaboration

Teamarbeit ist kein durchgängiges Planungselement. Die Lernenden arbeiten in sozialen Formen (*pair work… make groups of 4*), wenn es um das Zusammenstellen und Sammeln von Beispielen geht. Eine Interaktion im Sinne eines Informationsaustauschs findet nicht statt. (1) Der Anteil an Einzelarbeitsphasen ist recht hoch; begründen lässt er sich mit dem Übungsbedarf der grammatischen Regularität für alle Lernenden (2). Die Partnerarbeitsphasen basieren auf enggesteuerten Aufgaben ohne Arbeitsteilung (3), schülergesteuerte Lösungsprozesse werden von keiner Aktivität unterstützt, gesteuert wird durch die Beispiele in T1 (4). Step 8 basiert nicht auf einer Gruppenarbeit mit dem Ziel, ein Problem zu lösen. Vielmehr geht es darum, die Regularität in einem anderen Kontext einmal mehr in der bekannten Form zu trainieren. Dabei übernehmen einzelne Lernende Lehrfunktion (*mime*). Diese ist jedoch nur flüchtig ausgeprägt ist und wird nicht entwickelt (5).

• Evaluation
Wegen der klassischen Konstruktion einer Grammatikstunde scheint eine Teamarbeit in dem Sinne nicht angezeigt, dass Lernende gemeinsam nach Lösungen suchen. Die eingeplanten Formen der Zusammenarbeit (*pair work*) haben Regulierungsfunktion, zumal Anwendungsversuche zunächst in einer kleinen Lerngruppe unternommen und ggf. von Partnern korrigiert werden können. Auch die Möglichkeit ist gegeben, von Lösungen der Partnerinnen zu lernen. Am Lösungsprozess haben Lernende keinen Anteil, da kreative Optionen nicht angezeigt sind. Allerdings kann die Regelfindung als Aufgabe an Teams delegiert werden, wodurch eine höhere Selbsttätigkeit der Lernenden erreicht wird.

B) Bildanalyse

18.1.4 Elizitation	
Aspekt Teamarbeit	**Konkretisierung**
1. Lernende interagieren in der Zielsprache.	What is going on in the picture? … Group work, panel discussion.
2. Selbsttätiges Lernen ist angelegt.	Group 1: Focus on heads … Group2: Focus on bodies/body language … Group3: Focus on room … Group 4: Focus on colouring …
3. Lernende übernehmen Verantwortung für Gruppenlösungen.	Group work, panel discussion.
4. Lösungsprozesse sind schülergesteuert.	2 Present your findings to the class. 3 The class is invited to ask questions to the group … write a paragraph for the website, in which you explain what the painting is really about.
5. Schüler:innen übernehmen Lehraufgaben.	2 Present your findings to the class. 3 The class is invited to ask questions to the group.

• Elaboration
Bereits die einleitende Frage löst verschiedene sprachliche Reaktionen aus, zumal das Bild recht viele Impulse beinhaltet. Teamwork ist vorherrschend in den Arbeitsphasen und auch die Darbietung von Ergebnissen obliegt den Arbeitsgruppen. Beide Sozialformen lassen einen hohen Anteil an zielsprachlichen Beiträgen der Lernenden erwarten (1). Die Arbeitsaufträge der GA sind offengehalten, sodass Lösungen von den Gruppen geprägt werden, nicht zuletzt dadurch, dass sie selbst

Fragen an das Bild richten sollen. Selbsttätigkeit auf Seiten der Lernenden ist somit strukturell angelegt. Der Auftrag, einen Text zu verfassen ist ein weiteres Beispiel dafür, dass Lernende selbsttätig sein sollen (2). In den Gruppenarbeitsphasen und dem sich anschließenden Unterrichtsgespräch übernehmen alle Schüler:innen zumindest eine soziale Verantwortung dafür, dass Gruppenlösungen gefunden werden (3). Abgesehen von einigen wenigen methodischen Vorgaben sind die Lernenden für die Strukturierung der Lösungsfindung selbst verantwortlich. Die Arbeitsaufträge sind auf das Faktische reduziert, d.h. ohne Hilfsangebote konzipiert. Die Lernenden müssen Lösungspläne und Inhalte aushandeln, die später präsentiert werden und darüber hinaus auch kritisch Stellung beziehen (4). Ob die Ergebnispräsentationen als Lehrbeiträge aufzufassen sind, ist unwahrscheinlich. Die Inhalte werden lediglich referiert, nicht didaktisiert oder dokumentiert (5).

- Evaluation

Der Plan enthält viele kollaborative Lernangebote und hält Lernende dazu an, im Team an Lösungen zu arbeiten. Einzelne Gruppenmitglieder können sich der Mitarbeit entziehen, weil die Aufgabenbearbeitung ohne explizite Arbeitsteilung zu vollziehen ist. Daher wäre zu überlegen, ob man dieses methodische Element nicht als eigenen Teilauftrag in die Aufgaben integriert. Festgestellt werden kann eine ausgeprägte Schülerzentriertheit in den Arbeitsphasen und bei den Lösungsprozessen.

A) Aufgabennahe Grammatikarbeit

18.1.5 Elizitation	
Aspekt Individualisierung	**Konkretisierung**
1. Lernende können auswählen.	Find more questions …
2. Scaffolding wird vorgehalten.	Find T1 …T2: How to deal with a questionnaire; T3: Rules.
3. Aufgaben aktivieren unterschiedliche Talente.	Complete the sentences… the rules. Write activities. Mime…guess …
4. Zur Bearbeitung der Aufgaben sind Materialien verfügbar.	T1-T3
5. Die Aufgabenstellungen sind differenziert.	One person … mimes … The others guess …
6. Die Aufgaben stehen im Einklang mit dem Vorwissen der Lerngruppe.	Have you ever answered …
7. Entdeckendes Lernen wird gefördert.	… Look at the sentences in the questionnaire again. Then complete the rules in T3 …

- Elaboration

Eine Individualisierung wird unter anderem in Aufträgen mit mehreren Lösungsoptionen oder mit Auswahlmöglichkeiten erreicht. Im Unterrichtsplan können die Lernenden eigenständig Fragen zusammenstellen (*write down more questions*). Allerdings ist der thematische Rahmen sehr eng gehalten, der Ertrag an individuellen Vorschlägen dürfte gering sein (1). Unterstützung erhalten die Lernenden in Form mehrerer Materialien mit Informationen oder Veranschaulichungen T1-3). Im Plan steht allerdings nichts darüber, ob sie nur bestimmten Schüler:innen zur Verfügung gestellt werden (2). Das holistische Element sorgt dafür, dass nicht nur die kognitiven und linguistischen Fähigkeiten aktiviert werden. Materialien für eine stärker auf Individualisierung abhebende Regelfindung und Konsolidierung liegen nicht vor (3). Die Schüler:innen sind dadurch auf Lenkung und Feedback der Lehrkraft angewiesen, individuelles bzw. differenziertes Voranschreiten wird nicht unterstützt. Definiert man die Regelfindung als Aufgabe, können T1 und T3 als Materialien aufgefasst werden. T1 ist so gestaltet, dass der Verwendungszusammenhang des Grammatikschwerpunkt offensichtlich wird. T3 präsentiert durch wenige Wortlücken unterbrochen die Regel, die über Top-down-Verfahren leicht herzuleiten ist (4). Es gibt keine Unterscheidung der Aufgabenstellungen hinsichtlich Qualität, Quantität oder Partizipation, Step 8 lässt sich durch die Lehrkraft als Differenzierungsmaßnahme gestalten (5). Das Vorwissen der Lernenden wird aktiviert, im weiteren Verlauf des Plans gibt es jedoch keine Hinweise darauf, dass unterschiedliches Vorwissen bei der Aufgabenstellung eine Rolle spielt. Hierzu wären verschiedene Arbeitsangebote vonnöten (6). Die Aufgabe zu T3 kann als ein Format entdeckenden Lernens angesehen werden, weil ausgehend von Beispielen die Regel gefunden werden soll, stark getragen von den vorgegebenen Satzfragmenten (7).

- Evaluation

Eine Individualisierung ist im Plan sehr gering ausgeprägt. Es fehlen Differenzierungsangebote mit Aufträgen, die verschiedene Ebenen von Qualität und Quantität bedienen. Auch die Partizipation der Lernenden an Arbeitsteams wird nicht als Element der Individualisierung eingesetzt. Stark ausgeprägt sind *Scaffolding*-Werkzeuge in den Arbeitsmaterialien. Allerdings sorgen sie nicht für Individualisierung, da sie allen Lernenden zugänglich und auf eine Lösung ausgerichtet sind. Stärkere Schüler:innen werden nicht herausgefordert, schwächere dagegen werden durchgängig unterstützt.

B) Bildanalyse

18.1.6 Elizitation	
Aspekt Individualisierung	**Konkretisierung**
1. Lernende können auswählen.	Answer the first question, then add two more, with answers for both.
2. Scaffolding wird vorgehalten.	Keine Hinweise.
3. Aufgaben aktivieren unterschiedliche Talente.	On the transparency you will find some elements of the painting that you should focus on … ask questions to the group
4. Zur Bearbeitung der Aufgaben sind Materialien verfügbar.	Bildimpuls *Room in New York*.
5. Die Aufgabenstellungen sind differenziert.	Gruppenspezifisch.
6. Die Aufgaben stehen im Einklang mit dem Vorwissen der Lerngruppe.	Keine Hinweise.
7. Entdeckendes Lernen wird gefördert.	SuS erkennen: Distanz zwischen Figuren, schauen sich nicht an, Berührung ausgeschlossen, Personen kommunizieren nicht, sind selbstversunken, geschlossene Körperhaltung etc.

- Elaboration

Die Gruppen bearbeiten verschiedene Aufgaben und können diese auch individuell ausgestalten (1). Unterstützungsangebote liegen nicht vor (2). Die Aufgabenstellungen richten sich an Lernende, die sich durch kognitive Herausforderungen angesprochen fühlen. Step 6 aktiviert auch kommunikativ Interessierte, ihre Präferenzen werden im Auftrag in Step 7 ein weiteres Mal bedient (3). Abgesehen vom Gemälde als Analysegegenstand liegen keine weiteren Materialien vor (4). Die Gruppenaufträge sind nicht als Differenzierungsangebote ausgewiesen, sie enthalten jedoch Aufträge mit unterschiedlichen Komplexitätsstufen (5). Insofern kann argumentiert werden, dass Vorwissen der Lernenden eingesetzt werden kann (6). Die Aufgaben sind Formate entdeckenden Lernen, da die Schüler:innen sich neues Wissen allein durch die Bildanalyse erschließen (7).

- Evaluation

Potenziell sind Differenzierungsmaßnahmen in der Gruppenarbeit möglich, sie sind jedoch nicht auffällig und allein innerhalb eines primär kognitiv gestalteten Aktivierungskonzepts angesiedelt. Lernende ohne Erfahrung mit Bildanalysen oder einer Präferenz für das Beschreiben können in Step 6 und Step 7 dennoch aktiv sein. Der Rahmen der Aufgabenstellungen (*ask questions, write a paragraph*) weist keinen näher bestimmten Erwartungshorizont auf. Ein Desiderat stellen die fehlenden Materialien dar. Sie verhindern sowohl weitere Phasen entdeckenden Lernens als auch Differenzierungsmaßnahmen für Lernende ohne Präferenzen für eine Analyse.

18.2 Veranschaulichung

A) Aufgabennahe Grammatikarbeit

18.2.1 Elizitation	
Aspekt Veranschaulichung	**Konkretisierung**
1. Lösungsplan wird veranschaulicht.	Write down 5-7 questions. Offer two answers. Write down points behind each answer. Write a short evaluation also (two/three categories, one sentences for each category.
2. Inhalte sind graphisch/visuell veranschaulicht.	Blue cards…orange cards.
3. Erläuterungen sind verfügbar.	T.: I tell jokes badly. So I only get one point.
4. Annotationen und Definitionen werden vorgehalten.	Leichte Sprache.
5. Beispiele liegen vor.	T1-T4.
6. Der Plan ist in einem Kontext eingebettet.	What sort of a person am I?

• Elaboration

Die Aufgaben werden Schritt für Schritt erläutert, sodass Verstehenslücken überbrückt werden. Bei der kontextuellen Veranschaulichung nach Step 2 ist zwar nicht klar, ob diese verschriftlicht wird, grundsätzlich jedoch scheint sie geeignet, Erfahrungswissen zu aktivieren. Sprachlich kodiert sind auch die weiteren Formen der Veranschaulichung (1). Eine non-verbale Veranschaulichung wird nicht genutzt, allerdings kommen Farbkarten mit je einer Handlungsanweisung zum Einsatz (2). Die erläuternde Darbietung von Lösungsplänen ist in mehreren Phasen umgesetzt. In Step 5 bis Step 9 sind die Aufgaben in Teilschritte aufgefächert (3). Im Plan ist die Vereinfachung des Input eine markante Veranschaulichungsstrategie. Die für die Lehrkraft vorgesehenen Äußerungen sowie die Materialtexte zeichnen sich durch kurze, einfache Satzkonstruktionen und hochfrequenten Wortschatz aus (4). Das Beispiel als Veranschaulichungsstrategie tritt in T1 deutlich in Erscheinung, wo die Merkmale des Fragebogens in einem Muster zusammengeführt werden. T3 dient Lernenden als Beispiel für eine Regelformulierung, in die nur noch wenige Begriffe einzufügen sind. Beide Texte sind allerdings nicht explizit als Beispiele ausgewiesen, entsprechende Hinweise für die Schüler:innen gibt es nicht. Relativ spät – in Step 5- wird ein knapper Bezug des Arbeitsauftrags zu T1 hergestellt. Bereits in Step 3 dagegen erfahren die Lernenden durch die Bearbeitung des Beispiels, worum es in einem Fragebogen geht. In T4 sind Lösungsbeispiele in Form einer Substitutionstabelle angeführt. Sie beziehen sich auf die *Follow-up*-Aktivität in Step 9, bei durch die Farbgebung die Wortart veranschaulicht wird (5). Obwohl die Aufgaben stark auf das Üben eines grammatischen Patterns ausgerichtet sind, ist der Entwurf durchgängig kontextualisiert (6).

- Evaluation

Für die sprachlichen Umsetzung der Arbeitsaufträge steht den Lernenden eine Reihe von Hilfen zur Verfügung, die Anforderungen veranschaulichen. Erläuterungen kommen kaum zur Geltung und könnten stärker eingesetzt werden, nicht zuletzt, um durch Redundanzen die Verständlichkeit des Input zu optimieren. Das Dokumentieren von Aufgabenstellungen oder Zwischenergebnissen ist nicht hinreichend ausgeführt. Es sollte darüber informiert werden, auf welche schriftlichen Informationen Lernende Zugriff haben, z. B. um die Aufgabenstellungen oder Erläuterungen nochmals nachlesen zu können. Auffällig ist das hohe Maß an erläuternden, wiederkehrenden Elementen der Veranschaulichung. Sie können dazu beitragen, dass die meisten Lernenden der Stunde folgen und die Aktivitäten erfolgreich ausführen können.

B) Bildanalyse

18.2.1 Elizitation	
Aspekt Veranschaulichung	**Konkretisierung**
1. Lösungsplan wird veranschaulicht.	On the transparency you will find some elements of the painting that you should focus on (AB 1). Answer the first question, then add two more, with answers for both.
2. Inhalte sind graphisch/visuell veranschaulicht.	Keine Hinweise (vom Gemälde abgesehen).
3. Erläuterungen sind verfügbar.	Keine Hinweise.
4. Annotationen und Definitionen werden vorgehalten.	Keine Hinweise.
5. Beispiele liegen vor.	Keine Hinweise.
6. Der Plan ist in einem Kontext eingebettet.	You work as a volunteer at the Sheldon Museum of Art in Lincoln, Nebraska. Hopper's Room in New York is exhibited there.

- Elaboration

Die Veranschaulichung von Lösungsplänen erfolgt für die Gruppenarbeit und für die nachfolgende Darbietungs- und Austauschphase. Benannt werden jeweils die relevanten Schritte (1). Weitere Veranschaulichungsstrategien sind nicht erkennbar

(2/3/4/5). Eine Kontextualisierung erfolgt erst in der Aufgabenstellung von Step 7. Die vorausgehenden Phasen sind allerdings thematisch miteinander verbunden bzw. kontextualisiert. Alle Aktivitäten beziehen sich auf den in der Kontextualisierung vorgestellten Bildimpuls *Room in New York* (6).

- Evaluation

Der Aspekt der Veranschaulichung wird im Entwurf kaum berücksichtigt. Abgesehen vom Einsatz von Lösungsplänen müssen Lernende ohne weitere illustrative Segmente auskommen. Es lässt sich vermuten, dass schwächere Lernende dies als Desiderat empfinden. Didaktisch könnte der Verzicht damit erklärt werden, dass ein hohes Maß an kognitiver Aktivierung erreicht werden soll. Darüber hinaus kann man auch anführen, dass die Lernenden die Aufgaben aufgrund ihrer Struktur und ihres Anforderungsprofils auch ohne Veranschaulichungen lösen können. Dies erklärt jedoch nicht, weshalb es kein Analysebeispiel zur Orientierung gibt und Hilfen zur Versprachlichung oder Textgestaltung fehlen.

18.3 Ergebnissicherung

A) Aufgabennahe Grammatikarbeit

18.3.1 Elizitation	
Aspekt Ergebnissicherung	**Konkretisierung**
1. Konsolidierung ist phasenübergreifend.	Kontextualisierung: Step 2: SuS sammeln in Partnerarbeit, berichten. L. notiert an TA. Erarbeitung: Step 3: Tick the right answers. Step 4: Auswertung Questionnaire; SuS lesen vor. Vertiefung: Step 5: Write down three more questions … SuS stellen vor. Verarbeitung: Step 6. Let's make a questionnaire for your teachers now. Bewusstmachung: Step 7. Complete T2/T3. Follow-up: Step 8/9. Act out the adverb.
2. Inhalte der Wiederholung werden verschriftlicht.	L. notiert an TA. T1-T4.
3. Stoffliches kommt auf verschiedenen kognitiven Stufen zur Anwendung.	Tick the right answers. Write down more questions. Complete T. Act out adverb.
4. Feedback ist möglich.	Keine Hinweise.

- Elaboration

Die Dramaturgie des Entwurfs ist stark auf Sicherung und Festigung ausgerichtet und in allen Phasen wirksam. Begonnen wird damit, dass Lernende das Neue rezeptiv wahrnehmen. Indem sie Ankreuztätigkeiten durchführen, wird die Aufmerksamkeit frühzeitig implizit auf Konstruktionsmerkmale des grammatischen Items gerichtet (Step 3). Handlungsbezogen kommt es danach zu einer ersten Sicherung durch gelenkte Anwendung (Step 4). Diese ist abgesichert durch Beispiele bzw. Patterns. Auch die Folgeaufgabe hat im Wesentlichen eine Konsolidierungsfunktion. Obwohl sie sich auf ein neues Thema bezieht, kann die Aufgabe durch Verwendung der bekannten Patterns gelöst werden. Der Ausgangstext dient der Veranschaulichung. Auch die Anschlussaktivität fokussiert auf dem grammatischen Pattern, das nun ein weiteres Mal in einen Festigungsprozess eingebunden ist (1). Sicherungssignale für eine individuelle Festigung gehen von der Bewusstmachung der Regularität und von den Tafelanschrieben aus (2). Eine ansteigende kommunikative Progression wird nur im Ansatz geleistet, auch denn der Operator *write* freie Äußerungen vermuten lässt, bleiben diese auf einen eng definierten funktionalen Rahmen begrenzt. Aber es gibt sowohl rezeptive als auch produktive Phasen, sodass eine ganzheitliche Festigung auf mehreren Komplexitätsstufen angebahnt wird (3). Feedback wird Lernenden nicht eingeräumt, ermöglicht. Sie dazu aufzufordern, ist nicht Teil des Plans (4).

- Evaluation

Festgestellt werden kann ein für Sicherung und Konsolidierung offenes Vermittlungskonzept. Das mehrmalige Aufgreifen in Verwendungskontexten mit hohen Veranschaulichungsanteilen trägt zur Festigung der Struktur zweifellos bei. Für die adressierte Jahrgangsstufe würde man vorbereitete Feedbackbögen oder ein entsprechendes Angebot an Redemitteln für die Versprachlichung von Rückmeldungen erwarten.

B) Bildanalyse

18.3.2 Elizitation	
Aspekt Ergebnissicherung	**Konkretisierung**
1. Konsolidierung ist phasenübergreifend.	Answer the first question, then add two more, with answers for both. Present your findings to the class. 3 The class is invited to ask questions to the group write a paragraph for the website, in which you explain what the painting is really about.
2. Inhalte der Wiederholung werden verschriftlich.t	Keine Hinweise.

18.3.2 Elizitation	
Aspekt Ergebnissicherung	**Konkretisierung**
3. Stoffliches kommt auf verschiedenen kognitiven Stufen zur Anwendung.	On the transparency you will find some elements of the painting that you should focus on. … present findings. … write paragraph.
4. Feedback ist möglich.	The class is invited to ask questions to the group.

- Elaboration

Die Konsolidierung der in den Gruppentätigkeiten erzielten Ergebnisse wird durch ihre Bearbeitung für die Präsentation durchgeführt. Eine weitere Festigung kann der geplante Frage-Antwort-Diskurs der Klasse im Anschluss leisten. Auch das individuelle Verfassen des Textes ist Teil des Konsolidierungskonzeptes. Der *language focus* ist als Sicherungskontext für das sprachlich Erlernte zu sehen (1). Anmerkungen bezüglich der Dokumentation von Ergebnissen finden sich im Entwurf nicht (2). In der Kontextualisierung werden spontane Eindrücke gesammelt, die Vorwissen für die nachfolgenden, kognitiv orientierten Aufträge reaktivieren. Diese beiden Ebenen definieren bereits verschiedene kognitive Stufen. Innerhalb der Gruppenaufträge setzt sich die diverse kognitive Struktur fort. Sie ist zwischen Beschreibung und Interpretation angesiedelt. Spontane mündliche Sprache wird nachfolgend ausgelöst, im Schlussteil folgt eine Phase, in der es gilt, Erfordernisse der Schriftsprache zu berücksichtigen (3). Die *panel discussion* ist als Feedbackphase explizit ausgewiesen, während der Gruppenarbeiten ist ebenfalls mit Feedback zu rechnen (4).

- Evaluation

Der Entwurf nimmt die Konsolidierung von Inhalten insofern ernst, als die Analyseergebnisse in einer Reihe verschiedener Aktivitäten umgewälzt werden. Nicht konsolidiert werden die Analysestrategien selbst. Dies ist damit zu erklären, dass sie nicht thematisiert werden und die Lernenden dadurch intuitive Zugänge zum Bild umsetzen können, womöglich sogar sollen. Aber auch diese werden weder aufgegriffen noch besprochen oder als Vorwissen reaktiviert. Die eigentliche Konsolidierung bezieht sich auf kommunikative Fähigkeiten durch Ausführen der Operatoren *describe, explain, present, write*. Daher ist der Verzicht auf Dokumentation von Ergebnissen kein Planungsfehler. Schwerer wiegt, dass die Ergebnisüberprüfung oder die Lösungsstrategien der Gruppen keine Themen des Klassendiskurses sind.

18.4 Gesamtevaluation

A) Aufgabennahe Grammatikarbeit

18.4.1 Zusammenfassung	
• Eng geführtes Setting • Hohe Veranschaulichungsanteile • Erläuterung • Kontextualisierung • Leichte Sprache • Versprachlichung	• Workplan • Wiederholdung und Sicherung • Teamarbeit • Individualisierung (durch Differenzierung) • Feedback

Der Entwurf basiert auf einem instruktiven Setting. Es bietet sich bei Einführung von grammatischen Inhalten an, damit die Lernenden zielführend mit dem Phänomen konfrontiert und es in Übungsphasen trainieren können. Dennoch wären ein höherer Anteil an Teamarbeit möglich gewesen, um verschiedene Anwendungsszenarien für heterogene Lerngruppen vorzuhalten. Eine Individualisierung durch Differenzierung scheint nicht nötig. Alle Lernende sollen die Darbietung in der gewählten instruktiven Form erhalten. In der Gesamtschau liegt ein Entwurf vor, dem es sehr auf das Verstehen der Inhalte ankommt und der viele Lehrstrategien hierzu einsetzt.

• Ausblick
Eine Überarbeitung des lehrstrategischen Konzepts könnte folgende Aspekte aufgreifen:

• Regelfindung
Grundsätzlich ist zu fragen, ob die Darbietung der Regel nicht durch direkte Instruktion erfolgen könnte, damit mehr Zeit bleibt für anwendungsbezogene Interaktionen. Alternativ könnte die Regelfindung durch direkte Instruktion oder die Sichtung von korrekten und korrekturbedürftigen Anwendungsbeispielen in einem *language focus* erfolgen.

• Teamwork
Kooperationen, bei denen jedes Mitglied einer Gruppe einen Anteil an der Lösung einbringen muss, sind denkbar. Gerade das Genre Fragebogen lässt sich kooperativ gut verfassen.

• Individualisierung
Eine stärkere Individualisierung könnte erreichen, dass Lernende verschiedene Aufgaben bearbeiten, in diesem Fall Fragebögen mit unterschiedlichen Schwierigkeitsgraden und Formaten entwerfen.

- Entdeckendes Lernen

Entdeckendes Lernen kann dadurch gestärkt werden, dass Lernende das Regelhafte durch eine funktionale Gegenüberstellung von Adjektiv und Adverb in authentizitätsnahen Textbeispielen selbst erkennen und benennen.

- Reziprokes Lernen

Grammatische Inhalte sind auch für Settings für reziprokes Lernen geeignet, d. h. für das Lernen durch Übernahme von Lehrphasen durch Schüler:innen. Hierzu bedarf es einer differenzierenden Phase im Unterrichtsplan, in der ausgewählte Lernende die Regel thematisieren und gegebenenfalls Lernaktivitäten vorhalten.

- Mitteilungsbezogenheit

Profitiert hätte das Konzept von einer Anwendungsphase, die mitteilungsbezogen breiter aufgestellt ist. Das Fragebogengenre könnte dann durch ein anderes Genre ersetzt werden, das einen komplexeren Output mit dem grammatischen Schwerpunkt zulässt, ohne diesen zu stark ins Zentrum zu rücken.

- Feedback

Überlegt werden könnte, ob man nicht differenzierte Feedbackphasen integriert. Diese würden unterstützt durch Prüflisten, die Lernende als Basis ihrer Rückmeldungen einsetzen.

B) Bildanalyse

18.4.2 Zusammenfassung	
• Offenes Lehrarrangement • Geringe instruktive Anteile • Gelegenheit zum Teamwork • Gruppenexterne Arbeitsteilung • Schülerzentrierte Konzeption	• Differenzierung • Materialienangebot • Gruppeninterne Arbeitsteilung • Veranschaulichung • Ergebnissicherung • Kontextualisierung

Der Entwurf nimmt die Lernenden in die Pflicht, selbst für Lösungsstrategien und Redemittel zu sorgen. Die Kennzeichen der Genres, die sie im Unterrichtsverlauf verfassen, werden vorausgesetzt. Diese Lehrstrategien der Selbststeuerung findet man häufig in Testaufgaben, wo sie sinnvoll sind. In heterogenen Lernarrangements würde man diesbezüglich didaktische Maßnahmen erwarten, damit alle Lernende Erfolg haben. Damit dies erreicht wird, wird im Plan ein mittleres Anforderungsniveau umgesetzt, die wesentlichen Ergebnisse werden in einer Gruppenarbeit erzielt und danach präsentiert. Dadurch lernt die ganze Lerngruppe zentrale Aspekte der Bildanalyse kennen, die sie für die nachfolgende Schreibaufgabe nutzen können. Die Kontextualisierung wird spät initiiert. Offen bleibt, weshalb sie nicht den gesamten Unterrichtsverlauf über als roter Faden fungieren soll. Zusätzliche Materialien könnten zur Veranschaulichung und zur Ergebnissicherung beitragen.

- Ausblick

Eine Überarbeitung des lehrstrategischen Konzepts könnte folgende Aspekte aufgreifen:

- Kontextualisierung

Das Museum und die Praktikantenrolle werden bereits in der Kontextualisierung angeführt und als roter Faden den gesamten Stundenverlauf über beibehalten.

- Gruppenarbeit

Die Aufgaben werden arbeitsteilig konzipiert, auch Gruppenergebnisse können so kommuniziert werden, z. B. in Form eines Gruppenpuzzle.

- Genrewissen

Die Anforderungen an eine Präsentation und an einen Sachtext liegen als Informationsmaterialen vor. Auch Redemittel oder linguistische Strukturhilfen gehören dazu.

- Analyse

Beispiele für Zugangsweisen zur Bildanalyse liegen als Informationsmaterial vor oder werden vor der Gruppenarbeitsphase mit der Lerngruppe erarbeitet.

- Ergebnissicherung

Sicherungsphasen sollten ausgeschärft, relevante Inhalte durch eine schriftliche Dokumentation verfügbar gehalten werden. Auch der Vergleich mit anderen Werken von Edward Hopper bietet sich zur Sicherung an. Schließlich sollte eine Methode für die Vorstellung der Schülertexte eingesetzt werden, z. B. Hochladen auf Lernplattform mit Kommentierungsoption für Mitlernende.

Literaturhinweise

Brumsack, E.: Ergebnissicherung in heterogenen Lerngruppen. Berlin 2014.

Brüning, L./Saum, T.: Direkte Instruktion: Kompetenzen wirksam vermitteln. Essen 2019.

Doff, Sabine (Hrsg.): Heterogenität im Fremdsprachenunterricht. Impulse – Rahmenbedingungen – Kernfragen – Perspektiven. Tübingen 2016.

Druyen, C.: Dem Lernen auf die Sprünge helfen: Kooperatives Lernen und kognitive Aktivierung. Stuttgart 2021.

Eisenmann, M.: Teaching English: Differentiation and Individualisation. Paderborn 2019.

Klauer, K. J./Lautner, D.: Lehren und Lernen Einführung in die Instruktionspsychologie. Weinheim und Basel 22012.

Mayer, R. E. (Hrsg.): The Cambridge Handbook of Multimedia Learning. Cambridge 22012.

Weiß, S.: Veranschaulichung, in: Kiel 32018, 93-111.

Wilkening, M.: Praxisbuch Feedback im Unterricht. Lernprozesse reflektieren und unterstützen. Weinheim und Basel 2016.

19 Orientierungslinien für die Entwurfsgestaltung

1. Kompetenzorientierte Unterrichtsentwürfe basieren auf einem ausgewogenen Verhältnis von Sprachentwicklung und Sprachanwendung.
2. Prozessorientierte Entwürfe enthalten Schritt-für-Schritt-Phasierungen und unterteilen so das Lerngeschehnis in kleinere Lernabläufe.
3. Eine produktorientierte Entwurfsplanung wendet sich an Lernende, die sich durch eine herausfordernde kognitive Aktivierung angesprochen fühlen.
4. Eine lernförderliche Entwurfsplanung profitiert davon, wenn das Vorwissen in allen Phasen eines Entwurfs reaktiviert wird.
5. Kompetenzorientierung in Entwürfen für heterogene Lerngruppen wird durch diversitätssensible Aufgabenstellungen realisiert.
6. Für eine konstruktive Lernunterstützung kann es zielführend sein, die Schritte zum Neuen im Entwurf didaktisch und methodisch auszugestalten.
7. Präsentation, Evaluation und Feedback sind integrale Bestandteile eines kompetenzorientierten Unterrichtsentwurfs.
8. Struktur, Register und Angemessenheit zählen zum Repertoire basaler Übungserfordernisse.
9. Quellen, Hintergrundwissen, Sachinformationen sind wichtige Ressourcen für eine individuelle Lernförderung.
10. Veranschaulichungen und Unterstützungsangebote helfen Lernenden auch dabei, evaluative, analytische oder interpretatorische Erwartungen zu erfüllen.
11. Qualitative oder quantitative Varianten von Aufgabenstellungen können im Zusammenspiel mit Angeboten zur Partizipation Lernprozesse im Entwurf individualisieren.
12. Wiederkehrende Arrangements zur Wiederholung und Konsolidierung von Lerninhalten im Entwurf sind grundlegend für eine nachhaltige Erfolgssicherung.

Verzeichnisse

Literaturverzeichnis

Anderson, L. W./Krathwohl, D. R. (Hrsg.): A Taxonomy for Learning, Teaching and Assessing: A Revision of Bloom's Taxonomy of Educational Objectives. New York 2001.

Bacherle, P.: Gruppenkommunikation und Gruppeninteraktion im Schulkontext. In: Vogel 2018, 53-74.

Bakenhus,S./Wernke, S/Zierer K.: Welche Planungsüberlegungen tätigen berufserfahrene Lehrkräfte, wenn sie unter nicht vertrauten Rahmenbedingungen Unterricht vorbereiten müssen? – Eine qualitative Studie mithilfe eines Szenarios. In: Wernke/Zierer 2017: 178-194.

Barkowski, H./Krumm, H-J. (Hrsg.): Fachlexikon Deutsch als Fremd- und Zweitsprache. Tübingen 2010.

Bastian, J.: Feedback im Unterricht. Lernen verstehen und einen Dialog über Lernen beginnen. Pädagogik 4/2014, 6-10.

Bastkowski, M.: Fáilte – Welcome to Dublin! Learning about Great Places and Sights in Dublin and Planning a Sightseeing Tour. Praxis Englisch 2/2015, 9-17.

Bastkowksi, M.: Discover the Many Faces of Louisiana. Praxis Englisch 3/2016, 9-13.

Bastkowski, M.: An Interview with a Star. Praxis Englisch 2/2017, 29-33.

Bastkowski, M./Koic, S.: Listening to a Song in Class:7 Years. Praxis Englisch 3/2018, 34-38.

Bastkowski, M.: Let's Discuss. Diskursmittel mithilfe von Chat Stations sowie einer Fishbowl erfolgreich trainieren und umsetzen. Praxis Englisch 3/2020, 29-30/4.

Baumert, J.: Deutschland im internationalen Bildungsvergleich. In: Killius/Kluge/Reisch 2002, 100-150.

Bausch, K.-R/Christ, H./Königs, F. G. u. a. (Hrsg.): Der Gemeinsame europäische Referenzrahmen für Sprachen in der Diskussion. Arbeitspapiere der 25. Frühjahrskonferenz zur Erforschung des Fremdsprachenunterrichts. Tübingen 2003.

Bayerisches Realschulnetz (Hrsg.): Kriterien für die Unterrichtsbeobachtung 2021. [https://www.realschulebayern.de/seminarstudium/einsatzschulen/leitfaden-betreuungslehrkraefte/2-betreuungslehrkraft/24-unterricht-und-unterrichtsbeobachtung/243-kriterien-fuer-die-unterrichtsbeobachtung/].

Becker,G/Feindt,A./Meyer,H. u. a. (Hrsg.): Guter Unterricht. Maßstäbe und Merkmale – Wege und Werkzeuge. Friedrich Jahresheft XXV Seelze 2007.

Biederbeck, I.: Kooperatives Lernen zur Förderung von Kommunikation und Interaktion im schulischen Unterricht. In: Vogel 2018, 184-202.

Blömeke, S./Risse, J./Müller, C./Eichler, D./Schulz, W.: Analyse der Qualität von Aufgaben aus didaktischer und fachlicher Sicht. Ein allgemeines Modell und seine exemplarische Umsetzung im Unterrichtsfach Mathematik. Unterrichtswissenschaft, 34 (4) 2006, 330-357.

Bohl, T./Budde, J./Rieger-Ladich, M. (Hrsg.): Umgang mit Heterogenität in Schule und Unterricht. Bad Heilbrunn 2017.

Bohl, T./Kleinknecht, M./Batzel, A./Richey, P.: Aufgabenkultur in der Schule. Baltmannsweiler 2013.

Böing, M.: Comment aborder l'enseignement bilingue? Bilinguale Unterrichtsvorhaben planen und durchführen. Der fremdsprachliche Unterricht Französisch 110/2011, 2-8.

Bonnet, A./Hericks,U.: Kooperatives Lernen im Englischunterricht. Empirische Studien zur (Un-) Möglichkeit fremdsprachlicher Bildung in der Prüfungsschule. Tübingen 2020.

Bönsch, M.: Nachhaltiges Lernen durch Üben und Wiederholen. Baltmannsweiler 2005.

Böttger, H.: Englisch lernen in der Grundschule. 3., vollständig überarbeitete Auflage. Bad Heilbrunn 2020.

Brasch, C./Propf, M.: Praxis Pädagogik: Damit das Lernen gelingt: Individualisierte Lernarrangements – ein didaktisch-methodischer Leitfaden. Braunschweig 2016.

Breidbach, S: Inhaltorientierung. In: Burwitz-Melzer 2016, 330-335.

British Council 2014: Consolidation. [https://www.teachingenglish.org.uk/article/consolidation].
Brown, H., D.: Principles of Language Learning and Teaching. White Plain, NY ^{5}2006.
Brumsack, E.: Ergebnissicherung in heterogenen Lerngruppen. Berlin 2014.
Brüning, L./Saum, T.: Erfolgreich unterrichten durch Visualisieren. Essen 2017.
Burwitz-Melzer, E. u. a. (Hrsg.): Üben und Übungen beim Fremdsprachenlernen. Perspektiven und Konzepte für Unterricht und Forschung. Arbeitspapiere der 36. Frühjahrskonferenz zur Erforschung des Fremdsprachenunterrichts. Tübingen 2016.
Burwitz-Melzer, W./Mehlhorn, G./Riemer, K. u. a. (Hrsg.): Handbuch Fremdsprachenunterricht. Tübingen ^{6}2016.
Butler, Y. G. u. a.: 'Tasks' Appearing in Primary School Textbooks. ELT-Journal 3/2018, 285-295.
Byram, M.: Teaching and Assessing Intercultural Communicative Competence. Clevedon 1997.
Byram, M.: The Intercultural Speaker and the Pedagogy of Foreign Language Education. Deardorff 2009.

Canale, M./Swain, M.: Theoretical Bases of Communicative Approaches to Second Language Teaching and Testing. Applied Linguistics 1/1980, 1-47.
Caspari, D.: Aufgaben im kompetenzorientierten Fremdsprachenunterricht. Praxis des fremdsprachlichen Unterricht 4/2013, 5-8.
Caspari, R. (Hrsg.): Lernen und Gehirn Hamburg ^{11}2011.
Celce-Murcia, M./Olshtain, E.: Discourse and Context in Language Teaching: A Guide for Language Teachers. Cambridge 2000.
Cook, V.: Second Language Learning and Language Teaching. Abingdon ^{5}2016.
Corbett, J.: Intercultural Language Activities. Cambridge 2010.
Council of Europe (Hrsg.): Common European Framework of References for Languages: Learning, Teaching, Assessment. Companion Volume with New Descriptors. Strasbourg 2018. [https://rm.coe.int/cefr-companion-volume-with-new-descriptors-2018/1680787989].
Cummins, J.: Cognitive/Academic Language Proficiency, Linguistic Interdependence, the Optimum Age Question and Some Other Matters. Working Papers on Bilingualism, 19/1979, 121-129.

de Jong, A. J. M./Ferguson-Hessler, M. G. M.: Types and Qualities of Knowledge. Educational psychologist, 31 (2) 1996, 105-113.
Deardorff, D. K. (Hrsg.): The SAGE Handbook of Intercultural Competence. Thousand Oaks 2009.
DeKeyser, R. U./Larson-Hall, J.: What Does the Critical Period Really Mean? Kroll/De Groot 2005, 88-108.
Desi-Konsortium (Hrsg.): Unterricht und Kompetenzerwerb in Deutsch und Englisch Zentrale Befunde der Studie Deutsch-Englisch-Schülerleistungen-International (DESI). Frankfurt 2006. [https://www.dipf.de/de/forschung/aktuelle-projekte/pdf/biqua/desi-zentrale-befunde].
DIZ: Didaktisches Zentrum der Universität Oldenburg (Hrsg.): Broschüre GHR 300. Oldenburg 2018. [[https://uol.de/diz/studium-und-lehre/ghr-300/dokumente-und-materialien-zu-ghr-300].
Doff, S. (Hrsg.): Heterogenität im Fremdsprachenunterricht. Impulse – Rahmenbedingungen – Kernfragen – Perspektiven. Tübingen 2016.
Domann, B./Wagner, S.: Piracy – Both Sides of the Medal Die Piraterie vor Somalia – eine Frage der Sichtweise? Praxis Englisch 1/2013, 28-32.
Dörney, Z./Schmitt, R.: Motivation and Second Language Acquisition. Manoa 2001.
Dörnyei, Z.: Wie motiviere ich richtig? Fremdsprache Deutsch 26/2002, 16-17.
Dörnyei, Z./Csizer, K.: Ten Commandments for Motivating Language Learners: Results of an Empirical Study. Language Teaching Research 2,3 (1998); pp. 203-229
Draeger, M.: A Welcomed Guest. Praxis Englisch 2/2017, 12-16.
Draeger, M.: Metropolises of the English-Speaking World. Was ist eine Metropole? Wie lebt es sich dort? Schülerinnen und Schüler ab Klasse 7 erforschen das Leben in einer Großstadt. Praxis Englisch 1/2018, 15-19.
Dreyer, E.: A Picture is Worth a Thousand Words. Kunst im Englischunterricht. Praxis Englisch 5/2011, 19-23.
Druyen, C.: Dem Lernen auf die Sprünge helfen: Kooperatives Lernen und kognitive Aktivierung. Stuttgart 2021.

Eckenroth, C.: Früh übt sich ... Eine Bewerbung für einen Praktikumsplatz schreiben. Praxis Englisch 3/2015, 9-13.
Eckenroth, Ch./Wagner, S: Tweeting the Revolution. Die Rolle der sozialen Netzwerke im Arab Spring. Praxis Englisch 4/2012, 15-19.
Eisenmann, M.: Teaching English: Differentiation and Individualisation. Paderborn 2019.
Ellis, R.: Grammar Teaching -Practice or Consciousness Raising. In: Richards/Renandya 2002, 167-174.
Ellis, R.: Task-Based Language Learning and Teaching. Oxford 2003.
Ellis, R.: Reflections on Task-Based Language Teaching. Bristol 2018.
Ellis, R./Skehan, P./Li, S., Shintani, N./Lambert, C.: Task-Based Language Teaching: Theory and Practise. Cambridge 2019.
Esslinger-Hinz, I./Wigbers, M., u. a.: Der ausführliche Unterrichtsentwurf. Weinheim und Basel 2013.

Gallin P. und Ruf U.: Sprache und Mathematik in der Schule: auf eigenen Wegen zur Fachkompetenz, Kallmeyer, 1998.
Gardner, R.: Frames of Mind. The Theory of Multiple Intelligences. New York 1983.
Gass, S. M., & Selinker, L.: Second Language Acquisition: An Introductory Course. New York [3]2008.
Gassmann, C: Erlebte Aufgabenschwierigkeit bei der Unterrichtsplanung Eine qualitativ-inhaltsanalytische Studie zu den Praktikumsphasen der universitären Lehrerbildung. Wiesbaden 2013.
Gehring, W.: Mit den Künsten Englisch unterrichten. Bad Heilbrunn 2017.
Gehring, W.: Praxis Planung Englischunterricht. Bad Heilbrunn [2]2021.
Giest, H./Heran-Dörr, E/Archie, C. (Hrsg.): Lernen und Lehren im Sachunterricht. Zum Verhältnis von Konstruktion und Instruktion. Bad Heilbrunn 2012.
Gold, A./Hasselhorn, M.: Pädagogische Psychologie. Erfolgreiches Lernen. Stuttgart [4]2017.
Grandy, R. E./Warner, R.: The Stanford Encyclopedia of Philosophy. 2020 [https://plato.stanford.edu/archives/sum2020/entries/grice/].
Grigoriadou, Z.: Eine Fantasiereise in den Zoo. August Mackes Bild Großer Zoologischer Garten (Triptychon) wird mit den Erlebnissen im Zoo verglichen. Praxis Englisch 5/2011. 9-13.
Grigoriadou, Z.: The Houses of Parliament – a Popular Landmark where Legislature is Debated. Praxis Englisch 4/2012, 10-13.
Grigoriadou, Z.: A Family Portrait: Das Thema im Unterricht. Praxis Englisch 1/2012, 17-22.
Grigoriadou, Z.: The Kite Runner. A Film about Friendship, Betrayal, and Redemption. Praxis Englisch 5/2014, 29-32.
Grigoriadou, London and Mumbai. Getting around a City with a Map. Praxis Englisch. 2/2018, 9-13.
Grigoriadou, Z.: The Great Barrier Reef. A Gigantic Underwater Country Full of Beautiful Life. Praxis Englisch 1/2019a, 9-13.
Grigoriadou Z.: Liverpool – on the Trail of the Beatles. Students Get to Know Liverpool as the Home of the Fab Four. Praxis Englisch 3/2019b, 15-20.
Grigoriadou, Z./Tsouni, V.: A Day out by the River – Then and Now. Praxis Englisch 6/2014, 9-12.
Gruber, H./Stamouli, E.: Intelligenz und Vorwissen. In: Wild/Müller 2015, 25-44.
Gudjons, H.: Methodik zum Anfassen. Unterricht jenseits von Routinen. Bad Heilbrunn 2006.
Gudjons, H.: Veränderte Unterrichtskultur-veränderte Lehrerrolle. Bad Heilbrunn, 2006.
Gudjons,H.: Frontalunterricht-neu entdeckt. Bad Heilbrunn 2011.
Gudjons, H.: Handlungsorientiert lehren und lernen. Schüleraktivierung, Selbsttätigkeit, Projektarbeit. Bad Heilbrunn [8]2014.

Hahn, F.: Inventing Shakespeare? Praxis Englisch 39-40/3.
Hallet. W.: Generisches Lernen. Der fremdsprachliche Unterricht Englisch, 114/2011, 2-7.
Hallet, W.: Lernen fördern Englisch. Kompetenzorientierter Unterricht in der Sek I. Klett: Kallmeyer 2011.
Hallet, W.: Die komplexe Kompetenzaufgabe. Der fremdsprachliche Unterricht Englisch 47/2013, 2-9.
Hamid, N.: There is More to English than the Words. Praxis Englisch 5/2016, 29-33.
Hammer, J.: Urban Gardening. Kreativer Umweltschutz im Englischunterricht zur Förderung der Fremdsprachenkompetenz ab Klasse 5. Praxis Englisch 2/2016, 9-13.
Hattie, J.: Visible Thinking. Abingdon und New York 2009.

Hattie, J. A. C.: Lernen sichtbar machen. Baltmannsweiler 2013.
Hecht, K-H./Waas, L. Englischunterricht konkret. Donauwörth [3]1995.
Hecke, C./Surkamp, C. (Hrsg.): Bilder im Fremdsprachenunterricht. Neue Ansätze, Kompetenzen und Methoden. Tübingen [2]2015.
Heinz, S.: 24 Hours in Edinburgh. Exploring Scotland's Capital. Praxis Englisch 3/2019, 9-10/5.
Heinz, S./Hempel, St.: Into the Wild! Was waren die Ziele der Lewis-Clark-Expedition? Praxis Englisch 4/2017, 15-20.
Helmke, A.: Was wissen wir über guten Unterricht? Pädagogik 2/2006, 42-45.
Helmke, A.: Unterrichtsqualität und Lehrerprofessionalität: Diagnose, Evaluation und Verbesserung des Unterrichts. Seelze 2009.
Helmke, A.: Individualisierung: Hintergrund. Missverständnisse, Perspektiven. Pädagogik 2/2013, 34-37.
Helmke, A.: Unterrichtsqualitat erfassen, bewerten, verbessern. Stuttgart [8]2021.
Helmke, A./Schrader, F.-W.: Lehrerprofessionalität und Unterrichtsqualität. Den eigenen Unterricht reflektieren und beurteilen. Schulmagazin 5 bis 10 9/2006, 5-10.
Hempel, S./Voigt, M./Wagner, S.: Doing Business. Schülerinnen und Schüler trainieren einfache Geschäftstransaktionen in der Fremdsprache. Praxis Englisch 3/2015, 15-19.
Hempel, S./Voigt, M.: "How Do you Feel about Eating Meat?" Discussing Food Ethics in Class. Praxis Englisch 4/2015, 39-43.
Herkner, W.: Psychologie. Wien 1986.
Hesse, M.: A Light in the Storm. Das Thema zum Unterricht. Praxis Englisch 1/2014, 12-15
Hesse, M.: Advertising: Das Thema im Unterricht. Praxis Englisch 6/2014, 30-32.
Hesse, M.: The Story behind the Poem. Geschichten nach Gedichten. Praxis Englisch 5/2015, 29-33.
Hilbert M.: Unterrichtsmethoden Bd. II, Berlin 1987.
Hochbruck, W.: Engine = Löschgruppenfahrzeug. Die Terminologie der Feuerwehrleute im Vergleich. Praxis Englisch 1/2014, 29-33.
Höwel, L.: Diskontinuierliche Texte. Praxis Englisch 1/2013, 45-47.
Huber, A.: Verbesserung der Unterrichtsqualität durch ‚Wechselseitiges Lehren und Lernen (WELL)". In: Schnebel 2005, 141-152.
Hutz, M.: Irish History in Songs. Ereignisse der irischen Geschichte anhand von Liedern kennen lernen. Praxis Englisch 2/2015, 17-20.
Hutz, M.: Focus on Form. The Lexico-Grammar Approach. In: Surkamp/Viebrock 2018, 133-158.
Hymes, D.: On Communicative Competence. In: Pride/Holmes 1972, 269-293.

IFBQ: Institut für Bildungsmonitoring und Qualitätsentwicklung (Hrsg.): Handbuch zum Unterrichtsbeobachtungsbogen der Schulinspektion Hamburg. 2016 [Online unter: https://www.hamburg.de/contentblob/4017978/897e411bb701eefc20277b4b0ec77f33/data/pdf-instrumente-handbuch-zur-unterrichtsbeobachtung.pdf;jsessionid=71EF1369CD9E5084A6FF7B9E3BB8E661.liveWorker2].
IGB: Institut für Qualitätsentwicklung im Bildungswesen: Gemeinsame Abituraufgabenpools der Länder Aufgabensammlung Aufgabe für das Fach Englisch. Kompetenzbereich Schreiben. 2018. [https://www.iqb.hu-berlin.de/abitur/sammlung/englisch].
Iken, A.: Multicollectivity as a Concept. 2021 [Session 02: Multi-Collectivity as a Concept – EduBoxes (hoou.de)].
IQSH: Institut für Qualitätssicherung Schleswig-Holstein: Der Vorbereitungsdienst in Schleswig-Holstein. Ausbildung und Prüfung. AVPO Lehrkräfte 2016. Aktualisierte Fassung 2019. Kronshagen 2019. [https://publikationen.iqsh.de/pdf-downloads-informationen-lehrerausbildung.html].
ISB: Staatsinstitut für Unterrichtsqualität und Bildungsforschung: Unterrichtbeobachtungsbogen. München o. J. [https://www.isb.bayern.de/schulartuebergreifendes/qualitaetssicherung-schulentwicklung/evaluation/externe_evaluation/instrumente_methoden/einsatz_der_instrumente/unterrichtsbeobachtung/].
ISB: Staatsinstitut für Schulqualität und Bildungsforschung München (Hrsg.): Unterrichtsbeobachtung. München o. J. [https://www.isb.bayern.de/download/9859/muster_unterrichtsbeobachtungsbogen.pdf].
ISB: Institut für Schulqualität und Bildungsforschung (Hrsg.): Lehrplan Plus Englisch. 2020. [https://www.lehrplanplus.bayern.de/fachlehrplan/gymnasium/8/englisch/1-fremdsprache].

Janks, C. J. (Hrsg.): Researching Classroom Discourse. A Student Guide. London 2020.
Johnson, K.: An Introduction to Foreign Language Learning and Teaching. Abingdon ^{3}2018.
Jones, R. D./Schmidt, Th.: Games, Culture and English. Bringing Digital Games and Gaming Culture into the EFL-Classroom. Praxis Englisch 6/2014, 39-43.
Junghanns, C./Schinschke, A.: Diskontinuierliche Texte. Praxis Fremdsprachenunterricht 6/2015, 7-11.

Kasaki, V./Wagner, S.: Iconic Castles of Scotland. Praxis Englisch 4/2013, 8-13.
Kiel, E. (Hrsg.): Unterricht sehen, analysieren, gestalten. Bad Heilbrunn 2012.
Kiel, E. (Hrsg.): Unterricht sehen, analysieren, gestalten. Bad Heilbrunn ^{3}2018.
Kiel, E./Herzig, B./Maier, U./Sandfuchs, U. (Hrsg.): Handbuch Unterrichten an allgemeinbildenden Schulen. Bad Heilbrunn 2019.
Kiel, E./Syring, M.: Differenzierung. In: Kiel, 2018, 63-92.
Kiper, H./Meints-Stender, W./Peters, S. u. a. (Hrsg.): Lernaufgaben und Lernmaterialien im kompetenzorientierten Unterricht. Stuttgart 2010.
Kist, H.: Extreme Sports in Aotearoa. Get your Kicks on your Way through New Zealand! Praxis Englisch 4/2014, 15-19.
Kist, H.: Und … Action! Schüler filmen einen Trailer zum Jugendbuch „Among the Hidden“ von Margaret Peterson Haddix. Praxis Englisch 5/2015, 34-38.
Klafki, W. (Hrsg.): Neue Studien zur Bildungstheorie und Didaktik Weinheim 1996.
Klauer, J. K./Leutner, D.: Lehren und Lernen. Einführung in die Instruktionspsychologie. Weinheim, Basel ^{2}2012.
Klieme, E./Schümer, G./Knoll, S.: Mathematikunterricht in der Sekundarstufe I: „Aufgabenkultur“ und Unterrichtsgestaltung. In: Klieme/Baumert 2001, 43-57.
Klieme, E./Baumert, J. (Hrsg.): TIMSS – Impulse für Schule und Unterricht. Forschungsbefunde, Reforminitiativen, Praxisberichte und Video-Dokumente. Bonn 2001.
Klieme, E./Lipowsky, F./Rokoczy, K./: Qualitätsdimensionen und Wirksamkeit von Mathematikunterricht. Theoretische Grundlagen und ausgewählte Ergebnisse des Projekts „Pythagoras. In: Prenzel/Näcke 2006, 127-146.
Klippel, F./Doff, S.: Englischdidaktik. Praxishandbuch für die Sekundarstufe I und II. Berlin 2007.
Klippel, F.: Didaktische und methodische Prinzipien der Vermittlung. In: Burwitz-Melzer/Mehlhorn/Riemer 2016, 315-320.
KMK: Kultusministerkonferenz (Hrsg.): Einheitliche Prüfungsanforderungen in der Abiturprüfung Englisch. 2002 [https://www.kmk.org/fileadmin/Dateien/veroeffentlichungen_beschluesse/1989/1989_12_01-EPA-Englisch.pdf].
KMK: Kultusministerkonferenz (Hrsg.): Bildungsstandards für die erste Fremdsprache 2004. (Englisch/Französisch) für den Mittleren Schulabschluss. [Kmkhttp://db2.nibis.de/1db/cuvo/datei/bs_ms_kmk_erste_fremdsprache.pdf] [http://www.kmk.org/fileadmin/Dateien/veroeffentlichungen_beschluesse/2004/2004_10_15-Bildungsstandards-ersteFS-Haupt.pdf].
KMK: Kultusminsterkonferenz (Hrsg.): Operatoren für das Fach Englisch. 2012 [https://www.kmk.org/fileadmin/Dateien/pdf/Bildung/Auslandsschulwesen/Kerncurriculum/Operatoren_fuer_das_Fach_Englisch_Stand_Oktober_2012_ueberarbeitet.pdf].
KMK: Kultusministerkonferenz: Ländergemeinsame inhaltliche Anforderungen für die Fachwissenschaften und Fachdidaktiken in der Lehrerbildung.2014. [http://www.kmk.org/fileadmin/veroeffentlichungen_beschluesse/2008/2008_10_16-Fachprofile-Lehrerbildungb.pdf].
KMK: Kultusministerkonferenz: Fachspezifische Hinweise zum Abschlussverfahren der Sekundarstufe I 2018 für das Fach ENGLISCH: Bildungsgänge Gymnasium/Realschule 1. 2017 [https://www.kmk.org/suche.html?tx_kesearch_pi1%5Bpage%5D=27].
KMK: Kultusministerkonferenz (Hrsg.): Standards für die Lehrerbildung: Bildungswissenschaften. Berlin 2019. [https://www.kmk.org/fileadmin/veroeffentlichungen_beschluesse/2004/2004_12_16-Standards-Lehrerbildung-Bildungswissenschaften.pdf].
Köller, O./Baumert, J.: Entwicklung schulischer Leistungen. In: Oerter/Montada 2008, 735-768.
Köpf, A.: Exploring Culture. Praxis Englisch 1/2017a, 38-43.

Köpf, A.: Flip your Grammar Classroom! Praxis Englisch 2/2017b, 34-37.
Krapp,A./Weidenmann, B. (Hrsg.): Pädagogische Psychologie: Ein Lehrbuch Weinheim und Basel 2006.
Krashen, St.: Principles and Practise in Second Language Acquisition. Oxford 1982.
Krause, K-P.: Anmerkungen zu Operatoren in Englischklausuren. Praxis Fremdsprachenunterricht 2/2013,15-19.
Kroll, J. U./De Groot, A. B. (Hrsg.): Handbook of Bilingualism. Oxford 2005.
Kunter, M./Trautwein, U.: Psychologie des Unterrichts. Paderborn 2013.
Küppers, A./Schmidt, T./Walter M. (Hrsg.): Inszenierungen im Fremdsprachenunterricht. Braunschweig 2011.

Lange, D.: Inhaltsanalytische Untersuchung zur Kooperation beim Bearbeiten mathematischer Problemaufgaben. Münster 2013.
Lauermann, F. U./Lauermann, K./Paechter, M./Stock, M./Weirer, W. (Hrsg.): Kompetenzorientierter Unterricht, Opladen und Toronto 2019, 19-42.
Leisen, J.: Unterrichtsgespräch: Fragend-entwickelnder Unterricht, sokratischer Dialog und Schülergespräche. 2007, 1-21. [http://www.josefleisen.de/downloads/lehrenlernen/03%20Unterrichtsgespr%C3%A4ch%20-%20Fragend-entwickelnder%20Unterricht.pdf].
Leisen, J.: Lernprozesse mithilfe von Lernaufgaben gestalten. Unterricht Physik 117/118/2010, 9-13.
Lipowsky, F.: Was wissen wir über guten Unterricht? In: Becker/Feindt/Meyer u. a. 2007, 26-30.
Lipowsky, F.: Unterricht. In: Wild/Möller 2015, 69-105.
Lipowsky, F./Hess, M.: Warum es manchmal hilfreich sein kann, das Lernen schwerer zu machen – Kognitive Aktivierung und die Kraft des Vergleichens. In: Schöppe/Schulz 2019, 77-132.
List, G.: Motivation im Sprachenunterricht. Fremdsprache Deutsch 26/2002, 2-10.
Lotz, M.: Kognitive Aktivierung im Leseunterricht der Grundschule. Eine Videostudie zur Gestaltung und Qualität von Leseübungen im ersten Schuljahr. Wiesbaden 2014.
Lotz, M./Lipowsky, F.: Die Hattie-Studie und ihre Bedeutung für den Unterricht – Ein Blick auf ausgewählte Aspekte der Lehrer-Schüler-Interaktion. In: Mehlhorn/Schulz/Schöppe 2015, 97-136.
Lucht, O.: Werbung und die Jugend. Werbung, die sich an Kinder richtet, folgt bestimmten Regeln. Welche sind das? Praxis Englisch 6/2014, 29.
Lüders, M/Quittenbaum, N.: Darbietende Formen des Unterrichts. In: Kiel/Herzig/Maier/Sandfuchs 2019, 169-176.
Lütge, Ch.: Hausaufgaben und Üben bei Hattie. Praxis Fremdsprachenunterricht 3/2015, 5-6.
Lyman, F.: The Responsive Classroom Discussion. In: Anderson 1981,109-113.

Maier, U./Kleinknecht, M./Kerstin Metz, Bohl, Th.: Ein allgemeindidaktisches Kategoriensystem zur Analyse des kognitiven Potenzials von Aufgaben. In: Kiper/Meints-Stender/Peters 2010, 30-43.
Mandl, H./Reinmann-Rothmeier, G.: Unterrichten und Lernumgebungen gestalten, Forschungsbericht Nr. 60. München 1999.
Martin, J. R. (Hrsg.): Interviews with M. A. K. Halliday. Language Turned back on Himself. London u. a. 2013.
Matz, F.: What's the Story behind the Painting? Kreatives Schreiben mit Bildimpulsen. Praxis Englisch 3/2013, 13-19.
Mayer, R. E. (Hrsg.): The Cambridge Handbook of Multimedia Learning. Cambridge ²2012.
Mehlhorn, G., Schulz, F/Schöppe, K. (Hrsg.): Begabungen entwickeln und Kreativität fördern. München 2015.
Meißner, F. J. (Hrsg.): Interaktiver Fremdsprachenunterricht: Wege zu authentischer Kommunikation. Tübingen 1997.
Mendez, C.: Operatoren. Praxis Fremdsprachenunterricht 2/2013, 15-16.
Metha, S.: Soil – a Precious Resource. Experimenting with Soil. Praxis Englisch 2/2016, 27-33.
Meyer, H.: Unterrichtsmethoden. Bd. 2: Praxisband. Frankfurt/M. ⁷1995.
Meyer, H.: Leitfaden Unterrichtsvorbereitung. Berlin ⁹2014.
Meyer, H.: Was ist guter Unterricht? Berlin ¹¹2016.

Michalak, M./Lemke, V./Goeke, M.: Sprache im Fachunterricht. Eine Einführung in Deutsch als Zweitsprache und sprachbewussten Unterricht. Tübingen 2015.

Miede, S.: Förderung des Sprechens im kompetenzorientierten Englischunterricht der gymnasialen Oberstufe. Eine qualitativ-empirische Studie. Tübingen 2019.

Mindt, D.: Unterrichtsplanung Englisch für die Sekundarstufe I. Neubearbeitung. Stuttgart 1995.

Minkley N/Kärner T/Jojart A/Nobbe L/Krell M.: Students' Mental Load, Stress, and Performance when Working with Symbolic or Symbolic – Textual Molecular Representations. J Res Sci Teach. 2018;00:1-26.[https://doi.org/10.1002/tea.21446].

Modi, C. G.: Democracy Reimagined. Hold up the Mirror. Praxis Englisch 5/2018, 23.

Möller, J./Köller, M./Riecke-Baulecke, T. (Hrsg.): Basiswissen Lehrerbildung: Schule und Unterricht. Lehren und Lernen. Seelze 2016.

Möller, K.: Konstruktion vs. Instruktion oder Konstruktion durch Instruktion. Konstruktionsfördernde Unterstützungsmaßnahmen im Sachunterricht. In: Giest/Heran-Dörr/Archie 2012, 37-50.

Müller-Hartmann, A./Schocker-v. Ditfurth, M.: Aufgaben bewältigen Weg und Ziel des Fremdsprachenunterrichts. Der fremdsprachliche Unterricht-Englisch 84/2006, 2-9.

Müller-Hartmann, A./Schocker-von Ditfurth, M.: Teaching English: Task-Supported Language Learning. Paderborn 2011.

Müller-Hartmann, A./Schocker, M./Pant, H.-A. (Hrsg.): Englischkompetenzen entwickeln: Praxiserprobte Lernaufgaben für die Sekundarstufe I. Die Bildungsstandards Englisch illustriert durch umfangreiches Videomaterial aus Klassenzimmern. Braunschweig 2013.

Munzinger, P.: Defizit mit System. Süddeutsche Zeitung, 12.10.2020, 20.

Nagler, K.: Helping without Borders? Doctors without Borders and other NGO's. Praxis Englisch 5/2017, 34-38.

Nagler, K.: Go Green! Mit der Green Screen Technik virtuelle Sightseeing Tours im Englischunterricht erstellen. Praxis Englisch 2/2020, 34-35.3.

Nassaji, H./Kartchava, E (Hrsg.): Corrective Feedback in Second Language Teaching and Learning: Research, Theory, Applications, Implications. New York 2017.

Nibis: Niedersächsisches Kultusministerium (Hrsg.): Kerncurriculum für das Gymnasium Schülerjahrgänge 5-10. Englisch. 2015. [https://www.cuvo.nibis.de/cuvo.php].

Nibis: Niedersächsisches Kultusministerium (Hrsg.): Kerncurriculum für die Grundschule Schülerjahrgänge 3-4. Englisch. 2018. [https://www.cuvo.nibis.de/cuvo.php].

Nikolov, M.: A Study of Unsuccessful Language Learners. In: Dörney/Schmitt 2001, 149-179.

NLQ: Niedersächsisches Landesinstitut für schulische Qualitätsentwicklung (Hrsg.): Kerncurriculum Englisch Gymnasien-Sek I. 2015. [https://cuvo.nibis.de/cuvo.php?skey_lev0_0=Schulbereich&svalue_lev0_0=Sek+I&skey_lev0_1=Fach&svalue_lev0_1=Englisch&skey_lev0_2=Dokumentenart&svalue_lev0_2=Kerncurriculum&docid=1197&p=detail_view].

North, B./Piccardo, E.: Developing new CEFR Descriptor Scales and Expanding the Existing Ones: Constructs, Approaches, and Methodologies. Zeitschrift für Fremdsprachenforschung 30/2/2019, 143-162.

NRW-Schulministerium (Hrsg.): Kriterielle Bewertung des Bereichs Sprachliche Leistung/Darstellungsleistung. [https://www.standardsicherung.schulministerium.nrw.de/cms/zentralabitur-gost/faecher/fach.php?fach=3].

Nunan, D.: Second Language Teaching and Learning. Boston 1999.

Nunan, D.: Task-Based Language Teaching. Cambridge 2009.

Oerter, R/Montada, L. (Hrsg.): Entwicklungspsychologie. Weinheim [6]2008.

Oldendörp, J./Woltin, A.: Der Imagefilm im Englischunterricht. Praxis Englisch 2/2020, 39-40/7.

Oldendörp, J./Kuhrs Woltin, A.: Floridas Manatis. Leseverstehenskompetenz mit fächerübergreifenden Inhalten trainieren. Praxis Englisch 1/2021, 9-10/4.

Oldendörp, J./Woltin, A.: Der Erfolg der Influencer/-innen. Praxis Englisch 3/2021, 34-35/3.

PAD: Pädagogischer Austauschdienst: Fremdsprachenassistenzkräfte im Ausland. 2015. [http://www.kmk-pad.org/programme/dtsch-fsa.html#c5573].

Paechter, M. u. a. (Hrsg.): Handbuch Kompetenzorientierter Unterricht. Weinheim und Basel 2012.
Pelz., M.: Die Artikulation des Unterrichts in neueren Sprachen – gestern und heute. In: Meißner 1997, 65-74.
Piepho, H.-E.: Kommunikative Kompetenz als übergeordnetes Lernziel des Englischunterrichts. Dornberg-Frickenhofen 1974.
Prabhu, N. S.: Second Language Pedagogy. Oxford 1987.
Prenzel, M./Näcke, L. (Hrsg.): Untersuchungen zur Bildungsqualität von Schule. Abschlussbericht des DFG- Schwerpunktprogramms. Münster 2006.
Preuß, L: Rap Poetry in the EFL-Classroom. Praxis Englisch 6/2020, 29-30/6.
Pride, J. B./Holmes, J.: Sociolinguistics: Selected readings. Harmondsworth 1972.

Quittenbaum, N.: Training für direkte Instruktion Die Entwicklung und Erprobung eines Kommunikationstrainings für den Unterricht mit direkter Instruktion. Bad Heilbrunn 2016.

Rabenstein, K./Wischer, B. (Hrsg.): Individualisierung schulischen Lernens. Mythos oder Königsweg? Seele 2016.
Rademacher, S./Breitenstein, G.: Individualisierung und Standardisierung von Unterrichtszeit. Empirische Beobachtungen und Analysen. In: Rabenstein/Wischer 2016, 16-32.
Redaktion NRW-Ministerium des Inneren des Landes Nordrhein-Westfalen (Hrsg.): Ordnung des Vorbereitungsdienstes und der Staatsprüfung für Lehrämter an Schulen. Düsseldorf 2020. [https://recht.nrw.de/lmi/owa/br_bes_text?sg=0&menu=1&bes_id=17404&aufgehoben = N&anw_nr=2].
Redlin, K.: Arbeit mit dem Hörbuch When you Reach me. Praxis Englisch 3/2018, 29-33.
Reiber, K.: Die Neuvermessung der Lehrerbildung. Konsequente Kompetenzorientierung durch Standards? Die deutsche Schule, 99/2007, 164-174.
Reinke, N./Hartmann; N.: Von Bäumen und Bären. Besonderheiten und Aktivitäten in U. S.-amerikanischen Nationalparks im Pazifischen Nordwesten. Praxis Englisch 4/2017, 9-13.
Reinmann, G./Mandl, H.: Unterrichten und Lernumgebungen gestalten. Krapp/Weidenmann 2006, 613-658.
Richards, J. C./Renandya, W. A. (Hrsg.): Methodology in English Language Teaching. New York 2002.
Rohde, A: Kompetenzorientierung Revisited. 'Who is the Competent Language Learner?' Grundschulmagazin Englisch 4/2016, 37-38.
Roth, G.: Möglichkeiten und Grenzen von Wissensvermittlung und Wissenserwerb. Erklärungsansätze aus Lernpsychologie und Hirnforschung. Caspari 2011, 54-69.
Roth, G.: Was das Gehirn zum Lernen braucht. Biologie in unserer Zeit. 5/2017, 326-331.
Roth, G./Ryba, A.: Coaching, Beratung und Gehirn. Neurobiologische Grundlagen wirksamer Veränderungskonzepte. Stuttgart 2016.
Rubin, J.: What the ‚Good Learner' can Teach us. TESOL Quarterly, 9/1975, 41-51.
Rücker, J.: „Ich liebe es!" (Angestrebter) Imagewandel der Fast-Food-Kette McDonald's. Praxis Englisch 2/2012, 34-38.

Saalfrank, T.: Differenzierung. Kiel 2012, 65-98.
Saalfrank, W.-T./Kollmannsberger, M.: Praxisleitfaden Lehrerhandeln. Unterrichten, Erziehen, Beraten, Leistungen beurteilen. Weinheim 2017.
Saalfrank, W.-T./Zierer, K (Hrsg.): Inklusion. Paderborn 2017.
Saathof, G.: "Some People Called it a Civil War … but there was Nothing Civil About it. Praxis Englisch 1/2014, 11-15.
Sambanis, M./Walter, M.: In Motion. Theaterimpulse zum Sprachenlernen. Berlin 2019.
Sanders, S./Matz, F.: Let's Build Bridges, not Walls. Eine Auseinandersetzung mit physischen und mentalen Mauern im Englischunterricht. Praxis Englisch 5/2017, 15-19.
Sass, A.: „Es fängt schon beim Begrüßen an". Motivation durch berufsbezogene Lerninhalte. Fremdsprache Deutsch. 57/2017, 35-39.
Sawatzki, D. Becker, B./Ewering, D./Friedrich, J.: Kooperatives Lernen – Das Praxisbuch: Profi-Tipps und Materialien aus der Lehrerfortbildung. Augsburg 2017.

Schäfer, M.: Junglehrer, ausgebrannt, bevor es losgeht.2012. [http://www.spiegel.de/unispiegel/jobund-beruf/verkuerztes-referendariat-angehende-lehrer-leiden-unter-stress-a-826861.html].
Schied, M.: Schulpraktische Studien im Rahmen der Lehrerausbildung. Bad Heilbrunn 2012.
Schirp, H.: Neurowissenschaften und Lernen. Was können neurobiologische Forschungsergebnisse zur Weiterentwicklung von Lehr- und Lernprozessen beitragen? In: Caspari 2011, 99-127.
Schnebel, S. (Hrsg.): Schulentwicklung im Spannungsfeld von Bildungssystem und Unterricht. Baltmannsweiler 2005.
Schneider, M.: Mind your Language. How to Deal with Intercultural Misunderstandings and Conflicts. Praxis Englisch 5/2014, 14-18.
Schnotz, W.: An Integrated Model of Text and Picture Comprehension. In: Mayer 2012 72-103.
Schober, K.: Roald Dahls Matilda. Mit szenischem Lesen zur Selbstreflexion. Praxis Englisch 5/2018, 15-19.
Schober, K.: Queering Moonlight. Von der Filmanalyse zum Rollenspiel. Praxis Englisch 2/2020, 39-43.
Schönbauer, D.: Exploring Space: A Listening Tour of the Kennedy Space Center. Eine Lernaufgabe zur Förderung des Hörverstehens. Praxis Englisch 1/2021, 15-16/3.
Schöppe, K./Schulz, F. (Hrsg.): Kreativität und Bildung – Nachhaltiges Lernen München 2019.
Schroeder, H.: Lernen-Lehren-Unterricht. München 2010.
Schubert, A.: Christmas Cookies. Ein Backrezept auf Englisch verstehen und anwenden. Praxis Englisch 6/2015, 29-33.
Schubert. A.: Fair Trade im bilingualen Unterricht. Wie Fair Trade das Leben einer Kaffeepflückerin aus El Salvador verändern kann. Praxis Englisch 2/2016, 15-19.
Schustereder, S.: Animals in U. S. National Parks. Praxis Englisch 4/2015, 34-38.
Schustereder, S.: Idioms in Use. Eine Einheit zur Einführung und Übung idiomatischer Ausdrücke im Englischunterricht. Praxis Englisch 1/2016, 34-38.
Schustereder, S.: Banksy and Street Artivism. Praxis Englisch 1/2018a, 34-38.
Schustereder, S.: Multicultural Toronto. Praxis English 2/2018b, 29-33.
Schustereder, S.: Oxford – City of Dreaming Spires. Praxis Englisch 3/2019: 34-35/4.
Schustereder, S.: Animals in Serengeti National Park. Eine Einheit zur Geschichte und Gegenwart der Tiere in Afrikas berühmtesten Safaripark. Praxis Englisch 4/2020, 9-13.
Sebold, J.: Aufgabe/Task und Exercise/Übung. Praxis Fremdsprachenunterricht Englisch 4/2007, 63-64.
Shatwell, E.: Out and About in the Big Apple. Exploring the Sights in New York City. Praxis Englisch 3/2020, 15-16/3.
Sheldon Museum: Room in New York. O. J. Online in Internet: URL: [http://www.sheldonartmuseum.org/collection/search.html?topic=extension&clct_artist_full_name=Edward+Hopper&clct_id=6126].
Slavin, E.: School und Classroom Organisation. Hilsdale, NJ 1989.
Smasal, M.: A Day out in Oxford. Eine Walking Tour durch Oxford planen. Praxis Englisch 5/2016, 9-16.
Solmecke, G.: Verstehen: Interaktion zwischen Hörer und Text. Fremdsprache Deutsch 1992.
Sommerschuh, G.: Double Vision. New England's Poetry and Painting. Praxis Englisch 1/2018, 39-43.
Soukup-Altrichter, K./Steinmair, G./Weber, C (Hrsg.): Lesson Studies in der Lehrerbildung. Gemeinschaftliche Planung und Evaluation von Unterricht im Lehramtsstudium. Wiesbaden 2020.
Spada, H./Kiesel, A.: Lehrbuch Allgemeine Psychologie. Bern ^{4}2017.
Spada, H./Rummel, N./Ernst, A.: Lernen. In: Spada/Kiesel 2017, 335-411.
Speight, S.: Basic Conversation. Strategies – Situations – Dialogues. Stuttgart, 1986.
Spitzer, M.: Lernen: Gehirnforschung und Schule des Lebens. Heidelberg 2002.
Stahlmann, N.: Every Day is for the Thief. Ein besonderer Blick auf Nigeria/Die gute Seite an Nigerias Herausforderungen. Praxis Englisch 4/2020, 39-40/7.
Stahns, R.: Kognitive Aktivierung im Grammatikunterricht. Baltmannsweiler 2013.
Stammermann, H.: Lehren sichtbar machen. Lernkultur gestalten – Lernarrangements entwickeln. Weinheim und Basel 2014.
Standop. J./Jürgens, E.: Unterricht planen, gestalten und evaluieren. Bad Heilbrunn 2015.

Steinbach, A.: Santa Claus, Father Frost or the Christ Child? Who brings the Presents at Christmas Time? Praxis Englisch 6/2015, 15-19.

Steinbach, D.: Women's Rights are Human Rights. Ein Projekt zum Thema ab Klasse 9. Praxis Englisch 2/2018a, 28-32.

Steinbach, A.: Perceptions and Perspectives of the British Royal Family. Die junge Generation der britischen Königsfamilie verändert die Wahrnehmung der britischen Monarchie. Praxis Englisch 6/2018b, 15-19.

Steinbach, A.: Retiring in the 'Sunshine State'. Gated Communities in Florida. Praxis Englisch 1/2021a, 29-30/4.

Steinbach, A.: A Multicultural Cookbook – Celebrating Diversity in the Classroom. Praxis Englisch 3/2021, 15-16/4b.

Steinl, J.: Conducting a Job Interview. Die Schülerinnen und Schüler erproben sich in einem fiktiven Kontext. Praxis Englisch 3/2015, 29-33.

Steinl, J.: Irish Emigration to the USA: Past and Present. Praxis Englisch 1/2020 15-16/4.

Stern, E.: Lernen-der wichtigste Hebel der geistigen Entwicklung. 2003.

Stern, E./Schalk, L./Schumacher, R.:2016 Lernen. In: Möller/Köller/Riecke-Baulecke 2016, 106-120.

Stöferle, J.: Amazon Prime Air. Praxis Englisch 4/2017, 29-32.

Straka, G. A./Macke, G.: (Hrsg.): Lern-Lehr-Theoretische Didaktik. Münster 2006.

Studienseminar Oldenburg (Hrsg.): Fachcurriculum Englisch. Oldenburg 2015.

Studienseminar Rheinland-Pfalz: Beobachtungsbogen zur Reflexion von Unterricht [http://studienseminar.rlp.de/fileadmin/_migrated/content_uploads/Beobachtungsbogen_laut_ORS_01.pdf].

Surkamp, C. (Hrsg.): Metzler Lexikon Fremdsprachenunterricht. Stuttgart [2]2017.

Tauche. N.: Short Stories are like Icebergs – the Written Word is just the Tip. Praxis Englisch 3/2013, 39-43.

Terhart, E.: Didaktik. Eine Einführung. Stuttgart 2019.

Theinert, K.: WeLL done!? – Wechselseitiges Lehren und Lernen als spezielle Form kooperativen Lernens zur Förderung kommunikativer Kompetenz im Englischunterricht? Eine empirische Studie. Hamburg 2013.

Thomson, K.: „Bildkunst und Literatur im EFL-Classroom: Überlegungen zur Förderung von Lesekompetenz durch bildgestützte Behandlung literarischer Texte." In: Hecke/Surkamp 2015, 199-224.

Tørnby, H.: Uglies. Working with the Novel by Scott Westerfeld. Praxis Englisch 1/2014, 34-38.

Traub, S.: Unterricht kooperativ gestalten. Bad Heilbrunn 2004.

Trautwein, U./Sliwka, A./Dehmel, A.: Grundlagen für einen lernwirksamen Unterricht. Stuttgart 2018.

Unterberg, S.: Drei von zehn Schülern können nur „Links anklicken und ihr Handy streicheln". 2019. Online unter https://www.spiegel.de/lebenundlernen/schule/computernutzung-ein-drittel-der-schueler-ist-abgehaengt-a-1294424.html 14.11.2019.

Ur, P.: A Course in English Language Teaching. Cambridge 2012.

Usbeck-Frei, H.: The Great Smog of London. A City at a Standstill. Praxis Englisch 5/2020, 29-34.

v. Ziegesar, D. v. Ziegesar, M.: Einführung von Grammatik im Englischunterricht. München 1998.

Van den Branden, K. u. a. (Hrsg.): Tasks in Action: Task-Based Language Education from a Classroom-Based Perspective. Newcastle 2007.

Vantergift, L.: Facilitating Second Language Listening Comprehension: Acquiring Successful Strategies. ELT-Journal 53/3 1999, 168-176.

Venkatarman, P.: Climbing the Stairs. Does the Struggle for Peace Justify Violence? Praxis Englisch 1/2011, 13-17.

Vester, D.: Denken, Lernen, Vergessen. München 1998.

Vierbuchen, C./Bartels, F. (Hrsg.): Feedback in der Unterrichtspraxis. Schülerinnen und Schüler beim Lernen wirksam unterstützen. Stuttgart 2019.

Vogel, C. I. (Hrsg.): Kommunikation in der Schule. Bad Heilbrunn 2018.

Voigt,M.: Biosphere 2: Das Thema im Unterricht. Praxis Englisch 3/2017, 16-19.

Voigt, M.: Anzac Day. Identitätsstiftender Moment für Australien und Neuseeland. Praxis Englisch 1/2019, 39-47.
Voigt, M./Wagner, S.: Always be Kiwi! New Zealand's National Identity and Kiwi Culture in a Song. Praxis Englisch 4/2014, 34-38.
Volaric, D.: The Magic of Literature on Stage. Mithilfe szenischer Darstellung das Leseverstehen verbessern. Praxis Englisch 5/2015, 15-19.
Volaric, D.: Drama and Grammar. Praxis Englisch 2/2017, 18-22.
Völlinger, V./Supanc, M./Brunstein, J.: Kooperatives Lernen in der Sekundarstufe. Zeitschrift für Erziehungswissenschaft, Vol.21 (1), 2018, 159-176.

Wagner, S.: Cyberbullying. Die unterschätzte Gefahr. Praxis Englisch 3/2014, 34-38.
Wagner, S.: Hitting the Waves. What does the Sea Mean to you? Praxis Englisch 1/2013, 14-19.
Wagner, S.: Der Weihnachtsfrieden 1914. Praxis Englisch 6/2015, 39-43.
Walsh, S. (Hrsg.): Exploring Classroom Discourse: Language in Action. London 2011.
Weber, C./Soukup-Altrichter, K./Posch, P.: „Lesson Studies in der Lehrerbildung – Ein Überblick." In: Soukup-Altrichter/Steinmair/Weber 2020, 7-48.
Wehrmann, J.: From Music to Poetry. Einen Song über Musikhören und ein Gedicht über eine Popmusikerin analysieren und vergleichen. Praxis Englisch 6/2020, 29-40/4.
Weier, W./Paechter, M.: Grundpfeiler kompetenzorientierter Didaktik. Lauermann/Paechter/Stock, M./Weirer 2019, 19-42.
Weinert, F. E.: Vergleichende Leistungsmessung in Schulen – eine umstrittene Selbstverständlichkeit. In: Weinert 2014, 17-32.
Weinert, F. E. (Hrsg.): Leistungsmessungen in der Schule. Weinheim und Basel [3]2014.
Weinert, F. E./Schrader, F. W.: Lernen lernen als psychologisches Problem. In: Weinert/Mandl 1997, 296-336.
Weinert, F. E./Mandl, F. (Hrsg.): Psychologie der Erwachsenenbildung. Göttingen u. a. 1997.
Weiß, Veranschaulichung. In: Kiel 2018, 93-111.
Wenzel, K.: New Border, New Conflicts? Brexit will Affect People in Northern Ireland Severely. Praxis 6/2018, 29-33.
Wernke, S./Zierer, K.: (Hrsg.) Die Unterrichtsplanung: ein in Vergessenheit geratener Kompetenzbereich?!: Status Quo und Perspektiven aus Sicht der empirischen Forschung. Bad Heilbrunn 2017.
Wesemann, C.: Communication 2.0. Praxis Englisch 3/2014, 29-33.
Wiater, W.: Unterrichtsprinzipien. Donauwörth [6]2014.
Wild, E./Möller, J. (Hrsg.): Pädagogische Psychologie. Heidelberg 2015.
Wilkening, M.: Praxisbuch Feedback im Unterricht. Lernprozesse reflektieren und unterstützen. Weinheim und Basel 2016
Willis, J.: Framework for Task-Based Learning. London 1996.
Winkler, I.: Aufgabenpräferenz für den Literaturunterricht. Eine Erhebung unter Deutschlehrkräften. Wiesbaden 2011.
Wirag, A.: How to Make a Book Trailer with Adobe Spark. Eine Lektüre erarbeiten und mit einem Buchtrailer präsentieren. Praxis Englisch 2/2020, 15-20.
Woltin, A.: Donald Trump's Rhetoric on Immigration. Praxis Englisch 2020, 39-47.
Woolfolk. A.: Pädagogische Psychologie. Hallbergmoos [12]2014.

Zachara, E.: Visualisieren im Englischunterricht: Effektiv und lebendig unterrichten. Hamburg 2016.
Ziegler, E./Stern, E./Neubauer, A.: Kompetenzen aus der Perspektive der Kognitionswissenschaften und der Lehr-Lernforschung. In: Paechter 2012. 14-26.
Zimmermann, G.: Integrierungsphase und Transfer im neusprachlichen Unterricht. Praxis des neusprachlichen Unterrichts 16:3/1969, 245-260.

Index